Horst Riedel

Chronik der Stadt

Leipzig

2500 Ereignisse in Wort und Bild

Wartberg Verlag

Fotonachweis: Sämtliche Abbildungen und Fotos fotografierte bzw. zeichnete der Autor oder sind seinem Archiv entnommen.
Quellen der Abbildungen/Fotos: „Bilderbuch aus der Geschichte der Stadt Leipzig", Wustmann 1897; „Illustrierte Zeitung"; „Leipziger Kalendern"; „Das Musikleben in Leipzig"; „Der Leipziger", 1920; „Der Aufschwung der Leipziger Messe 1914"; „Archiv des ehemaligen Bezirkskommitees der Antifaschistischen Widerstandskämpfer Leipzig".

1. Auflage 2001

Satz und Layout: Typographische Dienste U. Weiss, Borken (Hessen)
Druck: MKL-Druck, Ostbevern
Buchbinderische Verarbeitung: Buchbinderei Büge, Celle

34281 Gudensberg-Gleichen, Im Wiesental 1
Telefon: (0 56 03) 9 30 50
www.wartberg-verlag.de
ISBN 3-8313-1111-0

Vorwort

Sehr häufig erschienen bereits zu bestimmten Anlässen oder zu bestimmten Themenbereichen Chroniken, aus denen man viel Bedeutsames über die Geschichte Leipzigs erfahren konnte. So ist allgemein bekannt, daß die Stadt Leipzig ihren Ruf als Buchstadt der Tatsache verdankt, daß sich hier der Börsenverein konstituierte, das Börsenblatt des Buchhandels und die Deutsche Bücherei begründet wurden und eine Vielzahl berühmter Verlage angesiedelt waren. Man weiß von der bedeutungsvollen Messegeschichte und dem größten Kopfbahnhof Europas.
Weniger bekannt ist, daß in Leipzig, noch bevor es um 1780 zum Buchzentrum Deutschlands wurde, das erste große deutschsprachige Lexikon, das erste Handelslexikon, die erste deutsche Kinderzeitschrift und die erste Fachzeitschrift für den deutschen Buchhandel erschienen. Und mit der Musikstadt Leipzig verbindet sich nicht nur das Wirken von Bach und Mendelssohn Bartholdy, des ältesten deutschen Konservatoriums, des Gewandhausorchesters und des Thomanerchores. Hier erschien bereits 1571 das erste deutsche Lehrbuch des Orgel- und Klavierspiels, wurde die erste deutsche musikalische Gesellschaft begründet, erfolgten die Uraufführungen von Opern Lortzings, Marschners, Schumanns, Kreneks und Weills. Unzählig sind die mit der Universität verbundenen Leistungen. Hier wurden die ersten deutschen Lehrstühle für Astrophysik und Kolloidchemie und das erste experimentell-physiologische Laboratorium begründet, entstanden erstmals in Deutschland u. a. Institute für Physik, Hirnforschung, Medizingeschichte, Zeitungskunde und Leibesübungen. Die Leipziger Physiologie, Ägyptologie, Orientalistik, Mathematik und Physikalische Chemie hatten – um nur einige Disziplinen zu benennen – europäische und sogar Weltgeltung. In Leipzig entstanden Deutschlands erste Bürgerschule, landwirtschaftliche Versuchsanstalt und Handelshochschule. Hier hatten das Versicherungswesen, die Homöopathie und der Versandhandel ebenso ihren Anfang wie die Institutionalisierung des Fußball- und Schachsports. Die Industrie Leipzigs trat in Deutschland mit dem ersten brauchbaren eisernen Pflug, der ersten Nähmaschine und Horizontaldrehbank, dem ersten industriellen Versuchslabor für ätherische Öle und der ersten Turngerätefabrik hervor.

Leipzig – größter Kopfbahnhof Europas (Luftaufnahme aus den 30er Jahren)

So ließe sich noch sehr viel Interessantes aufführen, das neben der Aufzählung historischer Fakten die Stadtgeschichte Leipzigs belebt und den Leser auf ihm noch Unbekanntes neugierig machen soll.
Aus im Verlaufe von zwei Jahrzehnten in Auswertung eines umfänglichen Literaturangebotes zusammengetragenen rund 6000 wurden 2500 Ereignisse ausgewählt. Dabei wurde Wert darauf gelegt, die angeführten Ereignisse in Verbindung mit Persönlichkeiten aus Geschichte, Politik, Wissenschaft und Kultur darzustellen. Ausführlicher wird in der Chronik auf Ereignisse eingegangen, die in Leipzig nachhaltige Wirkungen hinterließen (Dreißigjähriger Krieg, Völkerschlacht, Revolutionsjahre 1848/49 und 1918/19), sowie auf die politische Wende 1989/90, die die Stadt im besonderen Maße prägte.

Horst Riedel

circa 3000 v. Chr. ■ Jungsteinzeit
Angehörige der bandkeramischen Kultur siedeln auf dem Gelände des späteren Matthäikirchhofes.

circa 1200 -800 v. Chr. ■ Jüngere Bronzezeit
Angehörige der bronzezeitlichen Lausitzer Kultur bewohnen den hochwassergeschützten Geländesporn (Matthäikirchhof) in günstiger Verkehrslage.

nach 700 ■ In das von germanischen Stämmen im Sog der Völkerwanderung weitgehend geräumte Gebiet rücken im 7./8. Jahrhundert westslawische (sorbische) Bauern vor, die an der Parthe eine Zwillingsniederlassung gründen. Um 800 erhält die sorbische Siedlung den Namen „Lipzk“ (lipa = Ort bei den Linden).

10. Jhd. ■ Zur Zeit der deutschen Landnahme unter König Heinrich I. erfolgt die Eroberung der von Altsorben besiedelten Region.

930 ■ Anlegung des Pleißemühlgrabens.

1015 ■ Erste schriftliche Erwähnung der Siedlung Leipzig als „urbs libzi“ in der Chronik des Bischofs Thietmar von Merseburg.

1017 ■ Ersterwähnung einer zum Burgwardbezirk gehörenden Kirche.

1021 ■ Kaiser Heinrich II. spricht das Gebiet westlich der Elster in einer Schenkungsurkunde dem Bischof Thietmar von Merseburg zu.

1127 ■ Der Wettiner Konrad I. von Meißen besetzt nach dem Tode Wiprechts von Groitzsch Leipzig.

■ Konrad I. von Meißen wird von Kaiser Lothar III. mit der Mark Osterland belehnt und ist damit Landesherr auch von Leipzig. **1136**

■ Markgraf Otto der Reiche verleiht dem Marktflecken Lipzk das Stadtrecht. Der Stadtbrief bestimmt die Weichbildgrenzen und gibt Auskunft über das Marktprivileg und die Bannmeile als rechtliche Grundlage der Messe. **1165**
■ Ersterwähnung der Jacobsmühle (später Angermühle) als der ältesten Mühle Leipzigs.

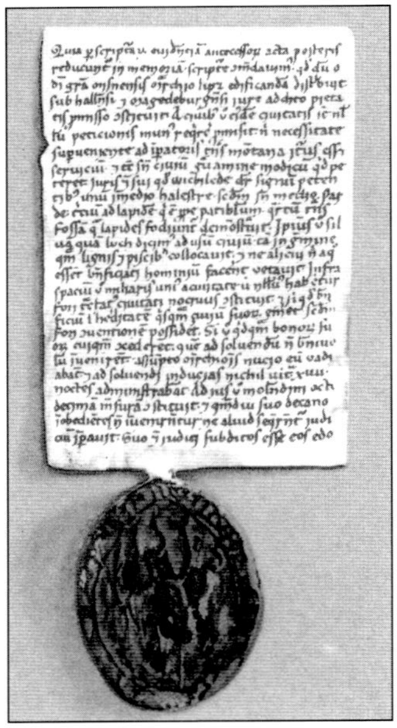

Stadtbrief Ottos des Reichen von 1165

■ Bau des Nikolaiklosters. **1176**

■ Markgraf Albrecht der Stolze von Meißen bestätigt die beiden der Stadt verliehenen Jahrmärkte, den Oster- und den Michaelismarkt. **1190**

■ Markgraf Albrecht der Stolze flüchtet im Verlaufe ständiger Auseinandersetzungen mit seinem Bruder, Graf Dietrich von Weißenfels (ab 1197 Markgraf Dietrich der Bedrängte), nach Leipzig. **1194**

1210 ■ Die Lehnshoheit des Bischofs von Merseburg über Leipzig wird bekräftigt (Aug.).

1212 ■ Stiftung des Augustiner-Chorherrenstiftes St. Thomas durch Markgraf Dietrich den Bedrängten, die von Kaiser Otto IV. bestätigt wird (20. 3.).
■ Die Thomaskirche wird durch die Angliederung des Augustiner-Chorherrenstiftes zur Stifts- und Klosterkirche.

1213 ■ Neuordnung der kirchlichen Verhältnisse durch den Markgrafen: die Nikolaikirche und die „capella beati Petri“ (Peterskirche) werden dem Augustiner-Chorherrenstift St. Thomas unterstellt.
■ Der Minnesänger Heinrich von Morungen findet als „miles emeritus“ Aufnahme bei den Augustiner-Chorherren.
■ Erste urkundliche Erwähnung des „Spital sente Jörgen“, benannt nach dem Schutzheiligen der Kapelle des zugehörigen Thomasklosters.
Das vor dem Ranstädter Tor gelegene erste Georgenhospital dient der Betreuung von Siechen, kranken Pilgern und Findelkindern und wird dem Augustiner-Chorherrenstift unterstellt.
■ Gründung der Thomasschule (obwohl erst 1254 belegt).

1214 ■ Der die Augustiner-Chorherren leitende Propst siedelt, vom Moritzstift Halle kommend, nach Leipzig über.

1215 ■ Die Bürgerschaft schließt sich einer Verschwörung von in Leipzig ansässigen landesherrlichen Ministerialen unter Heinrich von Kohren gegen den Markgrafen Dietrich den Bedrängten an, der die Stadt vergeblich belagert.

1216 ■ Der Markgraf Dietrich der Bedrängte muß durch Vermittlung des Erzbischofs von Magdeburg, des Bischofs von Merseburg und des Grafen Friedrich von Brena mit den Bürgern einen Vergleich schließen, in dem er sich u. a. verpflichtet, daß der Stadt Leipzig alle Rechte und Privilegien (Stadtbrief, Zollprivileg) und die Gerichtsbarkeit innerhalb des Weichbildes bekräftigt werden (20. 7.).
■ Die Bürger der Stadt werden vom Brücken- und Wegezoll befreit, während Fremde einen Torgroschen zahlen müssen.

■ Markgraf Dietrich der Bedrängte bricht den mit Leipzig abgeschlossenen Vertrag, überfällt die Stadt, zerstört ihre Mauern und läßt zur Niederhaltung der aufsässigen Bürger drei Zwingburgen (u. a. die Pleißenburg) errichten (Okt.). 1217
■ Kaiser Otto IV. bestätigt die Stiftung und Ausstattung eines Klosters und Hospitals durch den Markgrafen Dietrich den Bedrängten.

■ Erstmalige urkundliche Erwähnung von Kaufleuten („mereatores de Lipz“) mit den Namen Godefridus und Ripertus. 1218

■ In einer Urkunde des Papstes Honorius III. werden dem Augustiner-Chorherrenstift die Besitzungen und die Nikolaikirche ausdrücklich zugesprochen. 1220

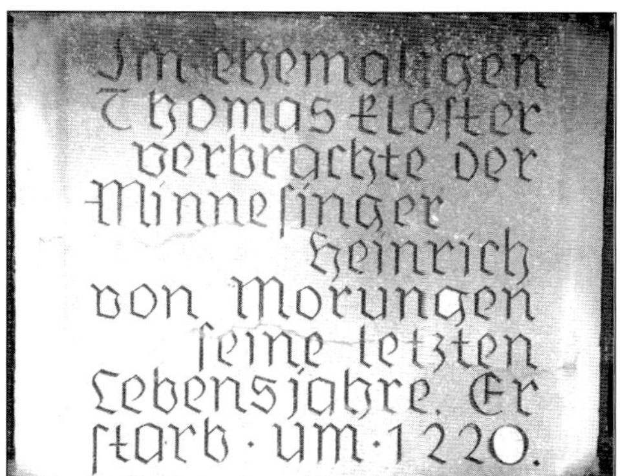

Gedenktafel für Heinrich von Morungen an der Umfriedung der Thomaskirche

1222 ■ Heinrich von Morungen, einer der bedeutendsten deutschen Minnesänger, stirbt im Augustiner-Chorherrenstift.

1224 ■ Landgraf Ludwig IV. von Thüringen nutzt die Streitigkeiten um die Nachfolge Dietrich des Bedrängten zur Schleifung der Leipziger Zwingburgen, die sich seit 1216 gegen die Bürger richteten. Die Burggräben werden verfüllt.

1229 ■ Die ersten Mönche des Dominikanerordens kommen in Leipzig an; zwei Jahre später erhalten sie neben dem Grimmaischen Tor längs der Stadtmauer einen Bauplatz geschenkt.

1230 ■ Erste Erwähnung des Georgennonnenklosters in der Petersvorstadt.
Die Zisterzienserinnen sind aus Hohenlohe bei Kitzen nach Leipzig gekommen und errichten ihr dem heiligen Georg geweihtes Kloster vor der Stadtmauer (zwischen der heutigen Karl-Tauchnitz-/Harkortstraße und der Nonnenmühlgasse).

1231 ■ Der katholische Predigerorden der Dominikaner gründet zwischen Moritzbastei und Grimmaischem Tor ein Kloster.

1238 ■ Gründung des Johannishospitals.

1240 ■ Einweihung des Klosters St. Pauli durch den Dominikanerorden. Die Dominikanerkloster-Kirche wird dem Apostel Paulus geweiht.

1241 ■ Markgraf Heinrich schenkt dem Georgen-Nonnenkloster die Mühle in „lusitz" (16.1.).

1245 ■ Die bei Connewitz gelegenen Bauernwiesen und die 209 Äcker (143 ha), genannt die Nonne und die Scheibe, werden dem Georgen-Nonnenkloster gestiftet.

■ Erste urkundliche Erwähnung der Franziskaner (Barfüßer), die dann auf den Grundmauern der verfallenen Hauptburg urbs Lipsk mit dem Abbruchmaterial Kloster und Matthäikirche errichten. 1253

■ Erstmalige urkundliche Erwähnung einer „scola exterior", aus der die Thomasschule hervorgeht (20. 2.). 1254
■ Als erster Handwerker wird ein Kürschner namens Albero urkundlich erwähnt.
■ Erste verbriefte Nachricht über den Textilfernhandel via Leipzig .

■ Das Georgen-Nonnenkloster brennt ab und wird dann in den Folgejahren neu aufgebaut. 1259

■ Markgraf Dietrich von Landsberg befreit die Leipziger Bürger von der Gerichtsbarkeit seiner Vögte; die Gerichtsbarkeit geht auf Schöffen und den markgräflichlichen Schultheiß in Leipzig über (30. 1.). 1263

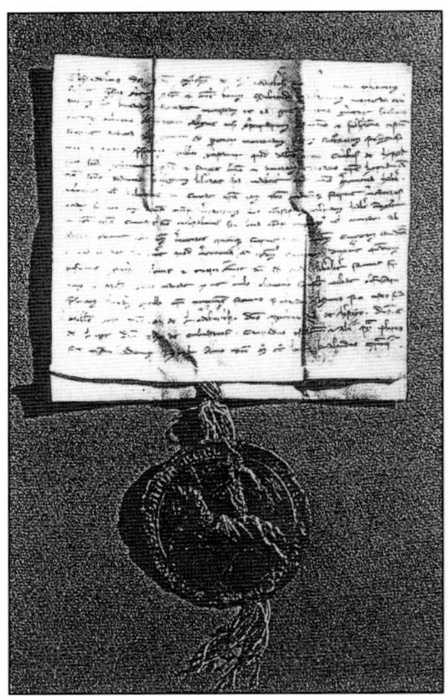

Geleitschutzprivileg des Markgrafen Dietrich von Landsberg von 1268

1268 ■ Der Geleitschutzbrief des Markgrafen Dietrich von Landsberg erhöht die Bedeutung des Leipziger Marktes (1. 3.).
■ Mit Rücksicht auf jüdische Kaufleute wird der Markttag von Sonnabend auf Freitag verlegt.

1270 ■ Erstmalige Bestätigung des Rates der Stadt mit zwölf Ratsherren unter Leitung eines markgräflichen Schultheißen.

1273 ■ Die Stadt erlangt vom Landesherrn für 30 Mark Silber das für den Handel bedeutsame Münzrecht.
Sie kauft die südlich vor den Toren gelegene Münze, die der Markgraf bis dahin nur leihweise überlassen hatte.

1278 ■ Die Bruderschaft zur Pflege der Leprakranken erwirbt vom Kaufmann Walter vier Morgen Land vor dem Grimmaischen Tor zur Errichtung eines „Siechenhofes zu Sancte Johanse" (Johannishospital).

1286 ■ Markgraf Friedrich von Landsberg schenkt die Barfußmühle und das zu dieser gehörende Naundörfchen dem Clarenenkloster in Seußlitz.

1287 ■ Erstmalige Erwähnung der Thomasmühle am Pleißemühlgraben.
■ Ältestes nachweisbares Siegel Leipzigs: es zeigt das geöffnete Tor einer stark ummauerten Stadt, überragt von fünf gotischen Türmen (Urkunde, in der dem Georgenkloster der Bau einer Mühle gestattet wird).
■ Dem Benediktinerorden wird Land zum Bau einer Mühle zugewiesen (Nonnenmühle).

1288 Als erste Zunft wird die der Bäcker urkundlich erwähnt.

■ Bei der Landesteilung der Wettiner rettet Diezmann Leipzig, das Albrecht der Entartete den Brandenburgern in die Hände spielen will, für die Wettiner. 1291

■ Erste Erwähnung eines Bürgermeisters (consulum magister). 1292

■ Der an der Spitze der Stadtverwaltung stehende Bürgermeister (magister Civium) beginnt, eigenständig Beurkundungen vorzunehmen. 1301
■ Ersterwähnung eines Badehauses, der Thomasbadestube oder Ziegelstube, die sich im Besitz des Bürgermeisters Johann Fuhrmann befindet.

Markgraf Diezmann-Grabstatuette, um 1310

1307 ■ Die Bürgerschaft unterstützt die militärischen Vorbereitungen des Markgrafen Dietrich von Wettin (Diezmann) gegen die Raubzüge der habsburgischen Truppen.
Leipziger kämpfen unter Markgraf Diezmann in der Schlacht bei Lucka gegen die Truppen König Albrechts I. (31. 5.).
■ Markgraf Diezmann wird bei einer Andacht im Auftrage des Grafen Philipp von Nassau, der sich Leipzig aneignen will, in der Thomaskirche ermordet. Seine Bestattung erfolgt im Paulinerkloster (Dez.).

1312 ■ Nach der Niederlage des Markgrafen Friedrich I. bei Großenhain wird Leipzig zur Aufbringung der gewaltigen Summe von 32 000 Mark Silber zeitweise an Brandenburg verpfändet. Markgraf Woldemar von Brandenburg übt in der Folge Regierungshandlungen in Leipzig aus.

1319 ■ Nach dem Tode des Markgrafen Woldemar von Brandenburg fällt Leipzig wieder an die Wettiner zurück.

1327 ■ Verbot der wendischen (sorbischen) Sprache.

1341 ■ Markgraf Friedrich II., der Ernsthafte, vererbt der Bruderschaft der Wollweber und Tuchmacher das Haus am Loch in der Grimmaischen Straße (erstes Leipziger Gewandhaus) (6. 11.).

1345 ■ Erster urkundlicher Nachweis über einen Geleitsmann als landesherrlichen Beamten, der die Gebühren für das Befahren der Handelsstraßen nach Leipzig, das Geleitgeld, kassiert.
■ Verordnung der Stadt, daß kein Kloster, dem Grundstücke oder Häuser innerhalb der Stadt übereignet worden sind, diese länger als zwölf Monate behalten darf.

■ Die Stadt erwirbt pfandweise die landesherrliche Rechtssprechung (die Vogtei). 1346

■ Die Stadt wird von einer Pestepidemie heimgesucht. Es kommt zu Pogromen gegen die Juden, denen vorgeworfen wird, die Brunnen vergiftet zu haben. 1350

■ Die Gerber errichten vor der Stadt an der Gerberbrücke eine Lohmühle. 1351

■ Mit der Belehnung der Judenschule an den markgräflichen Marschall Timo von Colditz werden erstmals jüdische Bewohner urkundlich erwähnt. 1352
Die jüdische Siedlung liegt vor den Toren der Stadt (Judengasse) an der Barfüßermühle.

■ Erste urkundliche Erwähnung eines Rathauses. 1359
■ Verleihung der Zollfreiheit auf dem Leipziger Markt für 21 Dörfer aus der Umgebung, wodurch den Bauern der Absatz ihrer landwirtschaftlichen Produkte und der Erwerb von Handwerks- und Handelswaren erleichtert wird.

■ Markgraf Friedrich III. erläßt der von einem Brand heimgesuchten Stadt auf fünf Jahre die Abgaben. 1361

■ Die Stadt erhält das Privileg, Marktzoll zu erheben; auswärtige Händler müssen ihre Waren in der Ratswaage begutachten lassen. 1363

■ Der Rat der Stadt kauft zur besseren Versorgung der Stadt mit Brennholz das 500 Acker umfassende Waldgebiet Luch (die Burgaue) als erste größere Liegenschaft (6. 5.). 1367

1373 ■ Durch einen Schiedsspruch verliert das Augustiner-Chorherrenstift seine meist aus Grundstücken und gewerblichen Einrichtungen der Stadt (Gewandkammer, Fleischbänke u. a.) stammenden Einkünfte und alle Besitzungen innerhalb des Mauerringes, wenn sie nicht von den Mönchen direkt genutzt werden. Sie gehen in den Besitz der Stadt über (7. 11 .).
■ Der Markgraf Wilhelm I. entscheidet, daß die Schule des Augustiner-Chorherrenstiftes auch den Bürgersöhnen der Stadt zugänglich sein muß.

1381 ■ Auf die eigenmächtige Schaffung von Gesetzen der Bäckerinnung antwortet der Stadtrat mit der Errichtung eines freien Brotmarktes.

1384 ■ Erste urkundliche Belegung der Gohliser Mühle an der Parthe, die dem Rat der Stadt gehört.

1386 ■ Die Markgrafen Friedrich und Wilhelm bestätigen die Schneiderinnung, die sich als erste Zunft der Stadt eine Zunftordnung gibt (23. 5.).

1388 ■ Einrichtung eines Botendienstes zwischen Leipzig und der alten Reichs- und Messestadt Augsburg.

1394 ■ Einweihung der Rathauskapelle durch den Bischof von Meißen (30. 7.).

1395 ■ Papst Bonifatius IX. gestattet dem Rat der Stadt die Einrichtung einer Knabenschule an der Nikolaikirche (Nikolaischule) (11. 3.).

1408 ■ Erster Botendienst durch reitende und sogar laufende Boten zwischen Leipzig und Nürnberg, Hamburg, Dresden, Prag und anderen Städten.

■ Der markgräfliche Pronotarius Nikolaus Lubich erlangt auf dem Konzil zu Pisa von dem neuerwählten Papst Alexander V. eine Bestätigungsbulle für die Universität. Den Markgrafen Friedrich II. dem Streitbaren und Wilhelm II. dem Reichen von Meißen wird die Gründung einer Universität in Leipzig gestattet und für diese volle Lehrfreiheit erteilt (9. 9.). 1409
■ Gründung der Universität als Bildungsstätte des wettinischen Territorialstaates (2. 12.). Johannes Otto von Münsterberg wird ihr erster Rektor.

■ Erste (theologische) Promotion an der Universität. 1410
■ Nach dem ersten Universitätsstatut unterstehen alle Angehörigen der Universität einer vom Rektor ausgeübten eigenen Gerichtsbarkeit.

■ Die Stadtrechnungen weisen erstmals das Auftreten von Spielleuten aus. 1411

■ Konstituierung eines Collegium medicum aus neun Magistern als Medizinische Fakultät der Universität und Wahl von Gerhardus Hoghenkerke als Dekan auf Lebenszeit (1. 5.). 1415

■ Der Burgkeller wird erstmals urkundlich erwähnt und ist damit die älteste Gaststätte der Stadt. 1419
■ Erstmalige Erwähnung eines „Peltzhauses“ an der Ecke Naschmarkt/Salzgäßchen.

■ Großer Stadtbrand, bei dem über 400 Häuser vernichtet werden, u. a. ein großer Teil der Petersstraße. 1420

1423 ■ Der Rat der Stadt kauft die obere und niedere Gerichtsbarkeit samt allen Einkünften von Kurfürst Friedrich dem Friedfertigen für 1500 rheinische Gulden; allerdings unter dem Vorbehalt des sofortigen Rückkaufs.
■ Gründung der Leipziger Kürschnerinnung, der ersten in Deutschland.

1426 ■ Die Stadt muß dem Kurfürsten Friedrich I. (dem Streitbaren) für das von Hussiten bedrohte Aussig 350 Mann Fußtruppen und 30 Wagen mit entsprechender Ausrüstung stellen. In einer verlustreichen Schlacht, in der auch viele Leipziger fallen, wird das sächsische Heer vollständig geschlagen (Sommer).

1429 ■ Das hussitische Heer steht vor Leipzig. Während die Vorstädte in Flammen aufgehen – wahrscheinlich von den Verteidigern selbst angezündet – nehmen die Hussiten von einer Belagerung Abstand.

1430 ■ Wegen der weiteren Bedrohung der Stadt durch die Hussiten werden die Befestigungsanlagen ausgebaut (Sommer).

1434 ■ Die Stadt kauft zum zweiten Mal, diesmal für 3000 Gulden, die Hochgerichtsbarkeit vom Kurfürsten Friedrich dem Friedfertigen zurück.

1438 ■ Die Wettiner berufen erstmals die „Landstände“ (Thüringen ausgenommen) nach Leipzig ein.
■ Durch landesherrliche Anordnung werden an der Universität zwei medizinische Ordinariate geschaffen, die Professur für Pathologie (damals im Sinne von „Krankheitslehre“ verstanden) und die Professur für Therapie.

1439 ■ Ersterwähnung eines Studentenhauses, der Burse „Zum Eichhorn“.
■ Ersterwähnung eines Weinkellers auf dem Grundstück des späteren Auerbachs Hof.
■ Vereinbarung zwischen Thomaskloster und Rat der Stadt, die die Übernahme des Hospitals in städtische Verwaltung regelt. Dabei wird der soziale Aspekt der Krankenbetreuung festgeschrieben (arme und sieche Kranke, Obdachlose, ausgesetzte Kinder, Pilger).

■ Ersterwähnung des Buchbinderhandwerkes. **1440**

■ Fertigstellung des Neubaus des Hospitals „St. Georg“ vor dem Ranstädter Tor. **1441**

■ Erster urkundlicher Nachweis der Leipziger Schützengesellschaft (Schützenbrüderschaft der St. Fabians- und Sebastiansbrüder). **1443**

■ Herausgabe der ältesten bekannten Feuerordnung durch den Rat der Stadt („Ordination vom Feuer und Mistfahren“). **1445**

■ Anstellung des ersten rechtsgelehrten Stadtschreibers. **1449**

■ Der französische Bußprediger, Franziskanermönch Johann von Capristan, weilt in der Stadt. Einen Monat hindurch predigt er auf dem Markt gegen Üppigkeit, Kleiderluxus, mangelnde Bußfertigkeit und „hussitische Ketzerei“ (20. 10.-20 . 11 .). Dies ist der Ausgangspunkt für den Erlaß von Kleiderordnungen. **1452**
■ Erster urkundlicher Nachweis einer Brauordnung.

■ Erstmalige urkundliche Erwähnung des Töpfergewerbes; der Rat sichert diesem Schutz gegen auswärtige Konkurrenz zu. **1453**

1454 ■ Ersterwähnung einer Polizeiordnung der Stadt. Erweiterung des Stadtgrabens.

1457 ■ Bei einer Pestepidemie sterben in Leipzig und seinen Dörfern rd. 8000 Menschen, im Paulinerkloster 28 Mönche.

1458 ■ Die Stadt erhält durch den Kurfürsten Friedrich II. das Privileg zur Durchführung einer dritten Messe, der Neujahrsmesse (1. 11.).

1460 ■ Der Rat der Stadt erläßt eine Mühlenordnung (9. 2.).

1462 ■ Peter Luder gibt mit seiner Antrittsvorlesung den Auftakt des Humanismus an der Universität.

1463 ■ Eine „Willkür- und Polizeiordnung" versucht gegen die Tendenzen einzuschreiten, die übliche „Kleiderordnung" zu durchbrechen; es kommt zur Herausgabe einer ausführlichen „Kleiderordnung" durch den Rat der Stadt (30. 3.).

1466 ■ Der Stadt wird das Stapelrecht verliehen. Kaiser Friedrich III. bestätigt den Neujahrsmarkt.

1469 ■ Ersterwähnung des Buchdruckerhandwerkes.
■ Kaiser Friedrich III. widerruft zugunsten der Stadt Halle die Bewilligung eines Neujahrsmarktes (25. 5.).
■ Das Bürgerrecht wird von der Seßhaftigkeit in der Stadt abhängig gemacht (17. 6.).
■ Kaiser Friedrich III. gestattet wieder die Abhaltung des Neujahrsmarktes in Leipzig (7. 8.).
■ Gründung der ersten Leipziger Brauerei (heute Stadtbrauerei F. A. Ulrich).

■ Seit diesem Jahr führt Leipzig das bis heute bekannte Stadtwappen: die linke Hälfte zeigt den wettinischen Löwen (seit 1248 das Symbol für die Markgrafen von Meißen); auf der rechten Hälfte kennzeichnen blaue Pfähle in Gold die Mark Landsberg, zu der Leipzig in der zweite Hälfte des 13. Jahrhunderts gehörte. 1470
■ Die Stadt kauft dem Landesherrn das „Waagegeld" für 6000 Gulden ab.

■ Anlage des Johannisfriedhofes. 1472
■ Nach den Schneeberger Silbererzfunden kauft der Rat der Stadt erstmals Kuxe (Vermögenswerte) an den dortigen Gruben.

■ Mit dem Abschluß eines Geschäftes über Bücher durch zwei Buchführer (Buchhändler) aus Basel und Ulm datiert der Beginn des Buchhandels in der Stadt (Herbstmesse). 1475

■ Der Leipziger Rat stellt drei Stadtpfeifer ein. Sie stehen am Anfang der städtischen Musikpflege (10. 7.). 1479

■ Leipzig hat 7 741 Einwohner. 1481
■ Der Wanderdrucker Marcus Brandis druckt das erste Buch in Leipzig mit beweglichen Lettern, die lateinische Schrift „Glosse in Apocalypsi" (Kommentar zur Apokalypse) – wahrscheinlich ein Druckauftrag der Leipziger Dominikaner. Dies ist die Geburtsstunde des Leipziger Buchdrucks (Sept.).

■ Bau des Gewandhauses am Neumarkt. 1482
■ Claus Roder beginnt mit dem Bau der Thomaskirche als einer spätgotischen Hallenkirche (bis 1496).

■ Bildung des kursächsischen Oberhofgerichtes in Leipzig als ältestes kursächsisches Gericht. 1483

1484 ■ Die Stadt kauft die bis dahin im Besitz des Erfurter Schottenklosters befindliche Jacobssiedlung (Naundörfchen) (17. 3.).

1485 ■ Erster belegter Druck von Konrad Kachelofen, dem ersten in Leipzig seßhaften Drucker.
■ Vertrag zu Leipzig über die Teilung Sachsens zwischen Kurfürst Ernst und Herzog Albrecht. Leipzig fällt an das herzogliche albertinische Sachsen (17. 6.).
■ Beginn des Neubaus der Paulinerkirche.

Kachelofen, Konrad
Kaufmann und Buchdrucker
geboren um 1450
gestorben 1516

Besaß ab 1476 das Bürgerrecht in Leipzig. Führte als Kaufmann zunächst eine "kramkammer" im Leipziger Rathausgewölbe, wo er Papier und Spezereien (u. a. Zucker und Ingwer) verkaufte und daneben einen kleinen Weinschank betrieb. 1485 eröffnete er dann eine Druckerei und wurde damit zum ersten seßhaften Drucker Leipzigs. Beschäftigte in seiner Werkstatt sehr bald acht Gesellen und war damit der größte Drucker der Stadt. 1495 vertrieb ihn die Pest kurzzeitig nach Freiberg. Ein Drittel der über 1 000 Frühdrucke Leipzigs stammen von ihm. 1499 übergab er seine Werkstatt und Häuser in der Hainstraße seinem ehemaligen Gesellen und nunmehrigen Schwiegersohn Melchior Lotter. (Grafik: Druckerzeichen von Konrad Kachelofen.)

1486 ■ Der Wanderhumanist Konrad Celtis kommt an die Universität und lehrt antike Philosophie und Metrik.

1488 ■ Das Oberhofgericht in Leipzig wird als oberste gerichtliche Instanz des Herzogtums Sachsen durch Herzog Albrecht den Beherzten bestätigt.
■ Der Magister Paul Niavis gibt beim Drucker Marcus Brandis die Schrift „Liber de philosophia Platonis“ heraus und eröffnet damit die Platostudien an der Universität.

■ Kunz Kachelofen druckt das Rechenbuch „Behende und hübsche Rechnung auf allen Kauffmanschaft“ von Johannes Widmann, das u. a. erstmals das Plus- und Minuszeichen im Druck enthält und alle bis dahin vorliegenden Rechenbücher übertrifft. **1489**

■ Die Angermühle stellt das erste Papier in Leipzig her. **1492**

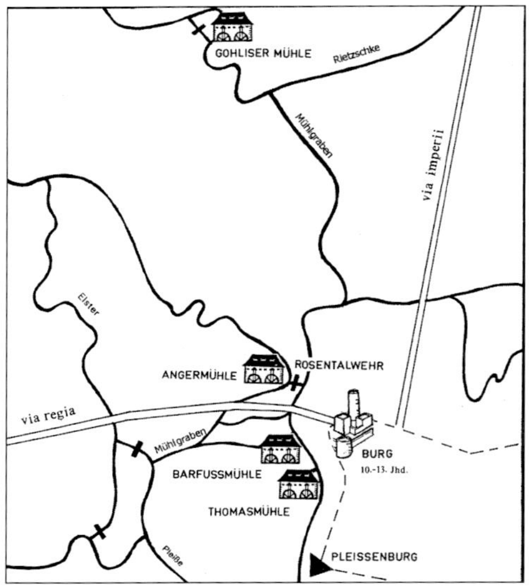

Die Leipziger Mühlen im 15. Jahrhundert

■ Beschluß zur Gründung der Nikolaischule. Erste „Buchmesse“ der Stadt, zu der erstmalig auswärtige Buchhändler eintreffen. **1493**

■ Beginn des Neubaus der Barfüßerkirche (bis 1504). **1494**

■ Feierliche Neuweihe der Thomaskirche nach dem 1482–1496 erfolgten Umbau durch den Bischof von Merseburg, Thilo von Trotha (10. 4.). **1496**

■ Mit der Einführung der Vorlesungen in Rhetorik auf Dauer an der Universität wird Johannes Honorius Crispus Cubitensis mit dieser Aufgabe betraut.
■ Die erste hölzerne Wasserleitung wird von den Schöpperitz-Wiesen in die Stadt geleitet.
■ Das führende oberdeutsche Bank- und Handelshaus Fugger richtet in der Stadt eine Faktorei mit Andreas Mattstedt als Leiter ein.

1497 ■ Kaiser Maximilian I. erhebt die Leipziger Messe durch Privileg zur Reichsmesse (20. 7.).
■ Die Stadt erhält gleichzeitig das Privileg verliehen, zusätzlich zu den Messen auch einen Jahrmarkt zu veranstalten.

Kaiser Maximilian I.
Er privilegierte am 20. 7. 1497 die Leipziger Messe zur Reichsmesse.

1498 ■ Erstes öffentliches Schießen der Schützengesellschaft (Freischießen) im Beisein des Herzogs Georg des Bärtigen (Juli).

1500 ■ Dem Leipziger Kaufmannskapital, u. a. Hans von Leimbach, gelingt es, den Goslarer Bleihandel an sich zu reißen.

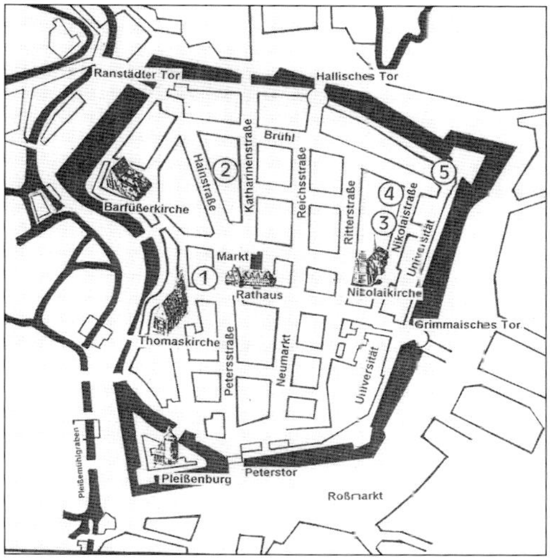

Die Wohnungen der Leipziger Frühdrucker
① *Kunz Kachelofen* ④ *Wolfgang Stoeckel*
② *Kunz Kachelofen* ⑤ *Jakob Thanner*
Melchior Lotter
③ *Martin Landsberg*

■ Errichtung des alten Gewandhauses als Angebotszentrum für die Tuchhändler. **1501**
■ Die Franziskaner weihen die Barfüßerkirche ein.

■ Fertigstellung des Grimmaischen Tores. **1502**

■ Leipzig hat etwa 9000 Einwohner. In der Altstadt stehen 573 Häuser, 475 in den Vorstädten. **1504**
■ Vollendung des Baus einer Wasserleitung im Auftrage des Rates, die die Wasserquellen des Marienborns und von der höher gelegenen Stötteritzer Flur in die Stadt leitet.

Der Dominikanermönch Johannes Tetzel (1455–1519)

1506 ■ Der Dominikanermönch Johannes Tetzel predigt zum ersten Male den Ablaßhandel in Leipzig.
■ Thomas Müntzer beginnt mit dem Studium an der Universität (bis 1507).

1507 ■ Verabschiedung der ersten Ratsordnung (Jan.).
■ Immatrikulation von Ulrich von Hutten an der Universität.
■ In einem weiteren Privileg von Kaiser Maximilian I. werden noch einmal alle „Jahrmärkte“ bestätigt und das Stapelrecht zugesichert (23. 6.).
■ Als Mittelpunkt der Peterssiedlung wird die Peterskirche im spätgotischen Stil errichtet.
■ Herzog Georg der Bärtige von Sachsen verleiht der Stadt die erbliche Gerichtsbarkeit.

Karte des Stapelbezirkes Leipzig, der 1507 von Kaiser Maximilian I. bestätigt wurde.

1508 ■ Der führende Jurist der Stadt, Professor Christoph Cuppener, veröffentlicht bei Melchior Lotter eines der ersten Bücher über Geldgeschäfte.

1511 ■ Melchior Lotter führt für den Druck antiker Autoren in seiner Werkstatt die Antiqua im Buchdruck ein, die den bisherigen Druck mit eckigen gotischen Lettern ablöst.
Der Humanist Johannes Rhagius Aesticampanius wird wegen „Beschimpfung der heiligen Theologie“ von der Universität relegiert.

Lotter, Melchior
Buchdrucker
geboren 1470 Aue/Erzgebirge
gestorben 1.2.1549 Leipzig
Erwarb 1489 das Bürgerrecht Leipzigs und wurde Geselle in der Werkstatt von Konrad Kachelofen. Als dessen Schwiegersohn übernahm er 1499 die Werkstatt und profilierte sich zu einem der bedeutendsten Buchdrucker Leipzigs im 16. Jahrhundert. Seine Werkstatt mit Herberge befand sich in der Hainstraße 16-18. Entscheidenden Einfluß auf seine Tätigkeit übte die Begegnung mit Martin Luther aus. Während des Zeitraums der Leipziger Disputation auf der Pleißenburg wohnten Luther und Melanchthon bei ihm. 1510 druckte er als erster in Leipzig mit griechischen Lettern, führte 1511 die Antiqua ein und wandte sich 1517 auch dem Notendruck zu. Nach 1517 druckte er Reformationsschriften Martin Luthers, u. a. die 95 Thesen im Plakatdruck. 1519 errichtete er eine Filiale in Wittenberg, wo 1522-1523 die Bibelübersetzung Luthers erschien. Wurde 1539 Mitglied des Rates der Stadt und war 1541-1542 Stadtrichter.

Druckerzeichen von Melchior Lotter (1495–1538)

1512 ■ Einweihung der Nikolaischule als stadteigene Schule (6. 12.).

1513 ■ Beginn des spätgotischen Umbaus der Nikolaikirche unter Maurermeister Benedikt Eisenberg (bis 1526) (28. 3.).

1514 ■ Georgius von Agricola beginnt mit dem Studium an der Universität (bis 1517).
■ Päpstliche Bestätigung des Messeprivilegs.

1515 ■ Das Augsburger Bank- und Handelshaus der Fugger erwirbt die Kupferwaage in der Kupfergasse und richtet dort eine Faktorei ein.
■ Beginn des Wirkens von Peter Mosellanus an der Universität, mit dem die humanistischen Studien einen bedeutenden Aufschwung erfahren.
Zur Belebung der humanistischen Wissenschaften wird der englische Humanist Richard Crocus von Herzog Georg dem Bärtigen an die Universität berufen, an der er die griechische Sprache lehrt.

1516 ■ Das Handelshaus Welser aus Augsburg richtet in der Stadt eine Faktorei ein.

1517 ■ Der Leipziger Rat führt gegen den Ablaßhandel des Dominikanermönches Johannes Tetzel Beschwerde.

1518 ■ Eine Feuersbrunst zerstört den gesamten Brühl.

1519 ■ Disputation zwischen Martin Luther, Andreas Karlstadt und dem Theologieprofessor Johann Eck auf der Pleißenburg. Die Thomaner eröffnen mit der zwölfstimmigen „Misa de sancto spiritu“ von Georg Rhau die Disputation. (27. 6.-17. 7.).
■ Neubau der Schwarzen Wasserkunst, aus dem das Pleißewasser über ein System von Holzröhren in die Stadt gepumpt wird.

Martin Luther (rechts) und Johannes Eck während der Disputation auf der Pleißenburg zu Leipzig 1519

■ Einer Pestepidemie fallen 2360 Menschen zum Opfer; die Universität wird wegen der Epidemie vorübergehend nach Meißen verlegt. 1520

■ Verbot der reformatorischen Schriften Martin Luthers in der Stadt (Febr.). 1521
■ Abschluß des spätgotischen Umbaus der Paulinerkirche zu einer dreischiffigen obersächsischen Hallenkirche.

■ Der Magister Stephan Schönbach predigt vor der Johanniskirche im reformatorischen Sinne; er wird auf Befehl des Herzogs Georg des Bärtigen aus der Stadt vertrieben. 1522
■ Der Rat der Stadt beschließt die Verfolgung lutherischer Anschauungen (7. 4./4. 6.).

■ Der Propst des Thomasklosters verhindert eine Predigt des Lutheranhängers Sebastian Fröschel in der Johanniskirche, indem er von den Mönchen die Türen schließen läßt (21. 10.). 1523
■ Der Faktor der Welser, Hieronymus Walter, läßt mit dem Bau eines Hofes „Zur Goldenen Schlange“ am Markt den ersten Renaissancebau in Leipzig errichten (Vorgängerbau von Barthels Hof).

■ Herzog Georg der Bärtige fordert vom Rat der Stadt ein entschiedeneres Vorgehen gegen alle Versammlungen der Reformierten und das Verbot ihrer Schriften (13. 2.). 1524

■ Professor Heinrich von Stromer führt an der Universität die Anatomie ein.

Stromer, Heinrich
Mediziner und Universitätsrektor
geboren 1482 Auerbach/Oberpfalz
gestorben 25.11.1542 Leipzig
Kam 1497 nach Leipzig und studierte an der Universität Medizin. Wurde 1501 Magister und 1508 Rektor der Universität. 1509 Mitglied des großen Fürstenkollegiums. 1511 Doktor der Medizin, 1516 Professor für Pathologie. 1516 veröffentlichte er die „Betrachtungen zur Pest". Stand mit den Humanisten Erasmus von Rotterdam, Melanchthon, Mosellanus und Paracelsus in Verbindung. War Leibarzt des Erzbischofs von Mainz, des Kurfürsten Joachim von Brandenburg und des Herzogs Georg von Sachsen. 1518 traf er auf dem Reichstag zu Worms mit Hütten zusammen. 1519 war er Zuhörer der Leipziger Disputation auf der Pleißenburg. Luther nannte ihn „einen Mann von großer Unparteilichkeit". Als Dekan der medizinischen Fakultät führte er 1524 an der Universität die Anatomie ein. 1530-1538 ließ er Auerbachs Keller bauen und betrieb im Keller den damals angesehensten Weinausschank der Stadt.

1525 ■ Vollendung des Umbaus der Nikolaikirche und Weihe durch den Bischof von Merseburg (31. 5.).
■ Der Ringschmied Michel Rumpfer, Sprecher der reformatorischen Volksbewegung, wird auf dem Marktplatz hingerichtet (24. 6.).

1527 ■ Der Nürnberger Buchführer Hans Hergot wird bei der Verbreitung der Schrift „Von der neuen Wandlung eines christlichen Lebens" in der Stadt ergriffen, als Landesfremder des Aufruhrs verdächtigt und hingerichtet (20. 5.). Der Leipziger Drucker dieser Schrift, Michael Blum, kann – von der Bürgerschaft gedeckt – entkommen.

1529 ■ Leipzig zählt 9221 Einwohner.
■ Fertigstellung des sechsstöckigen Kornhauses als Magazingebäude der Stadt.

■ Beginn des Neubaus von Auerbachs Hof auf Veranlassung von Heinrich Stromer mit rd. 100 Messegewölben, Logierzimmern, Pferdeställen u. a. (bis 1538). 1530

■ Herzog Georg der Bärtige von Sachsen läßt 80 Leipziger Bürgerfamilien wegen ihres lutherischen Glaubensbekenntnisses aus der Stadt ausweisen (Mai). 1533

■ Errichtung des steinernen Connewitzer Kreuzes als Zeichen der Weichbildgrenze der Stadt. 1536

■ Neubau des Thomaskirchturmes. 1537
■ Herausgabe des ersten deutschen gedruckten Gesangbuches, des „New Gesangbüchleins" von Michael Vehe.

■ Der Rat der Stadt kauft das Georgenhospital (18. 3.). 1538
■ Bau des Amtshauses als Kreisbehörde des albertinisch-sächsischen Staates.

■ Herzog Heinrich der Fromme von Sachsen fordert vom Rat der Stadt die Wiederaufnahme der ausgewiesenen Protestanten (12. 5.). 1539
■ Martin Luther predigt in der Kapelle der Pleißenburg vor der Familie des Kurfürsten Johann Friedrich und des Herzogs Heinrich des Frommen (24. 5.).
■ Einführung der Reformation (der Kirchen-Verfassung) in Leipzig. In der Nikolaikirche predigt am Pfingstsonntag der kurfürstliche Theologe Dr. Jonas, in der Thomaskirche predigt Martin Luther (25. 5.).
■ Johannes Pfeffinger wird zur Ordnung des neuen Kirchenwesens nach Leipzig berufen und wirkt als erster Oberpfarrer und Superintendent.

■ Herzog Heinrich der Fromme ordnet eine allgemeine Kirchenvisitation an, die in Leipzig beginnt; sie hat die Neubesetzung der Predigerstellen zur Folge (Aug.).
■ Caspar Borner wird erstmals zum Rektor der Universität gewählt.
■ Erneuerung der Stadtschulen und Einrichtung erster Mädchenschulen.

1541 ■ Errichtung eines Marstalls.
■ Joachim Camerarius kommt nach Leipzig und reformiert gemeinsam mit Caspar Borner die Universität.

1542 ■ Das Augustiner-Domherrenkloster wird von Herzog Moritz an den Rat der Stadt verkauft.
■ Gründung des Arzneipflanzengartens (hortus medicus) der Medizinischen Fakultät der Universität.
■ Auf Empfehlung Melanchthons wird der Mathematiker und Astronom Joachim Rheticus, ein Verfechter der Lehren Kopernikus', an die Universität berufen.

1543 ■ Abriß des Thomasstiftes; Anlage des nördlichen Thomaskirchhofes.
■ Herzog Moritz setzt die von der Universität nach Wittenberger Vorbild erarbeitete „Statue universitatis scholasticae Lipsiae" sowie die Statuten für die Theologische, die Medizinische und die Artistenfakultät in Kraft.
■ Herzog Moritz verleiht der Stadt das Patronat über die Kirchen und Schulen (1. 5.).
■ Gegen den Einspruch der Stadt Leipzig übereignet Herzog Moritz von Sachsen auf Bitten von Caspar Borner der Universität das gesamte Dominikanerkloster (28. 6.).
■ Im Zuge der Reformation erhält die Stadt durch die Aufhebung der Klöster beinahe das gesamte Connewitzer Holz (seitdem Leipziger Ratsholz).
■ Der Universitätsrektor Caspar Borner legt den Grundstein für die Universitätsbibliothek („Bibliotheca Paulina"), als es ihm gelingt, Handschriften und Bücher der aufgehobenen Klöster für die Universität zu sichern.

Borner, Caspar
Humanist
geboren um 1492 Großenhain
gestorben 2.5.1547 Leipzig
Studierte an der Universität Leipzig und bereiste dann Italien und westeuropäische Länder. 1522 übernahm er das Rektorat der Thomasschule. Verstand es, bewährte Lehrkräfte zu gewinnen, die im Kampf gegen die Scholastik dem Humanismus in Leipzig den Weg ebneten. Seit 1523 lehrte er an der Universität Leipzig. Durch eine jahrelange praktische Arbeit in der Universitätsverwaltung erwarb er sich umfassende Rechtskenntnisse. Während seiner beiden Rektorate an der Universität (1539-1540 und 1541-1542) führte er eine Neuordnung des Universitätsbetriebes durch (Reform der Statuten, gesicherte Besoldung der Professoren). 1543 legte er den Grundstein für die Universitätsbibliothek, als es ihm gelang, 1500 Handschriften und 4000 Bücher der durch die Reformation aufgehobenen Klöster für die Universität zu sichern.

Der Humanist Caspar Borner (1492–1547), Epitaph in der Paulinerkirche, 1547

■ Erste evangelisch-theologische Promotion an der Universität durch Johannes Pfeffinger. **1544**
■ Der Universität wird durch die Herzöge

Moritz und August eine Schenkung von fünf Dörfern (Holzhausen, Zuckelhausen, Wolfshain, Kleinpösna, Zweenfurth) und des 220 ha großen „Gehölzes bei Wolkwitz" (heute Oberholz) zur Verbesserung ihrer Einkünfte gemacht (22. 4.).

■ Auflösung der Jakobsparochie und Abbruch der Jakobskirche.

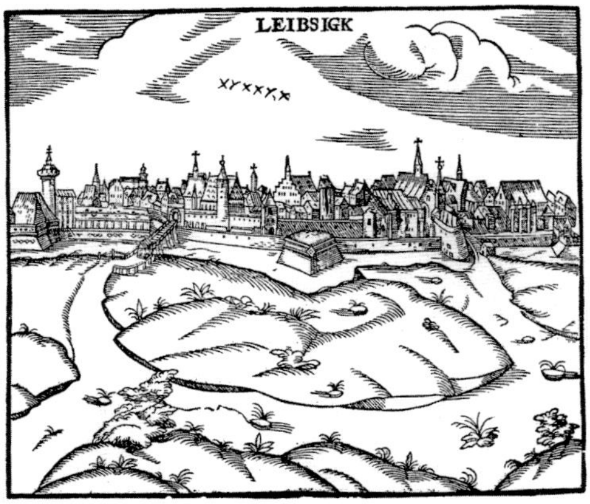

Leipzig 1544, Holzschnitt von Sebastian Münster

1545 ■ Im Hinblick auf den drohenden Schmalkaldischen Krieg wird das Heerfahrtsregister verfaßt, das die Zahl der Kriegsknechte festlegt, die jede Zunft im Kriegsfall zu stellen hat.

1546 ■ Herzog Moritz veranlaßt die Neubefestigung der Stadt.

■ Mit dem Heranrücken der kurfürstlichen Truppen im Schmalkaldischen Krieg flüchten viele Bürger aus der Stadt (Dez.).

■ Die Universität wird geschlossen und vorübergehend nach Meißen verlegt.

■ Die herzoglichen Truppen – alliiert mit Kaiser Karl V. – unter Bastian von Wallwitz treffen als Besatzung in der Stadt ein (29. 12.).

■ Herzog Moritz befiehlt wegen der heranrückenden kursächsischen Truppen die Vorstädte zu räumen, die darauf zerstört werden (29. 12.).

1547 ■ Die Stadt wird von den Truppen des Schmalkaldischen Bundes unter Kurfürst Johann Friedrich von Sachsen belagert (ab 8. 1.).

■ Die Stadt wird beschossen und erleidet zahlreiche Zerstörungen (23. 1.); während der erfolglosen Belagerung brennt u. a. die Johanniskirche nieder.

■ Während der Belagerung wird die alte Pleißenburg zerstört.

■ Kälte, Seuchen, Nahrungsmangel und Finanznot zwingen den Kurfürsten Johann Friedrich, die Belagerung aufzugeben und abzuziehen (27. 1.).

■ Nach der Säkularisierung läßt Herzog Moritz das Georgenkloster abreißen; dessen Steine werden zum Bau des Festungsgrabens vor dem Grimmaischen Tor verwendet.

Leipzig während des Schmalkaldischen Krieges, 1547

■ Erstmalige Durchführung von drei Jahres- 1548
messen: zu Ostern, Michaelis und Neujahr.

■ Beginn des Wiederaufbaus des Georgenhospitals vor dem Ranstädter Tor (bis 1549).

■ Einrichtung eines Ordinariats für Chirurgie 1549
an der Universität.

■ Beginn des Neubaus der Pleißenburg unter Bauleitung von Hieronymus Lotter.

■ Kurfürst Moritz läßt in Leipzig ein Län- 1551
derschießen der Schützen durchführen.

■ Ein Meßprivileg des Kurfürsten Moritz be- 1552
stimmt, daß die Stadt Leipzig nur im Falle der äußersten Not mit einer Garnison zu belegen ist.

1553 ■ Fertigstellung der Henkersbastei (später Moritzbastei) unter der Bauleitung von Hieronymus Lotter.
■ Neubau der Thomasschule durch den Ratsmaurer Kuntz Bundtschuh.
■ Kurfürst August trifft zwei Tage nach der Übernahme der Kurfürstenwürde in Leipzig ein, um sich von der Bürgerschaft huldigen zu lassen (20. 8.).

1554 ■ Bau des Amtshauses an der Ecke Thomaskirchhof/Klostergasse nach den Plänen von Hieronymus Lotter.

1555 ■ Bau der Alten Waage am Markt nach den Plänen von Hieronymus Lotter und Paul Speck.
■ Der Rat der Stadt wählt Hieronymus Lotter zum Bürgermeister.

1556 ■ Beginn des Baus des Alten Rathauses nach den Plänen von Hieronymus Lotter (11. 2.).
■ Die um Leipzig gelegenen Dörfer erhalten die Aufforderung, Frone am Rathausbau zu leisten (11. 3.).

1557 ■ Fertigstellung des Alten Rathauses (Aug.).

1558 ■ Leipzig hat 7155 Einwohner.
■ Errichtung des Fürstenhauses durch Paul Wiedemann im Auftrage des Ratsherrn Dr. Georg Roth.
■ Bau des Apelschen Hauses am Markt.
■ Die Theologische Fakultät der Universität wird von Kurfürst August mit der Zensur aller in Leipzig gedruckten theologischen Schriften beauftragt.
■ Der Rat der Stadt erläßt eine erste Zensurvorschrift, die bestimmt, daß alle in der Stadt gedruckten und verkauften Texte zuvor dem Rektor der Universität zur Begutachtung vorzulegen sind.

Lotter, Hieronymus
Baumeister und Bürgermeister
geboren 1497 Nürnberg
gestorben 22.7.1580
Geyer/Erzgeb.

Der Kaufmannssohn siedelte 1509 mit seinen Eltern von Nürnberg nach Annaberg (Erzgeb.) und kam dann 1522 nach Leipzig, um hier die väterlichen Geschäfte zu führen; seine Beteiligung am Metallhandel ist urkundlich belegt. Dieser brachte ihm ein beträchtliches Vermögen ein, das er auch für Grundstücksspekulationen nutzte. Seine geschäftlichen Unternehmungen waren mit häufigen Reisen verbunden. Dabei lernte er die Architektur anderer Städte kennen. 1533 erhielt er das Bürgerrecht und wurde 1548 von Kurfürst Moritz als einer der fürstlichen Baumeister bei den Befestigungsanlagen von Leipzig eingesetzt. 1549 wurde er erstmals in den Rat der Stadt Leipzig und im Zeitraum 1555-1573 achtmal zum Bürgermeister Leipzigs gewählt. Ab 1549 leistete er eine bemerkenswerte Arbeit beim Bau der Pleißenburg. 1551-1553 folgte dann der Bau der Moritzbastei und der Alten Waage am Markt sowie des Mittelturms der Nikolaikirche. Sein Hauptwerk in Leipzig war der Bau des Alten Rathauses, das nach seinen Plänen 1556-1557 entstand. 1570 baute er in der Thomaskirche die Emporen ein. Danach wurde er mit dem Bau der Augustusburg beauftragt, den er bis 1572 im wesentlichen abschloß. Geldeinsparungen brachten ihn aber in Konflikt zum Kurfürsten August, schließlich ließen ihn Bauverzögerungen in Ungnade fallen. Der Bruch des Dresdner Hofes mit ihm traf auch seine Kreditwürdigkeit. Nur durch den Verkauf der Leipziger Grundstücke konnte er seine Schulden begleichen. 1574 verließ er Leipzig und lebte dann bis zu seinem Tode in Geyer

■ Der dänische Astronom Tycho Brahe, seit 1562 Jurastudent an der Universität, führt in Leipzig seine ersten astronomischen Messungen durch. **1563**

1564 ■ Fertigstellung der Roten Wasserkunst gegenüber der Nonnenmühle.

1566 ■ Nach dem Vorbild des Nürnberger Lauferturmes wird der neue Turm der Pleißenburg von Nürnberger Werkmeistern errichtet.

1568 ■ Neubau der Nikolaischule.

1569 ■ Bildung der Kursächsischen Bücherkommission mit Sitz in Leipzig als Aufsichts- und Zensurbehörde für das gesamte Buch- und Druckwesen (25. 4.).

1571 ■ Der Thomasorganist Elias Nikolaus Ammersbach veröffentlicht mit seiner „Orgel- oder Instrument-Tabulatur“ das erste deutsche Lehrbuch des Orgel- und Klavierspiels.

1572 ■ Errichtung eines Schuh- und Pelzhauses am Naschmarkt Ecke Salzgäßchen.
■ Eröffnung des Burgkellers am Naschmarkt (23. 7.).

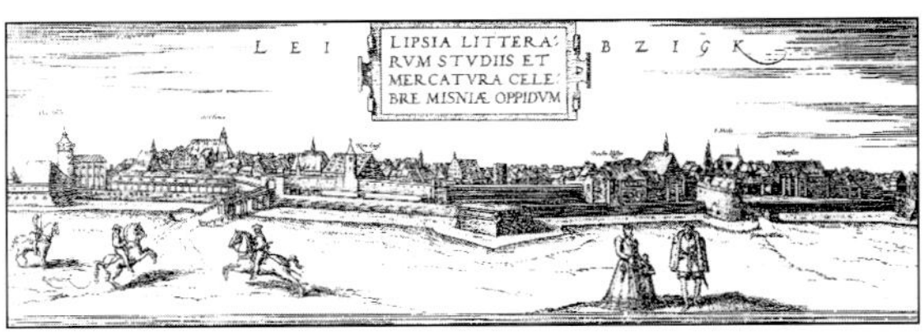

Ansicht Leipzigs von Südosten 1572

1573 ■ Beginn fester Handelsbeziehungen mit Moskau durch die Initiative des einflußreichen Kaufmanns Heinrich Cramer von Claußbruch, der Beauftragte nach Moskau zum direkten Einkauf von Pelzwaren schickt.

1574 ■ Beginn der Willkürherrschaft des Bürgermeisters Hieronymus Rauscher (bis 1576).

■ Kampf gegen die Melanchthonisierung, die u. a. den Buchhändler Ernst Vögelin zur Flucht nach Heidelberg veranlaßt. 1576

■ Der Rat der Stadt läßt durch den Baumeister Paul Wiedemann für die Fleischerinnung in der Reichsstraße die „Fleischerbänke“ bauen. 1578

■ Einrichtung der Holzflößerei auf der Pleiße (27. 3.) und erster Holzverkauf (6. 7.). 1579

■ Bestätigung des ersten Direktors des Botanischen Gartens. 1580
■ Erstmals bieten britische Tuchhändler zur Messe ihre Waren feil.

Leipziger Stadtwappen von 1580

■ Gründung der ersten Manufaktur Leipzigs durch den religions-vertriebenen Maastrichter Handelsmann Heinrich von Ryssel, der mit der Herstellung feinster Gold- und Silberfäden zum Einweben in Seidenstoffe ein neues Gewerbe einführt. 1587

■ Nach 19jähriger Bauzeit wird der Abschnitt des Floßgrabens nach Bad Dürrenberg (Saline) fertiggestellt.
■ Vollendung der Johanniskirche als Saalkirche.

1588 ■ Einweihung eines Schießhauses (Schießgraben) für die Büchsenschützen vor dem Peterstor (Peterssteinweg/Ecke Münzgasse) (16. 9.).

1589 ■ Dem Leipziger Superintendenten Nikolaus Selnecker wird wegen „Calvinismus" gekündigt; vor einer drohenden Verhaftung flieht er aus der Stadt.

1590 ■ Der Leipziger Rat nimmt das Botenwesen in eigene Regie und richtet dafür ein „speziellès Local" in der sogenannten „Safranwaage" (Alte Waage) ein; gewissermaßen das erste Leipziger Postamt.

Arretierung von Calvinisten

1592 ■ Den Buchhändlern wird in der Stadt der Handel mit calvinistischen Schriften verboten (6. 10.).
■ Der Buchhändler Henning Groß wird mit drei anderen als Ratsherr entlassen, weil er sich weigert, die vier Visitationsartikel zu unterschreiben, die gegen den Calvinismus gerichtet sind und deren Bestätigung die sächsischen Landstände von jedem kursächsischen Würdenträger fordern.

■ „Calvinistensturm", eine innerstädtische Volksbewegung der orthodoxen Lutheraner gegen die Calvinisten, bei der u. a. das Brandvorwerk abgebrannt wird (27.6). Vier Anführer werden auf dem Marktplatz hingerichtet. 1593

Die Nilolaischule nach dem 1597 abgeschlossenen Umbau

■ Herstellung des ersten Buchmessekataloges durch Henning Groß. 1599
■ Die Stadtpfeifer werden zum täglichen zweimaligen „Abblasen" vom Balkon des Rathauses verpflichtet.

CATALOGUS UNIVERSALIS
Pro Nundinis vernalibus de anno 1599.
Hoc est
DESIGNATIO
OMNIUM LIBRORUM, QUI IN ISTIS NUNDINIS AUT OMNINO NOVI, aut correctiores prodierunt, vel certè iteratis editionibus repullularunt.
Verzeichnis aller Bücher/ so in der Fastenmeß zu Franckfort in jetzigem 99. Jahre/ entweder gantz new/ oder verbessert/ außgangen/ oder sonsten widerumb auffgelegt worden.
Auch was vor Bücher in der Leiptziger Ostermeß außgehen/ und nicht nach Franckfort gebracht worden/ sind am ende in appendice zu finden.
Cum gratia & priuilegio Elect. Saxon.
Gedruckt zu Leipzig/ durch Abraham Lamberg/ Und in seinem Buchladen zu finden.

Der erste von Henning Groß herausgegebene Buchmessekatalog, 1599.

■ Abraham Lamberg beginnt zu den drei Messen mit der Veröffentlichung der „Meßrelationen." 1605

■ Der Rat der Stadt erläßt ein Edikt, das als erste niedergeschriebene Postordnung gelten kann. 1608

1611 ■ Freigabe des Floßplatzes, an dem nun aus den vogtländischen Wäldern herangeflößtes Scheitholz gestapelt und verkauft wird.

■ Thomas Lebzelter läßt vor dem Ranstädter Tor Färbe- und Veredlungsanlagen errichten, in denen aufgekaufte sächsische Landtuche zubereitet und gefärbt werden.

1616 ■ Erste Fußbotenpost zwischen Leipzig und Frankfurt am Main.

1617 ■ Der Rat der Stadt läßt sich durch den Ratsherrn Thomas Lebzelter dazu verleiten, mit den Grafen von Mansfeld einen Vertrag über den Erwerb des größten Anteils an den Mansfelder Kupfergruben zu schließen, um die Nürnberger Konkurrenz auszuschalten, wozu von der Stadt 300 000 Gulden aufgebracht werden.

1625 ■ Die Stadt erhält ein kurfürstliches Privileg für die Abhaltung zweier Viehmärkte pro Jahr (4. 3.).

■ Nachdem sich die Investitionen in den Mansfelder Kupferbergbau als unrentabel erweisen, ist die Stadt zahlungsunfähig und ruft den Kurfürsten Johann Georg I. zum Schutz gegen die Gläubiger auf.

1627 ■ Die Stadtfinanzen werden wegen der Verschuldung der Stadt unter die Aufsicht des sächsischen Fiskus gestellt (bis 1688); alle Vermögen und Einkünfte müssen offengelegt werden (15. 2.).

■ Unter dem Druck der Gläubiger verliert die Stadt fast alle Rittergüter und die Mehrzahl der Ratsdörfer, die zur Entschuldung der Stadt verpfändet oder verkauft werden.

1630 ■ Erste Bücherauktion in Leipzig (12. 9.).

1631 ■ Auf dem Leipziger Konvent – einer Zusammenkunft vieler evangelischer Reichsfürsten – versucht Kurfürst Johann Georg I. eine Interessenvertretung der Evangelischen unter seiner Führung zustande zu bringen, um auf die Beendigung des Krieges hinzuwirken (20. 2.-12. 4.).

■ Belagerung der Stadt während des Dreißigjährigen Krieges durch die kaiserlichen Truppen, bei der die Vorstädte abbrennen und das Georgenhospital zerstört wird.

■ Angesichts des Schicksals der Stadt Magdeburg übergibt der Hauptmann Hans Vopelius als Kommandant der Pleißenburg die Stadt dem kaiserlichen Feldherrn Tilly (6. 9.).

■ In der Flur von Breitenfeld besiegen die vereinigten Truppen des Schwedenkönigs Gustav II. Adolf und Sachsens die kaiserlichen Truppen unter Tilly (7. 9.).

Belagerung und Erstürmung von Leipzig durch die Schweden unter Generalfeldmarschall Torstenson, Oktober 1631

■ Nach der Dürre des Vorjahres herrscht in 1632
der Stadt eine Hungersnot. Die ausbrechende Pest rafft 1 390 Bürger hin.

■ Die kaiserlichen Truppen erscheinen unter Feldmarschall Heinrich Holk mit 32 000 Mann vor Leipzig, nehmen in Schönefeld ihr Hauptquartier und fordern von dort die Stadt auf, sich kampflos zu übergeben; diese Aufforderung wird zunächst abgelehnt (18. 10.).

■ Von kaiserlichen Batterien abgefeuerte Granaten lösen in der Stadt mehrere Brände aus.

Deputierte der Universität, des Rates und der Bürgerschaft verhandeln daraufhin im Lager der Kaiserlichen in Schönefeld und schließen

einen Vertrag über die friedliche Übergabe der Stadt (22. 10.).
■ Der Festungskommandant der Pleißenburg, Hauptmann Vopelius, kapituliert bei freiem Abzug (23. 10.)
■ Die Schlacht bei Lützen führt zum eiligen Rückzug Wallensteins aus Sachsen und zur Wiedereinnahme der Stadt durch die Schweden (11. 11.).

1633 ■ Die Stadt wird erneut von den kaiserlichen Truppen unter Feldmarschall Heinrich Holk belagert. Von Thonberg und Stötteritz aus beschießt man Leipzig. Von der Stadt werden 85 000 Taler erpreßt (Aug.).
■ Als Auswirkung des Dreißigjährigen Krieges ist die Einwohnerzahl auf 12 360 gesunken.

1637 ■ Nach der Schlacht bei Lützen wird Schleußig Hauptquartier des schwedischen Feldmarschalls Johann Baner.
■ Vergebliche Belagerung der Stadt durch die schwedischen Truppen unter Johann Baner.
■ Nach der erfolglosen Belagerung plündern die schwedischen Truppen zahlreiche Dörfer und zerstören sie anschließend, u. a. Dösen, Plagwitz, Großzschocher, Schönau und die Parthendörfer .
■ Von den etwa 20 000 Einwohnern der Stadt sterben annähernd 4000 an der Pest.

1642 ■ Der schwedische General Graf Lennart Torstenson rückt zur Belagerung Leipzigs an und nimmt im Stötteritzer Gut Quartier.
■ Die Stadt wird nach der Belagerung durch die Schweden erobert und bleibt bis 1650 besetzt.

1644 ■ Der schwedische General Lennart Torstenson sichert den Kaufleuten auf ihren Handelswegen zur Messe Schutz vor Plünderungen zu, womit auch die Versorgung der Besatzung gesichert wird.

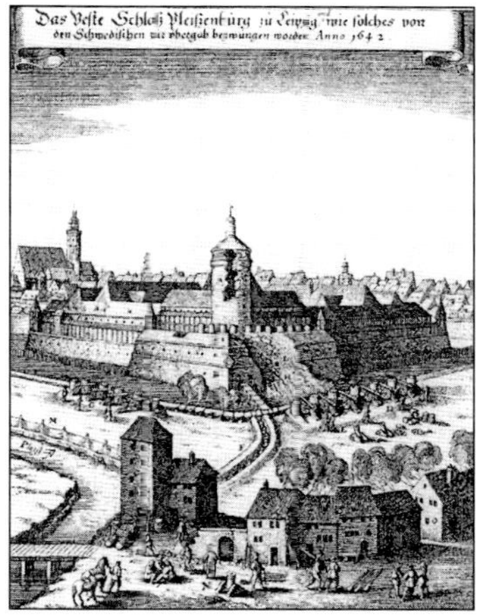

Die Beschießung der Pleißenburg durch die Schweden, 1642

■ Die Nachricht über den Osnabrücker Frieden wird in der Stadt unter Trompetenschall ausgerufen (26. 10.). **1648**

■ Universitätsprofessor Benedict Carpzov schafft erstmals eine systematische Darstellung des protestantischen Kirchenrechts. **1649**

■ Die schwedischen Truppen verlassen nach achtjähriger Besetzung die Stadt und die Pleißenburg (30. 6.). **1650**
■ Mit der Herausgabe der „Leipziger Einkommenden Ordinar- und Postzeitung" durch Timotheus Ritzsch verfügt Leipzig über die älteste Tageszeitung der Welt.

Der Drucker Timotheus Ritzsch (1614–1678) gab 1650 mit den „Einkommenden Nachrichten" die erste Tageszeitung der Welt heraus.

1657 ■ Erscheinen der ersten Sammlung studentischer Lieder des Nikolaiorganisten Adam Krieger, des wichtigsten Vertreters der damaligen Studentenmusik.

1669 ■ Bau der Alten Münze in der Petersvorstadt, in der bis 1670 und 1693–1714 Leipziger Taler, Gulden und Achtgroschenstücke geprägt werden.

1670 ■ Der Manufakturist Johann Daniel Krafft beginnt auf den Promenaden der Stadt mit der Anpflanzung von Maulbeerbäumen für seine Seidenraupenzucht.
■ Durchführung der ersten Bücherauktion durch Christian Kirchner (12. 9.).

1672 ■ Der Stadtpfeifer Johann Christoph Pezel gründet ein Collegium musicum.

1674 ■ Johann Daniel Krafft unternimmt in Leipzig den Versuch zur Gründung der ersten sächsischen Woll- und Seidenmanufaktur.

1677 ■ Der Advokat Huldreich Groß bestimmt testamentarisch, daß seine aus rd. 4 000 Büchern bestehende Bibliothek dem Rat der Stadt gestiftet wird. Dieser Grundstock der Ratsbibliothek findet sein erstes Domizil im Zeughaus am Alten Neumarkt (heute Universitätsstraße); dem Oberstadtschreiber Gottfried Gräve wird die Verwaltung der Bibliothek übertragen.

1678 ■ Der Stadtrat beschließt die Errichtung eines Börsengebäudes für die Zusammenkünfte der Kaufleute (6. 5.). Noch im selben Monat wird mit dem Bau der Alten Handelsbörse, dem frühesten Bauwerk des sächsischen Barock, nach den Plänen des Dresdner Oberlandbaumeisters Johann Georg Starcke begonnen.

■ Erste Nutzung der noch im Bau befindlichen Alten Handelsbörse (13. 10.). 1679

■ Gründung der „Vertrauten Gesellschaft", eines Zusammenschlusses von 16 wohlhabenden Kaufleuten zur Nachbarschaftshilfe, auf Initiative von Hieronymus Jacob von Ryssel. 1680
■ Georg Moritz Weidmann d. Ä. verlegt seine bekannte Buchhandlung von Frankfurt am Main nach Leipzig.
■ Inkrafttreten einer Verordnung über Bücherauktionen (13. 6.).
■ Letzte Pestepidemie in Leipzig. Von etwa 20 000 Menschen sterben 3 212 (Aug.-Dez.).

■ Auf einer Versammlung von 60 Handelsdeputierten wird auf Initiative des Handelsherrn Johann Jakob Kees eine ständige Vertretung der Kaufmannschaft gebildet, die dem Kurfürsten Vorschläge zur Beseitigung aller dem Handels- und Messeverkehr hinderlichen Mißbräuche unterbreitet (u. a. Ordnung über das Wechselrecht, Gründung eines Handelsgerichtes). 1681
■ In Anwesenheit des Kurfürsten Johann Georg III. wird auf dem Roßplatz das erste Leipziger Pferderennen durchgeführt.
■ Leipzig übernimmt die erste Position im Verlegen von Büchern von Frankfurt am Main.
■ Einrichtung der Stadt- oder Ratsbibliothek im Zeughaus am Naschmarkt.

■ Otto Mencke begründet mit der „Acta Eruditorum" die erste deutsche Gelehrtenzeitung, die von den Buchhändlern Johann Grosse und Johann Friedrich Gleditsch verlegt wird (1. 1.). 1682
■ Kurfürst Johann Georg III. bestätigt auf Drängen der Leipziger Kaufmannschaft ein spezielles Handelsgericht.
■ Der Bauernastronom Christoph Arnold widmet dem Rat der Stadt eine Beschreibung eines Kometen (später als Komet „Halley" bezeichnet).
■ Erlaß einer Judenordnung der Stadt (2. 10.).

■ Wilhelm Gottfried Leibniz beginnt in der wissenschaftlichen Zeitschrift „Acta Eruditorum“ zu publizieren.

1683 ■ Erste Sitzung des neu gegründeten Handelsgerichtes (11. 1.).
■ Die Stadt erhält eine eigene „Wechselordnung“.

1685 ■ Kauf- und Ratsherr Caspar Bose läßt sich vor dem Grimmaischen Tor durch Leonhard Christoph Sturm einen Garten mit Elementen des französischen Gartenstils anlegen (Großbosischer Garten).

Ansicht des 1685 geschaffenen Großbosischen Gartens mit Blick auf das Gewächshaus

1687 ■ Bau einer steinernen Brücke über die Parthe, der Gerberbrücke, wodurch ein freierer Verkehr zwischen der Stadt und dem offenen Land möglich wird (bis 1862 bestehend).
■ Christian Thomasius führt an der Universität Vorlesungen in deutscher Sprache ein (10. 11.).

1688 ■ Christian Thomasius gibt mit „Lustige und Ernsthafte Monats- Gespräche“ die erste wissenschaftliche Zeitung in deutscher Sprache heraus.
■ Beendigung der landesherrlichen Zwangsverwaltung der städtischen Finanzen, die 1627 angeordnet worden war (18. 7.).
■ Beginn der Einwanderung hugenottischer Kaufleute: Dufour, Feronce, Leclec, Thieriot u. a.

Thomasius, Christian
Philosoph, Staats- und Rechtswissenschaftler
geboren 1.1.1655 Leipzig
gestorben 23.9.1728 Halle/Saale
Der Sohn eines Thomasschulrektors besuchte die Nikolaischule Leipzig und wurde bereits mit 14 Jahren an der Leipziger Universität immatrikuliert. Als ein hervorragender Repräsentant der deutschen Aufklärung leistete er einen wichtigen Beitrag zur Trennung der auf Naturrecht begründeten Rechtswissenschaft und der Theologie. War Mitbegründer der Universität Halle und führte am 30.10.1687 an der Leipziger Universität – wo er auch habilitierte – Vorlesungen in deutscher Sprache ein. Dieser Tag stellte den ersten Angriff der Aufklärer gegen die überkommene, vom Philistertum geprägte Ordnung des akademischen Lebens dar. 1688 begründete er die erste deutschsprachige wissenschaftliche Zeitung („Monatsgespräche“), in der er die gesellschaftlichen Zustände kritisierte. Sein Eintreten für den Pietisten August Hermann Francke führte zu weiteren Auseinandersetzungen mit der Leipziger Universität. Nur knapp entzog er sich 1690 der drohenden Verhaftung und ging nach Halle/Saale.

1690 ■ Der Mediziner und Botaniker August Quirinus Rivinus erarbeitet eine neue, die Pflanzen nach Blütenformen klassifizierende Systematik.
■ Der Bauernastronom Christoph Arnold aus Sommerfeld beobachtet den Durchgang des Merkurs durch die Sonne und ermittelt mit einfachen Hilfsmitteln dessen Größe im Verhältnis zur Sonne.

1691 ■ Verfolgung der Pietisten in der Stadt.

1692 ■ Bau des Hallischen Tores.
■ Der Handelsherr Georg Bose läßt sich vor dem Ranstädter Tor vom Architekten Leonhard Christoph Sturm einen Barockgarten anlegen (Kleinbosischer Garten).
■ Kurfürst Johann Georg IV. erhebt das Leipziger Postamt zu einem Oberpostamt.
■ Nicolaus Adam Strungk erhält das kurfürstliche Privileg für eine Opernkonzession.
■ Die erste Eilpost verbindet Leipzig mit der Bergstadt Schneeberg.

1693 ■ Eröffnung des vom Baumeister Satorio geschaffenen Opernhauses in Leipzig, des „Theaters am Brühl" – der nach Hamburg zweitältesten Musikbühne Deutschlands –, mit der Aufführung der Oper „Alceste" von Nicolaus Adam Strungk (8. 5.).

1694 ■ Errichtung des ersten Leipziger Kaffeehauses am Markt durch den Hofchocolatier Johannes Schmidt.

1697 Gründung der „Deutschen Gesellschaft", die sich mit der Erforschung der deutschen Sprache befaßt.

Die „Große Feuerkugel" am Neumarkt von 1696, Aufenthaltsort von Lessing (1755/56) und Goethe (1765/68) während ihres Universitätsstudiums

1699 ■ Leipzig zählt 15 653 Einwohner.
■ Johann Burckhardt Mencke erhält die erste selbständige Professur für Geschichte an der Universität.

Am 24. 9. 1699 erfolgte die Wiedereinweihung der ehemaligen Barfüßerkirche als protestantische „Neukirche"

Mencke, Johann Burckhardt
Historiker
geboren 8.4.1674 Leipzig
gestorben 1.4.1732 Leipzig
Der Professorensohn besuchte die Nikolaischule und studierte an der Leipziger Universität Philosophie und Theologie. Bei einer Reise durch die Niederlande und England erfuhr er vielfältige Eindrücke und Anregungen. 1696 erhielt er an der Universität Leipzig die erste selbständige Professur für Geschichte und war einer der ersten bedeutenden Lehrer dieses Faches in Deutschland. Begann mit einer rein weltlichen Geschichtsbetrachtung und förderte die historischen Hilfswissenschaften. 1701 erwarb er in Halle den juristischen Doktorgrad. 1707 erschien dann mit einer Biographie von Kaiser Leopold I. sein erstes umfangreiches Werk. Verdienste erwarb er sich als konzeptioneller Denker, als Herausgeber einer mehrbändigen Quellensammlung (1728/1730) und als Redakteur der Gelehrtenzeitschrift „Acta Eruditorum", die von seinem Vater begründet worden war. Seine Stärken lagen in geistreichen Reden, in denen er Unzulänglichkeiten seines Zeitalters verspottete, und in Aufsätzen, die mannigfachen Themen gewidmet waren. Er regte Vereinigungen an, die sich um das Entstehen von nichtaristokratischer Literatur bemühten, und war Förderer von Johann Christoph Gottsched. Korrespondierte mit Leibniz, Pierre Bayle und anderen Gelehrten von europäischem Rang. Sechsmal war er Rektor der Universität Leipzig.

■ Auf Veranlassung des Kurfürsten August II. wird in den Kaufgewölben der Alten Handelsbörse am Naschmarkt nach italienischem Vorbild die Depositenbank als Kreditbank zur Wirtschaftsförderung mit einem Startkapital von 2 Millionen Talern eingerichtet. Sie ist damit die erste Staatsbank in Deutschland (1706 wieder aufgelöst).

1700 ■ Die Stadt Leipzig hat 21 000 Einwohner.
■ Der Großkaufmann Andreas Dietrich Apel beginnt mit dem Bau einer Manufaktur für die Herstellung von Stoffen auf seinem Gartengelände.
■ Nachdem auf Initiative von Pierre Dufour die Hugenotten in einer Petition den sächsischen Hof um Erlaubnis zur privaten Ausübung ihres Gottesdienstes gebeten hatten (17. 9.), wird die erste Gemeinde der Reformierten gegründet.

Die Manufaktur des Großkaufmanns Andreas Dietrich Apel

1701 ■ Erscheinen des ersten Leipziger Adreßbuches „Das ietzlebende Leipzig", des ersten seiner Art in Deutschland.
■ Mit einem Schreiben des Königs Friedrich August I. wird den Hugenotten die Wahl von reformierten Predigern, von Taufen, Trauungen, Krankenbesuch, Gottesdienst und Beerdigungen genehmigt (25. 7.).
■ Einführung der Straßenbeleuchtung – über 700 Straßenlaternen auf der Basis von Rüböl (24. 12.).
■ Auf Initiative des Oberpostmeisters Johann Jacob Kees d. Ä. wird vor dem Grimmaischen Tor (Todtgäßchen) ein Poststall errichtet.

Apel, Andreas Dietrich
Großkaufmann und Manufakturbesitzer
geboren 28.7.1662 Quedlinburg
gestorben 14.1.1718 Leipzig
Kam 1674 nach dem Tode seines Vaters zu dessen Vetter, dem Seidenwarenhändler Barniske, nach Leipzig. Nach einer sechsjährigen Lehr- und Gehilfenzeit ernannte ihn dieser zu seinem Teilhaber. Um das Wirtschaftsleben anderer Länder kennenzulernen, bereiste er Holland, Polen, die Schweiz und Frankreich. Von diesen Reisen brachte er Kenntnisse über die Stoff- und Tuchherstellung mit, die ihn befähigten, um 1700 auf seinem Gartengelände (Apels Garten) „Fabriken" anzulegen, die es vorher in Sachsen noch nicht gegeben hatte. Dort ließ er Seiden-, Damast- und Atlasstoffe sowie Gold- und Silbergespinste produzieren. Am 29.11.1711 wurde er mit dem Privileg für eine Gold- und Silberwarenfabrik ausgestattet. Seit 1712 war er Meister der Leipziger Kramerinnung. 1704 erwarb er am Markt ein Haus, das er durch den Baumeister Johann Gregor Fuchs völlig umbauen ließ.

■ Druck der ersten umfassenden Stadtchronik. **1702**
■ Den Leipziger Calvinisten wird auf der Grundlage eines kurfürstlichen Dekrets erstmals die Durchführung eines Gottesdienstes gestattet, der im Bildersaal von Auerbachs Hof stattfindet (Mai).
■ Der Jurist Lüder Mencke erhält die erste Professur für sächsisches Recht an der Universität.
■ Auf Veranlassung des Bürgermeisters Franz Conrad Romanus werden die Festungsgräben an der Westseite der Stadt trockengelegt und die Außenwälle des Stadtgrabens mit Linden, Kastanien, Maulbeer- und Eibischbäumen bepflanzt.
■ Philipp Balthasar Sinold von Schütz beginnt mit der Herausgabe der Monatszeitschrift „Europäische Fama", die politische Nachrichten von europäischen Höfen verbreitet und – soweit es die Zensur zuläßt –

kommentiert; als Verleger fungiert Johann Friedrich Gleditsch.

■ Mit einem Treffen der Ältesten aus dem Kreis der Familienhäupter in Auerbachs Hof kommt es zur Gründung der reformierten Gemeinde Leipzigs (13. 6.).

1703 ■ Gründung des Collegium musicum durch Georg Philipp Telemann, dessen Auftritte im Haus Markt 1 (heute Nr. 16) stattfinden.

■ Der Sänftenträger kommt als neuer Beruf auf. Er wird in der „Chaisenträger-Compagnie" privilegiert. Zugelassen werden 12 Sänften und 24 Träger. Ein zentraler Treff ist der Naschmarkt (29. 9.).

Telemann, Georg Philipp
Komponist
geboren 14.3.1681 Magdeburg
gestorben 15.6.1767 Hamburg

Wurde im Wintersemester 1701 als Jurastudent an der Universität Leipzig eingeschrieben. Während seines Jurastudiums 1701-1703 widmete er sich als Autodidakt hauptsächlich der Musik. Bewarb sich dann beim Rat der Stadt um die neu einzurichtende Stelle eines Musikdirektors der Neuen Kirche (Matthäikirche) und erhielt diese. 1703 wurde er zum Begründer des Collegium musicum in Leipzig. Er schrieb für seine Opern den Text, dirigierte diese und sang als Tenor auch einige seiner Figuren. Für Leipzig – er blieb bis 1705 in der Stadt – schrieb er rd. 20 Opern, u. a. „Der lachende Democritus" (1703), „Ferdinand und Isabella" (1703) und „Cajus Caligula" (1704).

1704 ■ Der Rat der Stadt untersagt auf Weisung des Kurfürsten August II. den jüdischen Gottesdienst (7. 1.).

■ Der Leipziger Oberpostmeister Johann Jakob d. Ä. gibt eine Postkurskarte heraus, die alle von Leipzig ausgehenden Postverbindungen ausweist.

■ Fertigstellung des barocken Romanushauses nach den Plänen von Gregor Fuchs als Stadtpalais für den Bürgermeister Franz Conrad Romanus.

■ Johann Friedrich Gleditsch gibt das „Reale Staats- und Zeitungslexicon" als erstes großes deutschsprachiges Lexikon in seinem Verlag heraus.

■ Auf dem Gelände des Paulinums wird das Theatrum anatomicum (Anatomisches Institut) eröffnet, womit erstmals ein eigenes Gebäude allein für medizinische Lehrzwecke zur Verfügung steht.

Der Verleger Johann Friedrich Gleditsch (1653–1716), Herausgeber des ersten großen deutschsprachigen Lexikons

Das barocke Romanushaus, Stadthaus des Bürgermeisters Romanus, Kupferstich von 1704

■ Bürgermeister Franz Conrad Romanus wird wegen der Fälschung von Stadtschuldscheinen verhaftet und als Staatsgefangener auf der Festung Königstein inhaftiert (16. 1.). **1705**

■ Während des Nordischen Krieges, in dessen Verlauf 1700–1706 Sachsen-Polen mit Rußland und Dänemark gegen Schweden um die Vorherrschaft im Ostseeraum kämpft, **1706** marschieren schwedische Truppen in Leipzig ein (18. 9.); es kommt zur Plünderung mehrerer Dörfer, u. a. von Großzschocher.

1707 ■ Fertigstellung des später „Königshaus" benannten barocken Kaufmannshauses für den Manufakturbesitzer Andreas Dietrich Apel.
■ Nach dem den Nordischen Krieg beendenden Vertrag von Altranstädt (1706) hält sich August der Starke zu weiteren Verhandlungen mit Karl XII. von Schweden in der Stadt auf, um den baldigen Abzug der schwedischen Besatzungstruppen zu erreichen.

1708 ■ Anlage der großen Rosentalwiese und von 13 radial verlaufenden Schneisen auf Verlangen des Kurfürsten August II.
■ Gründung eines Collegium musicum durch Johann Friedrich Fasch.
■ Aufnahme des Postkutschverkehrs auf der Strecke Leipzig Oberwiesenthal–Karlsbad.

1709 ■ Mit Hilfe eines kurfürstlichen Privilegs eröffnet der Dresdner Nicolaus Jerre in der Hainstraße 9 die „Apotheke zum weißen Adler".

1710 ■ Der erste Münzjude, dem vor allem der Silberaufkauf oblag, wird von August dem Starken mit Gerd Levi von Hamburg nach Leipzig geholt; ihm wird als erstem Juden der Stadt das Wohnrecht gewährt.
■ Johann Friedrich Böttger stellt erstmals zur Messe im „Blauen Engel" (dem Vorgängerbau des „Petershof") sein braunrotes Porzellan aus.
■ Auf Wunsch August des Starken wird an der Medizinischen Fakultät der Universität eine ordentliche Professur für Chemie eingerichtet und mit J. C. Schneider besetzt (26. 5.).
■ Im Zusammenhang mit dem Übertritt des Kurfürsten Friedrich August I. zum katholischen Glauben wird in der Pleißenburg eine Kapelle eingeweiht (diente der katholischen Gemeinde Leipzigs bis 1850 als Kirche) (Pfingsten).

■ Leipzig hat die bis dahin führende Reichsmesse von Frankfurt am Main überflügelt. 1711
■ Der Leiter des Bibliotheksvorstandes, Gottfried Christian Götze, veranlaßt die Eröffnung der Bibliothek des Rates (Bibliotheca senatus lipsiensis) als Präsenzbibliothek für den Publikumsverkehr (4. 8.).
■ Der Jurist Carl Otto Rechenberg erhält die erste Professur für Naturrecht an der Universität.
■ Der Thomanerchor singt erstmals deutsche Lieder (11. 11.).
■ Begründung eines Lehrstuhls für Experimentalphysik an der Universität.

■ Beendigung des Umbaus der Peterskirche für evangelische Predigtgottesdienste (seit 1710). 1712
■ Die Peterskirche wird in das Tätigkeitsgebiet des Thomanerchores einbezogen.

■ Erscheinen eines zweiten, erweiterten Adreßbuches unter dem Titel „Das Anno 1713 florierende Leipzig", das auch erstmals ein Verzeichnis des Handels- und Gewerbestandes bringt. 1713

■ Fertigstellung von „Hohmanns Haus" durch den Baumeister Johann Gregor Fuchs, mit dem dieser den Prototyp der für die Stadt typischen Durchgangshäuser schafft. Das für den Bankier Peter Hohmann errichtete Haus wird später als „Aeckerleins Hof" bekannt (Markt 11). 1714
■ Der Kaufmann Andreas Dietrich Apel organisiert anläßlich des 44. Geburtstages des Kurfürsten August II. die Wiederbelebung des „Fischerstechens" in Leipzig auf einem Teich in Apels Garten (12. 5.).

■ Der Konstrukteur Jacob Leupold errichtet eine größere „Mechanische Fabrik". 1715

■ Sorbische Studenten gründen an der Uni- 1716

versität die „Lausitzer Prediger-Gesellschaft" („Sorabia"), mit der die Pflege der sorbischen Sprache eingeleitet wird.
■ Der Rat der Stadt erteilt dem Wirt Johann Lehmann die Erlaubnis, Tee, Kaffee und Schokolade ausschenken zu dürfen.

Mit „Hohmanns Hof" (später Äckerleins Hof) am Markt schuf Gregor Fuchs 1714 den Prototyp des Leipziger Durchgangshofes.

1717 ■ Gründung der „Deutschausübenden Poetischen Gesellschaft" zu Leipzig unter dem Vorsitz von Johann Burkhard Mencke.

1718 ■ Der Journalist David Faßmann gibt das erste Heft der Zeitschrift „Gespräche im Reiche der Toten" heraus, in der er bürgerlich-frühaufklärerisches Gedankengut verbreitet.
■ Jakob Leupold konstruiert in Leipzig die erste Fuhrwerkswaage.

1719 ■ Bernhard Christoph Breitkopf übernimmt eine Leipziger Druckerei; Gründung des Musikverlages Breitkopf.

1720 ■ Schließung des Theaters und damit Ende des ersten Opernbetriebes der Stadt.
■ Mit der Eröffnung des „Kaffeebaum" wird das Kaffeetrinken in Deutschland legalisiert.

1721 ■ Die Bücherkommission, die als Zensurbehörde die Drucktätigkeit überwacht, wird unter die Gerichtsbarkeit des Rates der Stadt gestellt.
■ Paul Christian Zink begründet eine Kunstschule.

1723 ■ Kantoratsprobe Johann Sebastian Bachs mit Aufführungen der Kantaten BWV 22 und 23 (7. 2.).
■ Amtseinführung Johann Sebastian Bachs als Thomaskantor (30. 5.).

Bach, Johann Sebastian
Komponist und Thomaskantor
geboren 21.3.1685 Eisenach
gestorben 28.7.1750 Leipzig
Bewarb sich Ende 1722 um das frei gewordene Thomaskantorat in Leipzig. Im Februar 1723 erfolgte – nachdem er von Köthen nach Leipzig gezogen war – die Kantoratsprobe vor dem Leipziger Rat in der Nikolaikirche mit der Kantate „Jesus nahm zu sich die Zwölfe" (BWV 22). Damit trat er aus der bevorzugten Stellung eines Hofkapellmeisters in die eines Kantors, um seinen Söhnen den Weg zur Universität zu erleichtern. Ende Mai 1723 zog er mit seiner Familie in das Gebäude der Thomasschule. Dienstlicher Auftrag war für ihn die regelmäßige Aufführung der Sonntagskantaten abwechselnd in den beiden Hauptkirchen St. Nicolai und St. Thomas. Von 1729 an leitete er ein studentisches Collegium musicum. Mit diesem gab er wöchentlich öffentliche Musikaufführungen. Das Collegium sicherte zugleich den instrumentalen Anteil an Kantaten- und Passionsaufführungen mit den Thomanern in den Kirchen. In Leipzig komponierte er die Mehrzahl seiner Kirchenkantaten, Gelegenheitswerke für Studenten und Bürger (u. a. die Bauernkantate), die Matthäuspassion, die Messe h-Moll, der Goldberg-Variationen, das Musikalische Opfer und die Kunst der Fuge. Wie schon vordem wirkte er auch in Leipzig als Orgelsachverständiger. Als er in Leipzig starb, nahm die Stadt kaum Notiz davon. Man begrub ihn an der Südmauer der Johanniskirche.

Johann Sebastian Bach, Gemälde von Elias Gottlieb Hausmann, 1748

Thomaskirche und Thomasschule 1723

1724 ■ Erste Aufführung der Johannispassion von Johann Sebastian Bach in der Nikolaikirche. Johann Christoph Gottsched kommt, vor den Zwangsrekrutierungen preußischer Werber flüchtend, nach Leipzig.

■ Der Konstrukteur Jakob Leupold beginnt in Leipzig mit der Herausgabe seines zwölfteiligen Werkes „Theatrum Machinarum", einer systematischen und anschaulichen Darstellung des gesamten technischen Wissens seiner Zeit (bis 1739).

■ Herausgabe der ersten deutschen Frauenzeitung „Vernünftige Tadlerinnen" durch Jo- 1725
hann Christoph Gottsched.

■ Die erste Promenade Leipzigs wird in der Nähe des Barfußgäßchens angelegt.

■ Johann Christoph Gottsched begründet nach 1727
dem Vorbild der Academie francaise die „Deutsche Gesellschaft", die aus der „Deutschausübenden poetischen Gesellschaft" hervorgeht.

■ Der Postsekretär und Dichter Christian Friedrich Henrici (Picander) verfaßt den Text der Matthäuspassion.

■ Friederike Caroline Neuber tritt mit ihrer Schauspieltruppe erstmals in Leipzig auf und erhält das Schauspielprivileg.

Johann Christoph Gottsched (1700–1766)

■ Einführung der „Meßrelationen" der Kom- 1728
merziendeputation, die seitdem kontinuierlich jährliche Übersichten zum Messegeschehen und über die sich in Leipzig aufhaltenden Kaufleute ausgeben und damit zur wichtigsten Quelle für die Messegeschichte des 18. Jahrhunderts werden.

■ Johann Sebastian Bach übernimmt das von 1729
Telemann gegründete Collegium musicum (bis 1741) (März).

■ Johann Christoph Gottsched wird Professor 1730
für Poesie und Rhetorik an der Universität.

1731 Fertigstellung des barocken Hohmanns Hof in der Petersstraße durch den Baumeister George Werner.
■ Christiane Marianne von Ziegler wird als einzige Frau in die von Gottsched geführte „Deutsche Gesellschaft" gewählt.
■ Friederike Caroline Neuber führt Gottscheds Drama „Der sterbende Cato" auf.
■ Johann Sebastian Bach überträgt dem Instrumentenmacher Johann Christian Hoffmann die Instandsetzung der Streichinstrumente der beiden Leipziger Hauptkirchen.
■ Erstaufführung des von Johann Sebastian Bach komponierten Weihnachtsoratoriums (25. 12.).

Firmensignet von Breitkopf & Härtel

1732 ■ Der Buchhändler Heinrich Zedler beginnt mit der Herausgabe des 68bändigen „Großen vollständigen Universal-Lexicons aller Wissenschaften und Künste" (bis 1754).
■ Die von George Werner erbaute Thomasschule wird eingeweiht, zu der Johann Sebastian Bach die Kantate „Froher Tag verlangte Stunden" komponiert (5. 6.).
■ Weit über 1500 evangelische Emigranten, die vom Erzbischof von Salzburg vertrieben wurden, finden in der Stadt Aufnahme (Juni).
■ Johann Sebastian Bach führt für die vertriebenen Salzburger die Umsiedler-Kantate „Brich dem Hungrigen Dein Brot" auf.
■ Johann Christoph Gottsched begründet mit „Beyträge zur Critischen Historie der deutschen Sprache, Poesie und Beredsamkeit" die erste deutsche sprach- und literaturwissenschaftliche Zeitschrift, die anfangs im Namen der Deutschen Gesellschaft zu Leipzig erscheint.

1733 ■ Die Holzflößerei kommt endgültig zum Erliegen.

1734 ■ Johann Gottfried Quandt gründet im Gebäude der Heuwaage am Brühl die erste Leipziger Tabakfabrik.
■ Der Altphilologe Johann Friedrich Christ liest zum ersten Mal an einer deutschen Universität über Literatur und Kunst des Altertums.
■ Die Nikolaikirche erhält ihren barocken Abschluß mit Haube, Dachhäuschen, Laterne, Spitze, Kugel, Wetterhahn und Stern durch Johann Michael Senckeisen (seit 1730).

DRAMA
PER MUSICA,
Welches
Bey dem Allerhöchsten
Crönungs-Feste
Des
Aller-Durchlauchtigsten und Groß-
mächtigsten
Augusti III.
Königs in Pohlen und Chur-
Fürsten zu Sachsen,
in unterthänigster Ehrfurcht aufgeführet wurde
in dem
COLLEGIO MUSICO
durch
J. S. B.
Leipzig, den Jan. 1734.
Gedruckt bey Bernhard Christoph Breitkopf.

Eine der ersten 1734 vom Verlag herausgegebenen Bach-Ausgaben

1735 ■ Johann Jacob Mascov übernimmt die Leitung der Ratsbibliothek und führt seitdem die systematische Katalogisierung der Buchbestände ein.
■ Die „Apotheke zum weißen Adler" in der Hainstraße 9 erhält das Privileg, den Titel „Hofapotheke" zu führen.

1736 ■ Sperontes (Johann Siegismund Scholz) gibt die bunte Liedersammlung „Die singende Muse an der Pleiße" heraus.
■ Ernennung Johann Sebastian Bachs zum kurfürstlich-sächsischen Hofkomponisten.

Johann Christoph Gottscheds,
Professors zu Leipzig,
wie auch der Königl. Preuß. Societät der Wissenschaften Mitgliedes,
Ausführliche
Redekunst,
Nach Anleitung
der alten Griechen und Römer,
wie auch der neuern Ausländer;
Geistlichen und weltlichen Rednern
zu gut,
in zweenen Theilen verfasset
und mit Exempeln erläutert.
Mit Kön. Poln. und Churf. Sächs. allergn. Freyheit.
Leipzig,
Bey Bernhard Christoph Breitkopf, Buchdr.
1736.

Mit der „Ausführlichen Redekunst" wandte sich Gottsched 1736 gegen erstarrte zeitgenössische Ausdrucksformen.

1737 ■ Im Großbosischen Garten verbannt die Schauspielerin Caroline Neuber mit ihrem selbstverfaßten allegorischen Vorspiel „Der alte und der neue Geschmack" den verrohten Harlekin von ihrer Bühne (Okt.).

1738

■ Lorenz Christoph Mizler gründet mit der „Sozietät der musikalischen Wissenschaften" die erste musikwissenschaftliche Gesellschaft im modernen Sinne in Deutschland.

Die Theaterprinzipalin Friederike Caroline Neuber (1697–1760) verbannte im Oktober 1737 in Leipzig den Harlekin von der Bühne.

■ Fertigstellung des spätbarocken Kochs Hof, 1739
des größten Bürgerhauses der Stadt, durch den Baumeister George Werner.
■ Der Bankier Christian Gottlob Frege läßt sich in Leipzig nieder und gründet ein Bank- und Handelshaus (Bank zunächst als Münzwechselgeschäft).
■ Abraham Gotthilf Kästner wird Professor für Mathematik an der Universität und beginnt mit der Einführung des „Colloquium disputatorium".

■ Mit Georg Heinrich Zincke beginnt an der
Universität das Studium der Kameralistik. 1740

■ Gründung der ersten Freimaurerloge in
Leipzig („Zu den drei Zirkeln", später als „Mi- 1741
nerva zu den drei Palmen" bekannt) (20. 3.).
■ Der Theaterprinzipal Friedrich Schönemann errichtet vor dem Peterstor eine provisorische Spielstätte.
■ Durchführung des ersten Johannisfestes (24. 6.).

■ Gründung der Gesellschaft der freien Kün-
ste. Beginn des Aufbaus des städtischen Ab- 1742
wassersystems.

■ Anläßlich der Huldigung der Untertanen für den Kammerherrn Carl Heinrich Dieskau, der Kleinzschocher geerbt hat und sein Amt als Kreishauptmann antritt, wird die Kaffeekantate „Mer han en neue Oberkeet“ von Johann Sebastian Bach aufgeführt.
■ Der Universitätsprofessor Georg Heinrich Zincke veröffentlicht sein „Allgemeines Oeconomisches Lexikon“.

1743 ■ Sechzehn Stifter und sechzehn Musiker (Ratsmusiker und Studenten) schließen sich zu einem musikalischen Privatzirkel, dem Großen Konzert, zusammen, der von Johann Friedrich Doles geleitet wird (11. 3.).
■ Errichtung einer Tabakmühle durch den Kaufmann Johann Gottfried Quandt.
■ Mit seiner Zeitschrift „Neu eröffnete musicalische Bibliothek oder gründliche Nachricht nebst Unparteiischem Urtheil von musicalischen Schriften und Büchern“ setzt Lorenz Christoph Mizler den Beginn der Musikkritik in Leipzig.
■ Nach dem Vorbild der englischen moralischen Wochenschriften gibt Christlob Mylius die „Bemühungen zur Beförderung der Kritik und des guten Geschmacks“ heraus.

1744 ■ Carl Christian Gärtner, Gottlieb Wilhelm Rabener u. a. gründen die Zeitschrift „Neue Beiträge zum Vergnügen des Verstandes und Witzes“, die vorsorglich in Bremen verlegt wird (deshalb „Bremer Beiträge“) und den jungen Autoren die Möglichkeit bietet, frei von Zwängen zu dichten (bis 1748).
■ Fertigstellung der neuen Ratsbibliothek nach den Plänen von Friedrich Seltendorff am Gewandgäßchen.
■ Christian Döring erhöht den Rathausturm und bekrönt diesen mit einer barocken Haube.
■ Der Jurastudent Justus Friedrich Wilhelm Zachariä veröffentlicht das „scherzhafte Heldengedicht“ „Der Renommist“, eine erfolgreiche Parodie auf die studentischen Sitten an der Universität, und wird damit zum Wegbereiter des komischen Epos in der deutschen Literatur.

■ Der Kaufmann Jean George Riquet begründet eine Tee-, Kakao- und Schokoladenfabrik einschließlich Importhaus (15. 11.). 1745
■ Eine Abordnung des Leipziger Rates übergibt während des Zweiten Schlesischen Krieges auf Mockauer Flur die Stadtschlüssel den preußischen Truppen (30. 11.), die darauf das Dorf Mockau plündern und niederbrennen. Preußische Truppen unter dem Kommando von Leopold von Dessau besetzen die Stadt (bis 31.12.).

■ Der Verlag von Johann Wendler veröffentlicht die „Fabeln und Erzählungen“ von Christian Fürchtegott Gellert, die zum ersten Bucherfolg der deutschen Aufklärung werden. 1746
■ Gotthold Ephraim Lessing beginnt an der Universität mit seinem Studium (20. 9.). Friedrich Gottlieb Klopstock setzt hier sein Theologiestudium fort.
■ Mit dem Wirken von Michael Abraham Troc und Stanislaw Slawicki als Lektoren für polnische Sprache beginnt an der Universität die Tradition der Leipziger Polonistik.
■ Verfüllung des Stadtgrabens zwischen dem Grimmaischen Tor und dem Peterstor und Bepflanzung mit Bäumen.

Fabeln und Erzählungen von C. F. Gellert.
Mit Königl. Pohln. und Churfürstl. Sächs. allergnädigst. Privilegio.
Leipzig, Bey Johann Wendlern. 1746.

Die 1746 erschienenen „Fabeln und Erzählungen“ von Christian Fürchtegott Gellert wurden zum ersten Bucherfolg der deutschen Aufklärung.

Gellert, Christian Fürchtegott
Schriftsteller
geboren 4.7.1715 Hainichen
gestorben 13.12.1769 Leipzig
Studierte nach dem Besuch der Fürstenschule St. Afra Meißen 1734-1738 an der Universität Leipzig Theologie. Nach einer Tätigkeit als Hauslehrer studierte er dann 1741-1744 in Leipzig Literatur und Philosophie. Ab 1744 wirkte er als Privatdozent an der Philosophischen Fakultät, ab 1751 als Professor für Poesie, Beredsamkeit, Moral und Pädagogik vor einem ungewöhnlich großen Hörerkreis. Sein Werk bestimmte literatur- und kulturgeschichtlich eine wichtige Phase der deutschen Aufklärung. Die von ihm verfaßten Fabeln stellen einen Höhepunkt dieser Gattung in der Zeit vor Lessing dar.

1747 ■ Gotthold Ephraim Lessing veröffentlicht als Theologiestudent in Leipzig seine ersten Fabeln.

1748 ■ Leipzig hat 29 760 Einwohner.

■ Die Schauspielertruppe von Friederike Caroline Neuber führt Lessings Lustspiel „Der junge Gelehrte“ in Zotens Hof in der Nikolaistraße auf.

■ Johann Jakob Reiske wird an der Universität Professor der arabischen Sprache und begründet die arabische Philologie an dieser Lehrstätte.

■ Während seiner Leipziger Studienzeit veröffentlicht Friedrich Gottlieb Klopstock die ersten drei Gesänge des „Messias“.

1749 ■ Herausgabe des ersten maßstabgerechten Stadtplanes von Leipzig.

■ Schaffung der ersten gestalteten Platzanlage außerhalb der Stadtbefestigungen, der „Esplanade“ vor dem Peterstor.

■ Heinrich Gottfried Koch erhält die Erlaubnis, in Leipzig ein Theaterunternehmen in Quandts Hof zu betreiben.

Nikolaikirche 1749

■ Leipzig zählt 34 730 Einwohner. **1750**

■ Der im Auftrage des Kaufmanns Johann Gottlieb Barthel erfolgte Umbau des „Hauses zur goldenen Schlange“ im Barockstil durch den Baumeister George Werner wird vollendet (Barthels Hof).

■ Erste Vorstellung der Theatergruppe von Heinrich Gottfried Koch in Enoch Richters Garten.

■ Christian Gottlieb Jöcher veröffentlicht das auf einem ursprünglichen Entwurf von J. B. Mencke basierende „Allgemeine Gelehrten-Lexicon“.

■ Johann Sebastian Bach stirbt in Leipzig (28. 7.) und wird auf dem Johannisfriedhof beigesetzt (30. 7.).

■ Der Buchhändler Johann Gottlob Immanuel Breitkopf entwickelt die nach ihm benannte spätbarocke Frakturschrift (Breitkopf-Fraktur), mit der er die Schriftgestaltung entscheidend reformiert.

Christian Fürchtegott Gellert wird Professor für Dichtkunst an der Universität. **1751**

Das Haus Katharinenstraße 4 wird – zunächst während der Messen – Treffpunkt der griechischen Händler und das Bethaus der Hellenisch-Griechischen Gemeinde (ab 1887 „Griechenhaus“).

Breitkopf, Johann Gottlob Immanuel
Buchdrucker und Verleger
geboren 23.11.1719 Leipzig
gestorben 28.1.1794 Leipzig
Der Verlegersohn studierte 1737-1740 an der Universität Leipzig und übernahm 1745 das von seinem Vater 1719 in Leipzig begründete Druckhaus. Er schuf die nach ihm benannte „Breitkopf-Fraktur" und erreichte 1754 mit dem Typendruck (mit beweglichen und zerlegbaren Lettern) eine entscheidende qualitative Verbesserung des Notendrucks. Er fertigte auch die ersten Landkartendrucke im Hochdruck, druckte Bildwiedergaben und architektonisch gezeichnete Tapeten. 1781-1791 gehörte ihm die Tapetenmanufaktur auf der Pleißenburg. Trat auch als Verfasser zahlreicher Bücher hervor, u. a. „Über die Geschichte der Erfindung der Buchdruckerkunst" (1779) und „Über Buchdruckerei in Leipzig" (1793).

Der Verleger Johann Gottlob Immanuel Breitkopf (1719–1794)

1752 ■ Heinrich Gottfried Koch führt mit seiner Schauspieltruppe in Leipzig mit „Der Teufel ist los" (Text: Christian Felix Weiße, Musik: Johann Georg Standfuß) erstmals ein deutsches Singspiel auf.
■ Christian Gottlob Frege übernimmt als Pächter die kurfürstliche Münze in Leipzig (bis 1756), die ihre Tätigkeit auf der Pleißenburg aufnimmt.
■ Universitätsprofessor Carl Günther Ludovici beginnt mit der Publikation seiner fünfbändigen „Eröffneten Akademie der Kaufleute", dem ersten deutschsprachigen Handelslexikon.

Frege, Christian Gottlob
Bankier und Unternehmer
geboren 21.11.1715 Lampertswalde b. Oschatz
gestorben 20.5.1781 Leipzig
Lernte zunächst 1728-1734 in einer Leipziger Gewürzhandlung und fand anschließend für vier Jahre eine Anstellung als Handlungsdiener in einem großen Wechselhaus. 1739 machte er sich selbständig (Handel mit Trockenfisch und -früchten) und erwarb das Bürgerrecht. 1741 hatte er sich bereits den notwendigen Kredit verschafft, um sich ganz dem Geldwechselgeschäft zuwenden zu können. Seine zwei Heiraten in der Aufstiegszeit unterstützten seinen Weg. 1752 übernahm er die Leipziger Münze und führte diese bis zur Besetzung der Stadt durch die Preußen im Herbst 1756. Nach deren Abzug im Frühjahr 1763 baute er die völlig ausgeräumte Münzstätte wieder auf und führte sie weiter. 1759 war er Ratsherr geworden, 1763 ernannte ihn der sächsische Hof zum Kammerrat. Im gleichen Jahr heiratete er zum dritten Male; seine Frau brachte ein großes Vermögen und das Rittergut Trossin in die Ehe ein. Gäste der Freges waren u. a. Herder, Goethe, die Brüder Humboldt und die preußischen Ministerpräsidenten Stein und Hardenberg. 1764 gehörte er zu den Initiatoren der Leipziger Ökonomischen Sozietät, in der sich progressive Kräfte zur Förderung der Wissenschaft zusammenfanden.

■ Durch die Erfindung des Musiknotensatzes mit beweglichen und zerlegbaren Lettern wird Johann Gottlob Immanuel Breitkopf bahnbrechend auf dem Gebiet des Musikaliendrucks. 1754
■ Namhafte Wissenschaftler, unter ihnen der Mediziner Christian Gottlieb Ludwig, geben das Journal „Commentarii de rebus in scientia naturali et medicina gestis" heraus, das die neuesten Entdeckungen auf dem Gebiet der Naturwissenschaften und Arzneikunde publiziert.
■ Eröffnung des Opernhauses im Reitstall (5. 5.).

1756 ■ Fertigstellung des Gohliser Schlößchens für den Kaufmann Johann Kaspar Richter nach den Bauplänen von Friedrich Seltendorff.

■ Die Theatergruppe von Heinrich Gottfried Koch führt im Beisein des Dichters G. E. Lessing dessen „Miß Sara Sampson" in „Zotens Hof" in der Nikolaistraße auf.

■ Erste Sitzung der von Philipp Erasmus Reich geführten ersten deutschen „Buchhandlungs-Gesellschaft" in Deutschland, zu der sich 56 Verleger zusammengeschlossen haben, in „Zotens Hof (10. 5.).

■ Die neu eingerichtete außerordentliche Professur für Lehnrecht an der Universität wird von Christian Gotthelf Gutschmid besetzt.

■ Nach Ausbruch des Siebenjährigen Krieges rücken preußische Truppen in die Stadt ein (29. 8.).

■ Beschlagnahme der Leipziger Münzstätte auf der Pleißenburg durch die preußischen Truppen.

■ Der preußische König Friedrich II. trifft zu Beginn des Siebenjährigen Krieges in Leipzig ein (23. 11.).

■ General Manstein fordert von der Stadt eine halbe Million Taler Kontribution.

1757 ■ Der Stadt werden erneut Kontributionen auferlegt; man nimmt Geiseln, die erst nach Zahlung von zweieinhalb Tonnen Gold aus der Kerkerhaft in Magdeburg freikommen.

1759 ■ Der preußische König Friedrich II. läßt 130 Kaufleute, Ratsherren und reiche Bürger in die Verließe der Pleißenburg werfen, um damit aus der Stadt Gelder für seine Kriegskasse zu erpressen (Dez.).

■ Der Berliner Kaufmann Johann Ernst Gotzkowsky, Gründer der dortigen Porzellanmanufaktur, übernimmt die Bürgschaft für die auf 800 000 Taler herabgesetzte Kontributionssumme; die Inhaftierten kommen frei.

1760 ■ Johann Adam Hiller beginnt mit der Herausgabe des „Musikali-Zeitvertreibs", einer wöchentlich erscheinenden Sammlung kleiner Klavierstücke und Lieder.

■ Der preußische König Friedrich II. nimmt nach seinem Sieg über die Österreicher bei Torgau (3. 11.) Winterquartier in Leipzig.

1761 ■ Christian Felix Weiße übernimmt die Herausgabe der von Friedrich Nicolai begründeten Zeitschrift „Bibliothek der schönen Wissenschaften und der freien Künste", die seitdem in Leipzig gedruckt wird.

1763 ■ Leipzig hat 28 352 Einwohner.

■ Nach dem Siebenjährigen Krieg konstituiert sich das Große Konzert mit Johann Adam Hiller als Musikdirektor neu.

■ Gründung der „Societät von Gelehrten, Schönen Geistern, Künstlern und Kunstgelehrten", deren führender Kopf der Kaufmann und Kunstsammler Franz Wilhelm Kreuchauf wird.

■ Der Abzug der preußischen Truppen wird in allen Kirchen und Kapellen der Stadt mit Dankgottesdiensten und Friedensjubelfeiern gefeiert.

■ Christian Gottlieb Frege baut die durch die Preußen völlig ausgeräumte Münzstätte wieder auf.

■ Karl Ferdinand Hommel veröffentlicht die erste bürgerliche Programmschrift „Zur Reform des deutschen Strafrechts".

■ Der Rat der Stadt beschließt die Schleifung der Festungsmauern.

■ Der Bürgermeister der Stadt, Professor Gotthelf Gutschmid, verfaßt eine Denkschrift, in der er fordert, die bisherige Alleinherrschaft des Ratspatriziats zu beseitigen und wirtschaftlich wichtige Vertreter der Leipziger Gewerbe zum Stadtrat zuzulassen.

■ Kurfürst August III. übereignet das Gelände der Festungsanlage – abgesehen von der Pleißenburg – der Stadt.

■ Heinrich Borz wird ordentlicher Professor der Mathematik und liest erstmals an der Universität über Differential- und Integralrechnung.

1764 ■ Gründung der „Zeichnungs-, Malerey- und Architektur-Academie“ unter Leitung von Adam Friedrich Oeser, die vor ihrer Umsiedlung in die Pleißenburg im Alten Amtshaus ihr Domizil findet (6. 2.).
■ Gründung der Leipziger Oeconomischen Societät als älteste und bedeutendste liberale bürgerliche Gesellschaft zur Förderung der Wirtschaft, u. a. mit Christian Gottlob Frege als Mitglied.
■ Die Kunstsammlung von Johann Zacharias Richter im Bosehaus – rund 400 bedeutende Gemälde umfassend – wird der Öffentlichkeit zugänglich gemacht.
■ Die norddeutschen Buchhändler beschließen, nur noch die Leipziger Messe zu beschicken.
■ Beginn der „Gelehrten-Concerte“ – auch „Universitätsconcerte“ – unter Leitung von Johann Gottlieb Görner (bis 1769).
■ Georg Simon Löhlein initiiert die Liebhaberkonzerte des Großen Konzerts.
■ Einrichtung eines Lehrstuhls für „Oeconomie und Cameralwissenschaften“ an der Universität, der zuerst von Daniel Gottfried Schreber besetzt wird.

1765 ■ Gründung der ersten Buchhandels-Gesellschaft in Deutschland, einer einheitlichen Standesorganisation der Buchhändler und Verleger, durch 56 Verleger und Buchhändler unter dem Vorsitz von Philipp Erasmus Reich in Quandts Hof (10. 5.).
■ Beendigung der Münzprägung in der Leipziger Münzstätte (Juni).
■ Johann Wolfgang Goethe trifft zur Aufnahme eines Studiums in Leipzig ein (12. 10.).
■ Johann Gottlob Immanuel Breitkopf führt als Vertrauensmann die Verhandlungen bei der Gründung der „Buchhandelsgesellschaft in Deutschland“ zum Schutz der verlegerischen Privilegien gegenüber ausländischen Verlagen und prägt die sodann eingeführte Bezeichnung „Verlagsrecht“.

1766 Siegfried Leberecht Crusius übernimmt die Verlagsbuchhandlung von J. M. Teubner und spezialisiert sich als erster deutscher Verleger auf Literatur für Kinder und Jugendliche.
■ Heinrich Gottfried Koch wird zum ersten Direktor des Komödienhauses berufen.
■ Eröffnung des Comödienhauses am „Rannstädter Thore“ als erstes Stadttheater Deutschlands, für das der Kaufmann Gottlieb Benedict Zehmisch fast sein gesamtes Vermögen verausgabt, mit der Aufführung von J. E. Schlegels „Hermann“ (10. 10.).
■ Johann Adam Hiller gibt die „Wöchentlichen Nachrichten und Anmerkungen, die Musik betreffend“ heraus (bis 1770).
■ Eröffnung des Neuen Collegium musicum, des Universitätskonzerts (2. 10.).
■ Im Meßhandelsabkommen zwischen Sachsen und Preußen wird die Leipziger Messe erstmals Bestandteil eines Staatsvertrages.

Reich, Philipp Erasmus
Buchhändler
geboren 1.12.1717 Laubach/Wetterau
gestorben 3.12.1787 Leipzig
Kam nach einer Buchhändlerlehre in Frankfurt/Main 1744 nach Leipzig und trat dort als "Handlungsdiener" in die Weidmannsche Buchhandlung ein. 1762 wurde er Teilhaber der Buchhandlung ("Weidmannsche Erben und Reich"). Gehörte zu den bedeutendsten Buchhändlern des 18. Jahrhunderts. Er gab die Werke Lessings, Gellerts und Wielands in Leipzig heraus. Mit Nachdruck-Fragen befaßt, lehnte er Nachdrucke ab und begründete 1765 die erste Buchhandelsgesellschaft Deutschlands, in der er den Vorsitz übernahm. War mit Goethe, Gellert und Wieland befreundet. Auf zahlreichen Reisen besuchte er u. a. Lavater, Bodmer, Nikolai, Chodowiecki und Moses Mendelssohn. Allwöchentlich vereinte er in Abendgesellschaften Gelehrte und Künstler um sich. Ab 1769 setzte er den Gedanken um, seine Autoren und Freunde im Bildnis zu sammeln (es entstand die "Freundschaftsgalerie" mit rd. 35 Porträtgemälden von Oeser, Graff und Tischbein). Bei seinem Tode übergab er seinem Nachfolger einen der ökonomisch stärksten deutschen Verlage, der mit etwa 1 500 Titeln in den davorliegenden 40 Jahren mehr Bücher auf den Markt gebracht hatte als jeder andere deutsche Verlag dieser Zeit.

Der Buchhändler Philipp Erasmus Reich (1717–1787), Gemälde von A. Graff, 1774

Weiße, Christian Felix
Dramatiker
geboren 28.1.1726 Annaberg
gestorben 16.12.1804 Stötteritz b. Leipzig
Kam Ostern 1745 nach Leipzig und studierte bis 1750 an der Universität Philologie und Theologie. Während seiner Studienzeit war er mit Lessing befreundet. War Autor der Neuberin (u. a. „Die Matrone von Ephesus") und schrieb ab 1750 für die Kochsche Theatertruppe. 1759 besuchte er als Hofmeister eines Grafen Paris (Bekanntschaft mit Rousseau und Voltaire). Ab 1761 fand er sein bürgerliches Auskommen als Kreissteuereinnehmer und Hauslehrer. Leistete Bedeutendes für die Entwicklung der Kinderliteratur („Kleine Lieder für Kinder", pädagogische Zeitschrift „Der Kinderfreund" als erste Kinderzeitschrift Deutschlands, 1775-1782). Ab 1765 war er Redakteur der „Allgemeinen deutschen Bibliothek", einer von Nicolai gegründeten Literaturzeitschrift. 1775 legte er die Sammlung der „Kleinen lyrischen Gedichte" vor, von denen Mozart vier vertonte. 1790 erbte er das Rittergut Stötteritz und entfaltete dort ein reges literarisches Leben. Wurde hier u. a. von Wieland und Jean Paul besucht. Als Theaterdichter verfaßte er 16 Komödien, zehn Tragödien und sieben Singspiel-Librettos (u. a. „Der Teufel ist los", 1752; „Die Liebe auf dem Lande", 1768), die größtenteils von J. A. Hiller vertont wurden. Er brach damit die Vorherrschaft der italienischen Oper auf der deutschen Bühne.

Mit gnädigster Erlaubniß
wird heute
von den Churfürstl. Sächsischen
Hof-Comödianten
auf dem neuen Theater,
nach einer vorhergegangenen Rede in Versen
zum Erstenmale aufgeführet:
Herrmann.
Eine Tragödie in fünf Acten, und ein Originalstück in Versen vom Herrn Prof. Schlegel.
Personen:
Herrmann, Herzog der Cherusker. – Der Fürst der Catten.
Sigmar, Herrmanns Vater. – Varus, Prätor in Deutschland.
Flavius, Herrmanns Bruder. – Marcus, ein junger Römer.
Segest, ein Fürst der Cherusker. – Adelheid, Herrmanns Mutter.
Siegmund, Segests Sohn, ein Priester Augusts. – Thusnelde, Segests Tochter, Herrmanns Braut.
Der Fürst der Chauzier.
Stumme Personen:
Sechs Römer, die dem Varus in Ruthen gebundene Beile vortragen. – Einige Deutschen, die dem Herrmann die eroberten Adler und die Waffen nachtragen.
Einige Catten.
Der Schauplatz ist ein Hayn, mit den Bildern des Thuiskon und Mannus.
Darauf folgt ein Ballet:
von vergnügten Schäfern.
Den Beschluß macht:
Die unvermuthete Wiederkunft.
Eine Comédie des Herrn Regnard in einem Acte.
Personen:
Geronte, Clitanders Vater. – Der Marquis.
Mad. Bertrand, Luciens Tante. – Merlin, Clitanders Diener.
Clitander, Luciens Liebhaber. – Herr Andres, ein Wucherer.
Lucile, Clitanders Geliebte. – Jaquinet, Gerontens Diener.
Cidalise, Luciens Freundinn. – Lisette, Luciens Mägdchen.
Der Anfang ist nach 5. Uhr.
Der Preiß der Logen und Plätze ist dieser:

Geschlossene Logen des Ersten Rangs.	Logen des zweyten Ranges.	Logen des dritten Ranges.
No. 1. u. 14 jede zu 8 Person. 8 thl.	No 20 Große Mittel-Loge, auf Stühlen, die Person 1 thl. welche statt der bisherigen großen Loge dienet.	No. 26 Große Seiten-Loge, die Person . . 8 gr.
No. 2 u. 13 jede zu 7 Person 7 thl.	Die übrigen geschlossenen Seiten Logen, alle zu 6 Personen 4 thl.	No. 27 Große Mittel Loge, die Person . . 12 gr.
Die übrigen Logen zu 6 Personen jede . . . 6 thl.		Die übrigen geschlossenen Seiten-Logen zu 6 Personen . 3 thl.

Im Parterre 6 Gr. auf der Gallerie 4. Gr.
Und die Billets können im Quandtischen Hofe in der Nicolaistraße vorne 3 Treppen hoch abgeholet werden.
Man ist genöthiget sehr zu bitten: sich gütigst gefallen zu lassen, daß künftig unter währender Action kein Zutritt aufs Theater erlaubt werden kann, weil sowohl die Enge des Raums, als auch das Maschinenwerk solches bey mehrmaliger Verwandelung wegen Verhinderung und zu besorgenden Schadens nicht gestattet; da überdiß noch der enge Raum zur Zeit zum Ankleiden muß gebraucht werden.
Leipzig, Freytags, den 10. Oct. 1766. Heinrich Gottfried Koch.

Der erste Theaterzettel aus dem alten Komödienhaus vom 10. 10. 1766

1767 ■ Mit seinen „Liedern für Kinder" gibt Christian Felix Weiße einen entscheidenden Anstoß für die Herausbildung des Kinderliedes.

■ Gotthold Ephraim Lessing wohnt der Aufführung seines Lustspiels „Minna von Barnhelm" bei. **1768**
■ Der in Leipzig ansässige Pole Josef Aleksander Fürst Jablonowski stiftet die Mittel für einen Gelehrtenverein.

Schriftsteller Christian Felix Weiße, Gemälde von Anton Graff

■ Anton Graff weilt in Leipzig und malt für den Buchhändler Philipp Erasmus Reich Porträts der Schriftsteller Gellert und Weiße und mehrerer Universitätsgelehrter. **1769**
■ Anordnung des Abbaus der Stadtbefestigungen (13. 12.).

1770 Der Weinhändler Richter kauft das Romanushaus und richtet im zweiten Obergeschoß ein Café ein, das zum Treffpunkt von Kunst, Kultur und Wirtschaft wird (bis zur Michaelismesse 1794 bewirtschaftet).

■ Erstmaliges Eintreffen eines russischen Rauchwarenhändlers zur Messe.

■ Letzte kaiserliche Bestätigung der Leipziger Messeprivilegien durch Kaiser Joseph II. (7. 5.).

■ Johann Christian Wäser eröffnet vor dem Grimmaischen Tor im Großbosischen Garten in Konkurrenz zum Komödienhaus ein Theater (1777 abgerissen).

■ Beginn der Niederreißung der Basteien und der Ausfüllung der Stadtgräben.

1771 ■ Johann Adam Hiller erringt mit seinem Singspiel „Die Jagd“ den nachhaltigsten musikalischen Erfolg.

■ Christian Felix Weiße begründet das „ABC-Lesebuch“ für Kinder

Hiller, Johann Adam
Komponist und Thomaskantor
geboren 25.12.1728 Wendisch-Ossig
gestorben 16.6.1804 Leipzig
Studierte ab 1751 an der Universität Leipzig die Rechte und gab während seiner Studienzeit Musikunterricht. Gleichzeitig wirkte er als Flötist und Sänger im Leipziger „Großen Konzert“. 1763 rief er die ehemaligen Abonnementskonzerte als „Liebhaberkonzerte“ auf eigenes Risiko neu ins Leben. 1771 legte er die Leitung der Konzerte nieder, nachdem er sich mit der Direktion des Großen Konzerts überworfen hatte. Er begann mit privatem Gesangsunterricht für einige Knaben, woraus sich nach und nach eine Singschule formierte. Seit 1781 war er erster Dirigent der Gewandhauskonzerte. 1789-1801 wirkte er als Thomaskantor. Er ist der Schöpfer des deutschen Singspiels. Von 1766 bis 1781 schrieb er für den Theaterunternehmer Koch und dessen Nachfolger insgesamt zehn Singspiele; mit dem Singspiel „Die Jagd“ errang er 1771 seinen nachhaltigsten musikalischen Erfolg. Damit schuf er die Grundlagen für die eigenständige Entwicklung der deutschen komischen Oper. Er beeinflußte auch nachhaltig die weitere Entwicklung des deutschen Liedes.

Thomaskantor Johann Adam Hiller (1728–1804).

■ Mit dem „Leipziger Wochenblatt für Kinder“ von Johann Christoph Adelung erscheint beim Verleger Siegfried Leberecht Crusius die erste Kinderzeitschrift Deutschlands. 1772

■ Einweihung des Gellert-Denkmals anläßlich des 10. Jahrestages der Gründung der Leipziger Kunstakademie (6. 2.). Mit diesem Denkmal schuf Adam Friedrich Oeser das erste öffentliche Monument für einen Bürgerlichen überhaupt. 1774

■ Der sächsische Kurfürst Friedrich August III. bestätigt den von Fürst Jablonowski begründeten Gelehrtenverein und erhebt ihn in den Rang einer staatlich geförderten Fürstlich-Jablonowskischen Societät der Wissenschaften (Societas Jablonoviana), Vorläufer der Sächsischen Akademie der Wissenschaften. Der Mathematiker Heinrich Borz wird erster Präsident der Gesellschaft.

■ Freiherr Peter von Hohenthal gründet in Leipzig die erste sächsische Realschule, verbunden mit einem Waisenhaus und einem Lehrerseminar (Hohenthalsche Freischule).

■ Johann Christoph Adelung veröffentlicht mit „Versuch eines vollständigen grammatisch-kritischen Wörterbuches der Hochdeutschen Mundart“ das erste moderne Wörterbuch der deutschen Standardsprache.

■ Johann Adam Hiller gründet im Thomäi- 1775

schen Haus die „Musikausübende Gesellschaft“.

■ Der Schriftsteller Christian Felix Weiße beginnt mit der Herausgabe der pädagogischen Zeitschrift „Der Kinderfreund“ (bis 1782) und steht damit am Beginn der deutschen Kinderliteratur.

■ Der Vertrieb von Goethes zur Herbstmesse 1774 erschienenen Romans „Die Leiden des jungen Werther“ – von der Weygandschen Buchhandlung herausgegeben – wird auf Anraten des Dekans der Theologischen Fakultät, Johann August Ernesti, von der Leipziger Bücherkommission bei einer Strafe von 10 Talern untersagt .

Oeser, Adam Friedrich
Maler, Radierer und Bildhauer
geboren 17.2.1717 Preßburg
gestorben 18.3.1799 Leipzig
Erwarb seine künstlerische Ausbildung in Preßburg und Wien. 1739-1756 lebte er in Dresden und gab dort Zeichenunterricht. Ab 1759 lebte er in Leipzig und wurde hier 1764 mit der Professur und dem Amt des Direktors der Leipziger „Zeichnungs- und Mahlerey- und Architectur-Akademie“ beauftragt und zum Hofmaler berufen. Theoretisch der Antike verbunden, in seinen Gemälden aber noch dem Rokoko verhaftet, ist er in seinen Zeichnungen am bedeutendsten. Er wirkte als künstlerischer Anreger des jungen Goethe, der während seiner Leipziger Studienzeit bei ihm Zeichenunterricht nahm. In seinem über fünfunddreißigjährigen Wirken an der Leipziger Kunstakademie hat er Generationen von Kunsthandwerkern, Kupferstechern, Musterzeichnern und Hofkonditoren unterrichtet. Von seinen Werken müssen an erster Stelle die Plafondmalereien genannt werden, mit denen er öffentliche und auch private Häuser ausstattete. In der Leipziger Nikolaikirche schuf er über 30 Emporen- und Altargemälde.

1776 ■ Leipzig hat 28 253 Einwohner.

■ Gründung des Vereins „Harmonie“ im „Blauen Engel“ in der Petersstraße, der Kaufleute, Gelehrte und Künstler zur geselligen Konversation vereint und sich der Armenunterstützung widmet (27. 2.).

■ Der Flötist Johann Georg Tromlitz beginnt mit dem kommerziellen Flötenbau.

Adam Friedrich Oeser (1717–1799)

1777 ■ Pasquale Bondini erhält das kurfürstliche Privileg, in Leipzig während der Messen Opern und Schauspiele aufführen zu dürfen.

1778 ■ Die erstarkende Konkurrenz der Musikausübenden Gesellschaft und der Oper führen zur Beendigung der Tätigkeit des „Großen Konzertes“ (29. 3.).

■ Eröffnung des „Churfürstlich-Sächsischen Instituts für Stumme und andere mit Sprachgebrechen behaftete Personen“ – der ersten deutschen Taubstummenlehranstalt – durch Samuel Heinicke im „Weißen Roß“ am Roßplatz (14. 4.).

1779 ■ Der Botaniker Johann Hedwig begründet die wissenschaftliche Mooskunde (Bryologie).

1780 ■ Mit dem „Magazin des Buch- und Kunsthandels“ gibt Johann Gottlob Immanuel Breitkopf die erste Fachzeitschrift für den deutschen Buchhandel heraus.

■ Bürgermeister Carl Wilhelm Müller unterbreitet den Plan, „über dem Tuchboden“ des Gewandhauses einen Konzertsaal einzurichten.

■ Mit dem von Adam Friedrich Oeser geschaffenen Standbild für den Kurfürsten Friedrich August III. wird das erste öffentliche Denkmal der Stadt auf der „Esplanade" (später Königsplatz) eingeweiht (3. 8.).

Heinicke, Samuel
Pädagoge
geboren 10.4.1727 Nautschütz b. Weißenfels
gestorben 30.4.1790 Leipzig
Betätigte sich zunächst als Landwirt und Soldat und floh dann vor den preußischen Häschern. In Dresden und Eppendorf bei Hamburg befaßte er sich mit dem Unterricht von Gehörlosen. Im engen Anschluß an Herders Sprachphilosophie hatte er die Idee, anstelle akustischer Eindrücke Geschmacksempfindungen als den die „Lautsprache fixierenden Sinn" zu setzen. Am 13.11.1777 wurde er nach Leipzig berufen und eröffnete hier am 14.4.1778 die erste deutsche Taubstummen-Lehranstalt und älteste Lehranstalt dieser Art in der Welt (zuerst in einer Mietwohnung als „Chursächsisches Institut für Stumme und andere mit Sprachgebrechen behaftete Personen"). Im Unterschied zur Zeichensprachmethode führte er die Lautsprachmethode ein und legte damit den Grundstein für den modernen Gehörlosenunterricht. Wandte sich kompromißlos gegen die Auffassungen und Methoden des Abbe L' Epee (Pariser Taubstummeninstitut), der die Lautsprache negierte und ein System künstlicher Zeichen entwickelte. Er regte auch die Gründung von Instituten in anderen deutschen Staaten an und trat mit einer pädagogischen Schrift an die Öffentlichkeit („Beobachtungen über Stumme und über die menschliche Sprache", 1778).

Auerbachs Hof zur Messe 1778, Grafik von J. A. Rossmäßler

■ Mit dem „Leipziger Magazin zur Naturkunde, Mathematik und Oeconomie" gründet der Mathematiker Karl Friedrich Hindenburg die erste mathematisch-naturwissenschaftliche Zeitschrift Deutschlands. 1781
■ Adam Friedrich Oeser malt den von Carl Friedrich Dauthe im Gewandhaus nachträglich eingebauten Konzertsaal mit drei Plafonds aus.
■ Gründung des „Leipziger Concerts" unter Leitung von Johann Adam Hiller (30. 8.).
■ Einweihung des neuen Konzertsaales im, Gewandhaus mit einem Konzert unter Leitung von Johann Adam Hiller – Beginn der „Gewandhauskonzerte" (25. 11.).

Das Gewandhaus, in dem 1781 der erste Konzertsaal eingerichtet wurde

■ Gründung einer Philologischen Gesellschaft an der Universität, aus der das erste Universitätsseminar (1809) hervorgeht. 1784
■ Beginn der Umgestaltung der Befestigungsanlagen zwischen dem Hallischen Tor und dem Grimmaischen Tor zur Promenadenanlage. Abriß der Halleschen Bastei; Abtragen der Schanzen vor dem Grimmaischen Tor, wobei der anfallende Sand zur Aufschüttung des Schneckenberges verwendet wird (heute dort Opernhaus).

■ Gründung der G. J. Göschenschen Verlagsbuchhandlung, die unter Leitung von Georg 1785

Joachim Göschen zu einem der wichtigsten Verlage der deutschen Klassik wird.
■ Friedrich Schiller trifft nach beharrlichem Drängen seiner Anhänger um Christian Gottfried Körner von Mannheim kommend in Leipzig ein (17. 4.).
■ Schaffung des Schwanenteichs als ein Teil der Anlagen des Promenadenringes.
■ Im Zuge der planmäßigen Umgestaltung der Festungsanlagen entsteht innerhalb eines englischen Landschaftsparkes der Grimmaische Torplatz (heute Augustusplatz).
■ Erstmalig wird von einer vorweihnachtlichen Verkaufsbudenstadt auf dem Markt berichtet (Weihnachtsmarkt).

Aufenthaltsort Friedrich Schillers in Gohlis 1785; auf Initiative Robert Blums zur Gedenkstätte „Schillerhaus Gohlis" gestaltet; Stahlstich von L. Schulz 1859

1786 ■ Musikdirektor Johann Gottfried Schicht gründet einen Singverein, der Aufführungen in den Gewandhauskonzerten und an der Neukirche mitgestaltet.
■ Der Mathematiker Karl Friedrich Hindenburg redigiert gemeinsam mit dem Schweizer Johannes Bernouilli das „Leipziger Magazin für reine und angewandte Mathematik", das erste fachspezifische Periodikum.
■ Johann Adam Hiller realisiert mit der Leipziger Erstaufführung von Händels „Messias" in der Paulinerkirche mit über 200 Mitwirkenden das erste geistliche Konzert (3. 11.).

1787 ■ Beim Verleger Georg Joachim Göschen erscheint die erste vollständige Buchausgabe des „Don Carlos" von Friedrich Schiller, die zu einem Verkaufserfolg wird (Juni).
■ Der Physiker Johann Samuel Traugott Gehler beginnt mit der Herausgabe des ersten systematischen physikalischen Handwörterbuches in deutscher Sprache, das das gesamte damalige physikalische Wissen darstellt (bis 1795).

1788 ■ Der Magistrat läßt die Thomaspforte öffnen und ermöglicht dadurch den Bewohnern der Innenstadt den raschen Zugang zu den Promenaden.
■ Der Verleger Johann Wendler stiftet dem Rat der Stadt 10 000 Taler zum Bau einer Freischule; die Schule wird auf seinem Grundstück Ecke Johannisgasse/Augustusplatz errichtet.

1789 ■ Gründung der Verlags-, Sortiments- und Kommissionsbuchhandlung Karl Franz Koehler.
■ Auf Initiative von Bürgermeister Carl Wilhelm Müller kommt es zum Ratsbeschluß zur Errichtung einer „Freischule für Arme" (28. 3.).
■ Wolfgang Amadeus Mozart tritt mit eigenen Werken im Gewandhaus auf und spielt auf der Orgel der Thomaskirche (12. 5.).

1790 ■ Christian Heinrich Ploß legt eine Münzregistratur (Brakteatenbuch) an.
■ Beginn der pharmazeutischen Ausbildung an der Universität („Colloquium chemico-pharmaceutivo-botanicum).
■ Der Kaffeewirt Georg Wilhelm Richter eröffnet in seinem Kaffeehaus (im Romanushaus) den Debattierklub Ressource, in dem

bürgerlich-humanitäre Zielstellungen diskutiert werden.

■ Georg Joachim Göschen beginnt mit der Herausgabe eines „Historischen Kalenders für Damen", der u. a. Schillers „Geschichte des 30jährigen Krieges" in Fortsetzungen veröffentlicht (bis 1793).

Müller, Carl Wilhelm
Advokat und Bürgermeister
geboren 15.9.1728 Knauthain b. Leipzig
gestorben 28.2.1801 Leipzig
Studierte 1746-1750 an der Universität Leipzig Philosophie und Rechtswissenschaften und war danach als Advokat am Oberhofgericht tätig. 1759 wurde er Mitglied des Rates der Stadt Leipzig, 1771 Stadtrichter, 1776 Stadtbaumeister und Vorsteher der Ratsbibliothek. 1778 erfolgte seine Wahl zum Bürgermeister (bis 1800 zehnmal wiedergewählt). Machte sich um das Kulturleben und Schulwesen Leipzigs verdient. In seine Amtszeit fallen die Errichtung des Klinischen Instituts im Jakobshospital, die Beseitigung der Festungswerke und die Schaffung der ersten Promenadenanlagen, die Erbauung des ersten Städtischen Konzertsaales über dem Alten Zeughaus (Gewandhaussaal, 1781), die Eröffnung der Ersten Ratsfreischule (erste öffentliche Volksschule, 1792), die klassizistische Umgestaltung der Nikolaikirche (1785-1796) und der Bau der Ersten Bürgerschule (1796).

Der Verleger Georg Joachim Göschen (1752–1828), Gemälde von J. Grassi

Göschen, Georg Joachim
Buchhändler und Verleger
geboren 22.4.1752 Bremen
gestorben 5.4.1828 Grimma
Erlernte in Bremen den Buchhandel und siedelte dann nach Leipzig über, wo er 13 Jahre beim Buchhändler Crusius tätig war. Nach Leitung einer Gelehrtenbuchhandlung in Dessau gründete er 1785 in Leipzig die G. J. Göschensche Verlagsbuchhandlung, die unter seiner Leitung zu einem der wichtigsten Verlage der deutschen Klassik wurde. War nach Verlagsgründung bestrebt, Autoren zu gewinnen, die ihm Ansehen verschaffen konnten. Deshalb versuchte er, nach Schiller und Wieland auch mit Goethe Absprachen zu treffen. Die erste rechtmäßige Gesamtausgabe von „Goethes Schriften" in acht Bänden zog sich bis 1790 hin und brachte ihm am Ende nur einen bescheidenen Gewinn. Nächstes größeres Vorhaben war dann sein erster großer literarischer und finanzieller Erfolg, der „Historische Calender für Damen". Mit ihm kam er dem gesellschaftlichen Bedürfnis nach literarischer Unterhaltung und Bildung entgegen. Von 1790 bis 1793 gab er vier Jahrgänge des Kalenders heraus, jeweils in 7000 Exemplaren gedruckt und verkauft. 1793 verband er seinen Verlag mit einer Druckerei. Viele Bücher seines Verlages gehören zu den Meisterleistungen der klassischen deutschen Buchkunst, u. a. die ab 1794 herausgegebene 42bändige Wieland-Gesamtausgabe. Mit seiner „Volksbibliothek deutscher Klassiker" schuf er als erster gute, billige, typographisch mustergültige Volksausgaben. 1797 verlegte er seine Druckerei nach Grimma.

1791

■ Christian Friedrich Rüdiger wird zum ersten Observator der Leipziger Universitätssternwarte ernannt (2. 12.).

1792

■ Leipzig zählt zu Beginn regelmäßiger Volkszählungen 29 431 Einwohner.

■ Gründung eines Arbeitshauses für Freiwillige am Brühl durch den Stadtmagistrat, das hilfsbedürftigen Frauen und Männern die Möglichkeit bietet, ihren Lebensunterhalt durch tägliche Arbeit zu sichern (1. 3.).

■ Auf Initiative des Bürgermeisters Carl Wilhelm Müller und des Superintendenten Johann Georg Rosenmüller wird die Ratsfreischule als erste Volksschule der Stadt unter der Leitung von Karl Gottlob Plato im Zwinger der Pleißenburg eröffnet (16. 4.).

■ Der Verleger Paul Gotthelf Kummer begründet zur Erleichterung der jährlichen Abrechnungen der Buchhändler erstmals ein gemeinsames Verkehrslokal (Ostern).

Die am 16. 4. 1792 in der Schulgasse neben der Pleißenburg eröffnete Ratsfreischule Leipzig

1793 ■ Einführung der fortlaufenden Numerierung aller Häuser in einer Zahlenfolge (gültig bis 1839).

■ Erste musikästhetische Vorlesungen an der Universität durch Friedrich Michaelis.

■ Das Gohliser Schlößchen mit der umfangreichen Böhmschen Bibliothek fällt durch Testament an den Rat der Stadt.

■ Der Theologe Johann Georg Rosenmüller führt an der Ratsfreischule die Konfirmation und Einsegnung der Jugendlichen ein („Rosenmüllersches Confirmationsformular“).

■ Der Buchhändler Johann Wilhelm Immanuel Heinsius beginnt mit der Herausgabe eines „Allgemeinen Bücher-Lexicons oder alphabetischem Verzeichnises der in Deutschland und den angrenzenden Ländern gedruckten Bücher“ – der Beginn der deutschen nationalen Allgemeinbibliographie.

■ Einweihung der auf Anregung des Mathe- 1794
matikers Georg Heinrich Borz gegründeten Universitätssternwarte auf der Pleißenburg (3. 2.).

Der zur Sternwarte umgebaute Turm der Pleißenburg, auf dem 1794 das Observatorium der Universität eingeweiht wurde

■ Der Buchhändler Johann Gottlob Beygang 1795
eröffnet das „Museum für Freunde der Wissenschaften, der schönen Künste und Lectüre/Beygangsches Museum“ und begründet damit in der Petersstraße 33 die erste private Leihbibliothek Leipzigs.

■ Herausgabe der ersten Literaturzeitung, 1796
des „Literarischen Anzeigers“ durch Friedrich Roch, die sich zum Organ der buchhändlerischen Reformbewegung entwickelt.

■ Gottfried Christoph Härtel übernimmt den Verlag Breitkopf und führt ihn in der Folge zu europäischer Geltung.

■ Der Rat der Stadt erwirbt das Komödienhaus auf der Ranstädter Bastei von der Witwe Zehmisch und verpachtet es fortan an Theatergruppen (Bondini, Seconda u. a.).

■ Wiedereinweihung der durch Baudirektor 1797
Johann Friedrich Carl Dauthe und den Maler

Adam Friedrich Oeser klassizistisch umgestalteten Nikolaikirche (1. 1.).

■ Erstes Erscheinen des „Meß-Schema“, das die Buchhandlung Baumgärtner in der Petersstraße herausgibt und das ein vollständiges Verzeichnis aller Kauf- und Handelsbetriebe enthält, die zur Leipziger Messe ausstellen.

■ Johann August Gottlieb Weigel errichtet nach holländischem Vorbild in Verbindung mit seiner Antiquariatsbuchhandlung das erste größere Auktionshaus in Deutschland.

■ Mit der Herausgabe der Werke Wielands in einer Prachtausgabe führt der Verleger Georg Joachim Göschen die klassische Typografie in Deutschland zum Höhepunkt.

■ Der Buchhändler Johann Gottlob Beygang gründet mit dem „Leipziger Tageblatt“ die zweitälteste Zeitung Leipzigs.

Der Verleger Gottfried Christoph Härtel (1763–1827)

Die am 1. 1. 1797 wiedereingeweihte Nikolaikirche nach ihrer klassizistischen Umgestaltung

Härtel, Gottfried Christoph
Musikverleger
geboren 27.1.1753 Schneeberg
gestorben 25.7.1827 Cotta b. Pirna
Studierte an der Universität Leipzig, war dann als Hauslehrer tätig und trat 1795 als Teilhaber in die Firma Breitkopf ein. 1796 wurde er alleiniger Inhaber des Unternehmens. Er erkannte als einer der ersten, daß der Autor Recht auf ein Honorar hat, das ihm ein unabhängiges Schaffen ermöglicht. Er zahlte für die damalige Zeit gut, und die Komponisten dankten es ihm durch Treue zum Haus Breitkopf & Härtel. Musikgeschichtliche Verdienste erwarb er sich durch die Herausgabe der ersten Gesamtausgaben, beginnend 1798 mit „Oeuvres complettes de W. A. Mozart“ und 1800 mit denen Haydns. Von einem sicheren Gespür für musikalische Qualität zeugte die Veröffentlichung der Werke Bachs und Händels zu einer Zeit, als deren Bedeutung noch nicht allgemein anerkannt wurde. 1798 erwarb er sich durch die Gründung der „Allgemeinen Musikalischen Zeitung“ bleibende Verdienste. 1806 machte er Senefelders Erfindung der Lithographie für den Notendruck dienstbar, 1806 gründete er auch innerhalb des Verlages eine eigene Klavierfabrik, deren Flügel bald sehr begehrt waren. 1812 begründete er die „Leipziger Literaturzeitung“.

■ Mit der Herausgabe von „Oeuvres complettes de W. A. Mozart“ beginnt der Verlag Breitkopf & Härtel mit der Veröffentlichung von Gesamtausgaben bekannter Komponisten. **1798**

■ Beginn der Herausgabe der „Halbjahreskataloge der im Deutschen Buchhandel erschienenen Bücher“ durch Johann Conrad Hinrichs, die zu den Vorläufern der deutschen nationalen Bibliographien gehören (bis 1915).

■ Herausgabe der „Allgemeinen musikalischen Zeitung“ durch Johann Friedrich Rochlitz (20. 10.) im Verlag Breitkopf & Härtel, die zur führenden Musikzeitung Deutschlands wird.

■ Eröffnung des „Instituts für den klinischen Unterricht im Jakobshospital“, wo Johann Gottlieb Eckhold mit der praktischen Ausbildung von Studenten am Krankenbett beginnt. **1799**

1800 ■ Johann Friedrich August Tischbein wird als Nachfolger Oesers Direktor der Leipziger Kunstakademie (4. 1.).

■ Gründung eines Bureau de Musique mit Druckerei, Verlag, Notenstecherei und Instrumentalienhandlung durch Franz Anton Hoffmeister und den Organisten Ambrosius Kühnel (1. 12.).

1801 ■ Im Verlag von Voß erscheint die von Hofrat Spazier begründete „Zeitung für die elegante Welt" (1. 1.).

■ Friedrich Schiller ist Gast der dritten Vorstellung der „Jungfrau von Orleans" und wird nach Schluß der Aufführung mit Ovationen überschüttet (17. 9.).

1802 ■ Auf Anregung des Kaufmanns Jacob Bernhard Limburger wird die Leipziger Singakademie unter Leitung von Johann Gottlieb Schicht gegründet (16. 2.).

■ Georg Joachim Göschen legt die Schrift „Meine Gedanken über den Buchhandel und dessen Mängel" vor.

1804 ■ Der Aufbau des Armenschulwesens durch das Armendirektorium beginnt mit der Einrichtung einer ersten Mädchenklasse.

■ Eröffnung der ersten Bürgerschule Deutschlands auf den Gemäuern der Moritzbastei mit 238 Schülern; erster Rektor ist Ludwig Friedrich Gedike (2. 1.).

■ In der Pleißenburg wird unter der Leitung von Christian Gotthold Eschenbach das erste chemische Laboratorium der Universität eröffnet.

1805 ■ Der Grafiker Christian Gottfried Geißler legt seine „Leipziger Meßszenen" vor.

1806 ■ Der Reclam-Verlag erwirbt die Zeitschrift „Universum", die sich dann als moderne illustrierte Wochenschrift „Reclams Universum" einen Namen macht.

■ Der beengte Botanische Garten wird auf das Gelände der Pleißenaue verlegt (knapp 10 ha) und vom Universitätsprofessor Friedrich Schwägerichen als Direktor geführt.

■ Mit dem Eintreffen von Verwundeten und Versprengten aus dem Gefecht von Schleiz wird die Stadt erstmals mit dem gegen Frankreich geführten Krieg konfrontiert (11. 10.).

■ Ein erstes französisches Kommando von 50 Husaren unter Führung eines Offiziers erpreßt im Rathaus eine Kontribution von 500 Louisdors und verläßt wieder die Stadt (13. 10.).

■ Marschall Davoust rückt mit seinem 4200 Mann starken Korps durch das Ranstädtische Tor in Leipzig ein (18. 10.). General Pierre Macon als Stadtkommandant und ein Infanterieregiment verbleiben als französische Besatzung in Leipzig.

■ Der Rat der Stadt proklamiert öffentlich den vom sächsischen Kurfürsten mit Frankreich abgeschlossenen Neutralitätsvertrag (24. 10.).

■ Die Stadt wird durch die ersten ihr auferlegten Kontributionen schwer getroffen: 45 000 m Offizierstuch, 30 000 m ordinäres Tuch und 15 000 Paar Schuhe für die französische Armee sowie die Zahlung von 50 Millionen Franken (23. 10.).

■ Nach Verkündung der Kontinentalsperre durch Napoleon (21. 11.) werden in der Stadt die englischen Waren beschlagnahmt. Zur Beschlagnahme gelangen Warenvorräte im Werte von mehr als 9 Millionen Franken. Nach langwierigen Verhandlungen erfolgt deren Freigabe durch Rückkauf gegen 6 Millionen Franken.

„Vor der Waage am Markt" aus den von Christian Gottfried Heinrich Geißler 1805 veröffentlichten „Leipziger Maßszenen"

■ Der Leipziger Bankier Gottlob Frege fi- **1807**

nanziert zwei Drittel (24 Mill. Frs.) der an Napoleon zu zahlenden Kriegskontributionen.
■ Gründung der ersten Leipziger Klavierfabrik durch Breitkopf & Härtel.
■ Die erste Nummer des „Leipziger Tageblattes" erscheint (1. 6.).
■ Studenten aus der Lausitz gründen mit dem „Corps Lusatia" die erste Studentenverbindung an der Universität.
■ Durch Johann Christian August Heinroth erfolgen an der Universität weltweit die ersten regelmäßigen Vorlesungen zur Psychiatrie („Heilkunst des Gemüths").

1808 ■ Friedrich Arnold Brockhaus erwirbt auf der Michaelismesse das dann nach ihm benannte Konversationslexikon für 1800 Reichsstaler.

1809 ■ Während der Teilnahme sächsischer Truppen auf der Seite Napoleons im Kampf gegen Österreich wird die Stadt von Österreichern (22. 6.) und dann von einem Korps Braunschweiger (26. 6.) besetzt, das Kontributionen erhebt.
■ Der Kunstgärtner Christian August Breitner errichtet einen Wintergarten (Hortus Breiterianus) mit vielen botanischen Raritäten (heute dort Wintergartenstraße) und eröffnet die erste Kunst- und Handelsgärtnerei der Stadt.

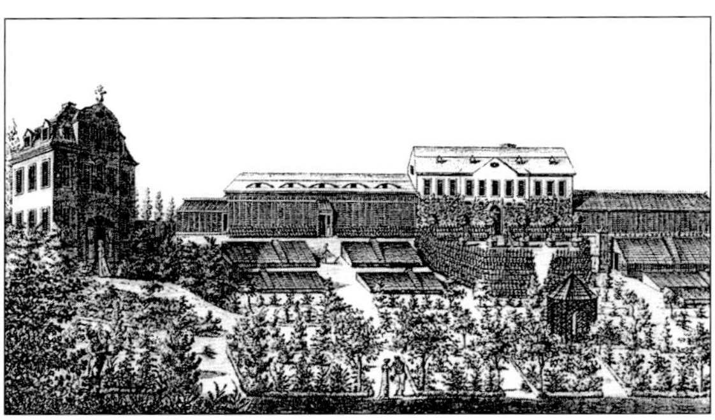

Der vom Kunstgärtner Christian August Breitner angelegte Wintergarten, 1809

1810 ■ Eröffnung des Trierer Stiftes als erste Leipziger Entbindungsanstalt unter Leitung des ersten Ordinarius für Geburtshilfe Johann Christian Jörg (8. 10.).
■ Im Ergebnis der von Napoleon verhängten Kontinentalsperre werden auf der Vogelwiese vor dem Ranstädter Tor englische Schmugglerwaren vernichtet (12., 21. und 24. 12.).

1811 ■ Benedictus Gotthelf Teubner übernimmt die Weineldsche Druckerei, die sich zur größten Offizin der Stadt entwickelt; der von ihm begründete Verlag widmet sich der Herausgabe der Klassiker (21. 2.).
■ Gründung eines Sachverständigenausschusses für Zensur- und Raubdruckfragen bei der Sächsischen Bücherkommission in Leipzig unter Vorsitz von Paul Gotthelf Kummer.
■ Frankreich bestallt seinen ersten Konsul in Leipzig.
■ Sämtliche nach Leipzig Eingewanderten erhalten den Status von Vollbürgern eingeräumt.
■ Der Begründer der Homöopathie, Samuel Christian Friedrich Hahnemann, beginnt seine Tätigkeit als Arzt und Hochschullehrer in Leipzig.
■ Der Mediziner Johann Christian August Heinroth übernimmt an der Universität mit dem Lehrstuhl für Psychische Therapie den ersten dieser Art in der Welt.

Samuel Christian Friedrich Hahnemann (1755–1843); das Hahnemann-Denkmal in Leipzig (1951)

1812 ■ Gründung der „Leipziger Literaturzeitung“ durch Gottfried Christoph Härtel.

■ Berufung von Karl Gottlob Kühn zum ersten ordentlichen Professor der Chirurgie der Universität.

■ Der Arzt Puchelt gründet eine medizinische Beratungsanstalt, die ab 1818 als „Medizinische Poliklinik“ bezeichnet wird.

1813 ■ Carl Maria von Weber dirigiert das Neujahrskonzert im Gewandhaus (1. 1.).

■ Der französische Stadtkommandant, General Bertrand, flüchtet vor den heranrückenden russischen Verbänden mit seinen Truppen aus der Stadt (31. 3.).

■ Besetzung Leipzigs durch russische Truppen und preußische Husaren. Aufhebung der Kontinentalsperre (14. 4.).

■ Major Ludwig Adolf Wilhelm von Lützow läßt sein Hauptquartier nach Leipzig verlegen; viele Studenten und Gymnasiasten treten in das Freikorps („Schwarze Schar“) ein, so daß aus ihnen der Stamm eines Bataillons gebildet werden kann (April).

■ Theodor Körner verfaßt auf dem Schneckenberg „Lützows wilde verwegene Jagd“ (24. 4.).

■ Rückeroberung Leipzigs durch die Franzosen nach dem Sieg Napoleons bei Großgörschen (2. 5.).

■ Eine Abordnung des Rates der Stadt begibt sich nach Lützen, um dort von Napoleon Schonung für Leipzig zu erbitten.

■ Wiedereinführung der Kontinentalsperre, was besonders die Leipziger Kaufleute betrifft (17. 5.).

■ Der schwerverwundete Theodor Körner wird in einer Waldung bei Großzschocher gefunden (26. 6.) und in der Wohnung eines Gärtners einige Wochen gepflegt.

■ Der Herzog von Padua verhängt den Belagerungszustand über die Stadt (20. 6. – 17. 7.).

■ Napoleon trifft in Leipzig ein und bezieht am Äußeren Grimmaischen Tor Stellung (14. 10.).

■ Sowohl auf französischer als auf Seiten der Verbündeten laufen die Vorbereitungen zur entscheidenden Schlacht (15. 10.).

■ Die Hauptkräfte der Franzosen werden nach dem Plan des österreichischen Feldmarschalls Karl von Schwarzenberg auf breiter Front rechts der Pleiße angegriffen.

■ Unter dem Feuer der Franzosen geraten die Verbündeten im Raum Wachau-Liebertwolkwitz in eine immer schwierigere Lage. Dies veranlaßt Napoleon, in Leipzig die Siegesglocken läuten zu lassen.

■ Doch die für die Franzosen entscheidende Verstärkung aus dem Norden bleibt aus. Sie wird in den blutigen Kämpfen bei Möckern von der Schlesischen Armee unter Führung des Oberbefehlshabers Gebhardt Leberecht von Blücher gebunden (16. 10.).

■ Der Versuch Napoleons, einen Waffenstillstand auszuhandeln, wird von den Verbündeten ignoriert (17. 10.).

■ Napoleon wird zur Entscheidungsschlacht gezwungen. Deshalb zieht er seine Truppen näher an Leipzig heran. Vorbeugend läßt er die einzige Rückzugstraße über Lindenau sichern. Er selbst bleibt zumeist an der Quandtschen Tabakmühle, von wo aus er die Schlacht verfolgt und leitet.

■ Rückzug der napoleonischen Truppen. Zur Deckung des Rückzugs werden vorwiegend Rheinbundtruppen und Polen eingesetzt, die auch die Stadt besetzt halten.

■ Es entbrennen erbitterte Kämpfe um die Stadttore, die von den Verbündeten erobert werden, die dann bis zum Markt vordringen. Die Elsterbrücke am Ranstädter Steinweg wird beim ersten Auftauchen russischer Jäger vorzeitig in die Luft gesprengt, wodurch 20 000 Mann der napoleonischen Armee abgeschnitten sind. In den Mittagsstunden ziehen die verbündeten Monarchen in die Stadt ein; auf dem Markt findet eine Siegesparade statt (18. 10.).

■ Der sächsische König Friedrich August I. wird in der eroberten Stadt festgenommen und als Kriegsgefangener nach Berlin gebracht.

■ Victor von Prendel wird vom russischen Zar zum Russisch-Kaiserlichen Kommandanten der Stadt Leipzig ernannt (21. 10.).

■ Benedictus Gotthelf Teubner druckt die ersten Nummern der von F. A. Brockhaus herausgegebenen patriotischen „Deutschen Blätter“ (23. 10.).

Teubner, Benedictus Gotthelf
Verleger
geboren 16.6.1784 Großkraussnigk/Niederlausitz
gestorben 21.1.1856 Leipzig
Nach einer 1798-1803 in Dresden erfolgten Schriftsetzerlehre kam er nach Leipzig. 1806 übernahm er hier als Faktor die Leitung der Weineldschen Buchdruckerei, die seinem Schwager gehörte, und leitete ab 1811 die Druckerei selbständig. Nachdem sich die ersten Jahre als wirtschaftlich äußerst schwierig erwiesen, vermehrte er durch sein Bemühen, die ihm übertragenen Druckaufträge pünktlich und in exakter Ausführung zu erledigen, das Vertrauen seiner Kunden. 1813 ließen bereits Reclam und Brockhaus bei ihm drucken. 1819 betrieb er die größte Offizin Leipzigs. 1823 gliederte er an die Druckerei einen Verlag an und begann mit dem Verlegen griechischer und lateinischer Klassiker. 1834 führte er zum Zwecke des Zeitungsdrucks in seiner Druckerei Schnellpressen ein und druckte u. a. die „Leipziger Zeitung". 1835 wurde von ihm das „Börsenblatt für den Deutschen Buchhandel" gedruckt. 1849 begründete er die altphilologische „Bibliotheca Teuberiana".

Der Verleger Benedictus Gotthelf Teubner (1784–1856)

Die vorzeitige Sprengung der Elsterbrücke beim Rückzug der napoleonischen Truppen, 18. 10. 1813, Gemälde von Staßberger

Überbringung der Siegesbotschaft durch den Fürsten von Schwarzenberg an die drei Monarchen, 18. 10. 1813

1814

■ Dem russischen Stadtkommandanten Victor von Prendel wird „ehrenhalber" das Bürgerrecht der Stadt Leipzig verliehen.
■ Jacob Bernhard Limburger ruft die Leipziger Liedertafel ins Leben, deren Mitglieder verpflichtet sind, selbst zu komponieren (besteht bis 1846).
■ Der Buchhändler Carl Friedrich Peters erwirbt das „Bureau de Musique" und nennt es von nun an „Bureau de Musique C. F. Peters, Leipzig".
■ Konzessionierung des ersten Israelitischen Friedhofes im Johannisthal neben der Sternwarte (29. 10.), der im Folgemonat eingeweiht wird (28. 11.).

1815

■ Leipzig wird durch die Teilung Sachsens auf dem Wiener Kongreß zu einer Stadt an

der sächsischen Landesgrenze (10. 1.).
■ Der Zeitungsverleger Siegfried Mahlmann kauft das Brandvorwerk und führt dort in der Folgezeit landwirtschaftliche Versuche durch.

1816 ■ Friedrich Pohl wird Professor der Ökonomie und Technologie an der Universität und begründet die Cameralistische Gesellschaft.
■ Der Schriftgießer und Verlagsbuchhändler Karl Tauchnitz überträgt die Stereotypie von Frankreich und England nach Deutschland.
■ Der Leipziger Gynäkologe Johann Christian Jörg veröffentlicht das erste wissenschaftliche orthopädische Lehrbuch der Welt.
■ Den Juden wird der Kleinhandel – beschränkt auf den Augustusplatz – gestattet („Judenbuden").
■ Friedrich Perthes veröffentlicht die berühmte anonyme Denkschrift „Der Deutsche Buchhandel als Bedingung des Daseins einer deutschen Literatur", in der zum ersten Mal in Deutschland das gesetzliche Verbot des Nachdrucks gefordert wird (Juli).

Der Verleger Karl Tauchnitz (1761–1836) übertrug 1816 die Stereotypie nach Deutschland.

1817 ■ Der Verleger Friedrich Arnold Brockhaus siedelt von Altenburg nach Leipzig über und richtet in der Querstraße seine Buchhandlung ein (Ostern).
■ Eröffnung des von Johann Jacob Friedrich Weinbrenner im klassizistischen Stil umgebauten und erweiterten Alten Theaters auf der Rannischen Bastei mit Schillers „Die Braut von Messina"; Karl Theodor von Küstner ist erster Pächter des Theaters (26. 8.).

Brockhaus, Friedrich Arnold
Verleger
geboren 4.5.1772 Dortmund
gestorben 20.8.1823 Leipzig
Wirkte zunächst als Tuchhändler in Amsterdam, ehe er dort einen Verlag gründete. Beim Besuch der Michaelismesse in Leipzig kaufte er 1808 ein bereits in sechs Bänden erschienenes „Conversationslexikon" und brachte noch in Amsterdam Nachträge dazu heraus. 1811 siedelte er nach Altenburg über, 1817 nach Leipzig. 1818-1823 erschienen in Leipzig die 5. und 6. Auflage seines Lexikons. Bändeweise schrieb er die Texte für sein Lexikon selbst. Er redigierte, korrespondierte und reiste für sein Riesenprojekt im Alleingang. Gründete dann in Leipzig das Stammhaus des Verlages. Sein Verdienst ist es, daß er gegenüber den früher erschienenen Lexika die Konzeption veränderte und das Nachschlagewerk allgemein verständlich machte. In seinem Verlag erschienen auch Werke von Shakespeare, Calderon, Schopenhauer, Voß, Rückert u. a.

■ Christian Friedrich Giesecke gründet zusammen mit Gottfried Scheiter die Schriftgießerei J.G.Scheiter & Giesecke. **1819**
■ Gründung der Firma Ferdinand Flinsch mit dem Ziel, für den im Aufstieg begriffenen deutschen Verlagsbuchhandel ausreichende Mengen von Qualitätspapier zu liefern.

■ Der Rat der Stadt läßt ein neues Waagegebäude am Hallischen Tor errichten. **1820**
■ Der Augenarzt Friedrich Philipp Ritterich gründet – zunächst in seiner Wohnung – die „Heilanstalt für arme Augenkranke".

■ Maximilian Speck kauft das verschuldete Rittergut Lützschena einschließlich der dort befindlichen Brauerei für 100 000 Taler und macht es zum Zentrum einer bedeutenden Schafzucht (22. 1.). **1822**
■ Gründung des Pauliner Vereins (der sich ab 1919 „Universitätssängerschaft zu St. Pauli" nennt) durch Gotthelf Traugott Wagner (4. 7.).

■ Gründungsversammlung der Gesellschaft deutscher Naturforscher und Ärzte in Leipzig auf Betreiben von Carl Gustav Carus und Lorenz Oken (18. 9.).

Messetreiben am Brühl 1820

1823 ■ Benedictus Gotthelf Teubner gliedert seiner Druckerei einen Verlag an und beginnt mit dem Verlegen griechischer und lateinischer Klassiker.

1824 ■ Sechs Leipziger Bankfirmen gründen den Leipziger Kassenverein (ab 1827 Diskontokasse).
■ Wegfall des Torgroschens, wodurch der Verkehr mit den Vorstädten erleichtert wird (30. 8.).
■ Der Perückenmacher Johann Christian Woyzeck wird als letzter Delinquent auf dem Leipziger Marktplatz öffentlich enthauptet (27. 8.).

1825 ■ Leipzig hat 41 506 Einwohner.
■ Bau des Moritzdammes als Verbindung zwischen dem Stadtzentrum und der Südvorstadt.
■ Gründung der Leipziger Polytechnischen Gesellschaft.
■ Gründung des Börsenvereins Deutscher Buchhändler (30. 4.).
■ Der Philologe Gustav Seyffarth hält an der Universität die ersten ägyptologischen Vorlesungen.

„Die Geschäfte“,
Blatt aus den 1825 vom Kupferstecher Georg Emanuel Opiz herausgegebenen „Meßszenen“

■ In der Firma Brockhaus wird die erste Schnellpresse im sächsischen Druckgewerbe aufgestellt. 1826
■ Im neuen Waagegebäude in der Packhofstraße werden ein Leihhaus (20. 2.) und die „Sparcasse Leipzig“ (22. 2.) auf Initiative von Johann Christoph Pultz eröffnet. Senator Johann Ludwig Hartz wird zum ersten ehrenamtlichen Vorsteher beider Einrichtungen berufen.
■ Der Maler Carl Gustav Börner eröffnet ein Kunsthandelsunternehmen, das sich zum bedeutendsten Kunstversteigerungshaus seiner Zeit entwickelt.
■ Der Mineraloge Carl Friedrich Naumann veröffentlicht einen „Grundriß der Kristallographie“, der eine wichtige Klassifikation der Kristalle enthält.

■ Heinrich Marschner übernimmt die Leitung des Orchesters am Stadttheater (bis 1831) (Sept.). 1827

1828 ■ Uraufführung der Oper „Der Vampyr" von Heinrich Marschner unter dessen Dirigat (29. 3.).
■ Bildung des „Vereins der hiesigen Kunstfreunde", später „Leipziger Verein der Kunstfreunde", zu dessen Initiatoren u. a. Christian Ludwig Stieglitz gehört.
■ Der Kirchenhistoriker Christian Wilhelm Niedner begründet an der Universität die moderne Leipziger kirchenhistorische Forschung.
■ Anton Philipp Reclam erwirbt eine Leihbibliothek (1. 4.) und gründet den „Verlag des Literarischen Museums" in der damaligen Grimmaischen Gasse (1. 10.).
■ Clara Wieck debütiert als Neunjährige in einem Leipziger Gewandhauskonzert (20. 10.).

Wieck-Schumann, Clara
Pianistin
geboren 13.9.1819 Leipzig
gestorben 20.5.1896 Frankfurt/Main
Erhielt bei ihrem Vater, dem hervorragenden Klavierpädagogen Friedrich Wieck, Unterricht. Bereits als Achtjährige spielte sie erstmals in privaten Gesellschaften, u. a. Mozarts Es-Dur-Konzert. Als Neunjährige debütierte sie am 20.10.1828 in einem Leipziger Gewandhauskonzert. Der Vater stand ihrer Heirat mit Robert Schumann am 12.9.1840 lange Jahre entgegen. In der Inselstraße 18 in Leipzig verbrachte das Paar von 1840 bis 1844 die ersten glücklichen Ehejahre. In dieser Zeit vertonte sie drei Gedichte aus Rückerts „Liebesfrühling". Sie wirkte als maßgebende Interpretin der Klaviermusik ihres Mannes, aber auch der Klavierwerke Chopins, Beethovens und Brahms'. Bereits 1830 wurde sie von Paganini hoch gelobt.

1829 ■ Gründung des Orthopädischen Instituts Leipzig durch Ernst August Carus.
■ Der Verleger Friedrich Hofmeister gründet einen Schutzverband, den „Verein der Musikverleger gegen musikalischen Nachdruck", mit Sitz in Leipzig (26. 5.).
■ Gründung des Leipziger Bürgervereins.
■ Mit einer monatlich erscheinenden Musikbibliographie, der ältesten im deutschsprachigen Raum, macht Friedrich Hofmeister seinen Musikverlag zum Zentrum der musikbibliographischen Arbeit in Deutschland.

■ Leipzig hat 40 946 Einwohner. **1830**
■ Gründung der Pfaffendorfer Kammgarnspinnerei als größte ihrer Art in Deutschland durch Ferdinand Hartmann.
■ Im Alten Theater wird zum ersten Mal eine Komposition Richard Wagners zur Aufführung gebracht, die Paukenschlag-Ouvertüre B-dur.
■ Abbruch des Grimmaischen Tores.
■ Herausgabe der liberalen „Sachsenzeitung" als erster Oppositionszeitung im Königreich Sachsen am Beginn des Vormärz.
■ Nach der Mißhandlung eines Schmiedelehrlings durch die Polizei kommt es binnen weniger Stunden zu einem heftigen Zusammenstoß zwischen Handwerksgesellen und der Polizei (2. 9.).
■ Die Massenaktionen gegen das Polizeiregime und den selbstherrlich regierenden Magistrat eskalieren; einige tausend Leipziger ziehen mit Hochrufen auf die Julirevolution in Frankreich durch die Straßen und belagern Polizeiamt und Rathaus. Sie erzwingen den Rücktritt des Polizeipräsidenten, die Auflösung der Polizeikompanie und die Entlassung mißliebiger Beamter (4. 9.).
■ Das Besitzbürgertum gründet eine bewaffnete Bürgerwehr (Kommunalgarde) und ein Akademisches Korps zum Schutze des Eigentums, die die wichtigsten Gebäude besetzen und „aufrührerische Elemente" verhaften. Gleichzeitig wird ein Hilferuf an die Regierung gesandt (5. 9.).
■ Als starke Truppenkontingente der Zwickauer Garnison in die Stadt einrücken, hat die Kommunalgarde die Erhebung bereits unterdrückt (6.-7. 9.).
■ Gesellen und Handwerker erheben sich erfolgreich gegen die Willkürherrschaft des Magistrats; es kommt zur Bildung der ersten Stadtverordnetenversammlung in Sachsen (30. 10.).

■ Tiefgreifende Umgestaltung der Universitätsverfassung unter dem Rektorat von Wilhelm Traugott Krug, u. a. durch eine Reform der Universitätsverwaltung (Bildung eines Senats) und der Universitätsverfassung. Die Nationalitäteneinteilung wird abgeschafft.

1831 ■ Gründung der Lebensversicherungs-Gesellschaft zu Leipzig durch Johann Friedrich Olearius unter Mitwirkung angesehener Leipziger Bankiers, Kaufleute und Juristen und des Mathematikers August Ferdinand Möbius, der die mathematischen Grundlagen erstellte (1. 1.).
■ Die Kramer-Innung gründet die Handels-Lehranstalt Leipzig mit David August Schiebe als Direktor (23. 1.).
■ Feier zur Übergabe der Verfassungsurkunde für das Königreich Sachsen auf dem Marktplatz (3. 9.).
■ Gründung des „Vereins zur Unterstützung hilfsbedürftiger Polen" durch Vertreter der bürgerlich-liberalen Intelligenz, u. a. den Buchhändler Friedrich Brockhaus (Nov.).
■ Der Textilfabrikant Ferdinand Johann Heinrich Hartmann setzt in seiner Kammgarnspinnerei die erste Dampfmaschine in Leipzig ein.
■ Friedrich Nies begründet eine Schriftgießerei, die erstmals hieroglyphische Typen herstellt und mit dem Druck ägyptologischer Werke beginnt.

1832 ■ Organisiert durch die Leipziger Oeconomische Societät und den Industrieverein für das Königreich Sachsen findet während der Ostermesse die erste Leipziger Industrieausstellung im Saal des Kramerhauses statt.
■ Die Bevölkerung Leipzigs begrüßt die Polenflüchtlinge; viele von ihnen finden in Bürgerfamilien Aufnahme.
■ Wiedereröffnung des Leipziger Theaters als Privatunternehmen unter der Direktion von Friedrich Sebald Ringelhardt mit Goethes „Egmont" (15. 8.).
■ Gründung des Gustav-Adolf-Vereins durch den Superintendenten Christian Gottlob Leberecht Großmann (6. 11.).

1833 ■ Friedrich List wirbt in einer Denkschrift für den Bau einer Eisenbahnlinie von Leipzig nach Dresden.
■ Gründung des Vereins der Buchhändler zu Leipzig.
■ Ernst Gotthelf Gersdorf wird an der Universitätsbibliothek Leipzig als erster hauptamtlich bestellter Bibliothekar Deutschlands angestellt.
■ Eröffnung der vom Stadtrat Moritz Seeburg angeregten Volksgärten auf dem Gelände einer ehemaligen Sandgrube im Johannistal, der ältesten heute noch bestehenden Kleingartenanlage Deutschlands (24. 6.).

List, Friedrich
Wirtschaftstheoretiker
geboren 6.8.1789 Reutlingen
gestorben (Freitod) 30.11.1846 Kufstein
Setzte sich bereits 1817 als Inhaber eines Lehrstuhls für Staatskunde an der Universität Tübingen für die Schaffung eines ausgedehnten Eisenbahnnetzes ein. Wollte damit die junge deutsche Industrie vor der ausländischen Konkurrenz schützen, bis sie aus eigener Kraft den freien Wettbewerb bestehen könne. Entzog sich einer Verurteilung zu Festungshaft wegen „Beschimpfung eines Staatsdieners" durch die Flucht über England in die USA. Dort baute er eine Kohlenbahn. 1833 siedelte er nach Leipzig über, nachdem er zuvor vom amerikanischen Präsidenten Jackson zum amerikanischen Konsul in Leipzig ernannt worden war. Mit seiner 1833 erschienenen Denkschrift „Über ein sächsisches Eisenbahnsystem als Grundlage eines allgemeinen deutschen Eisenbahnsystems und insbesondere über die Anlegung einer Eisenbahn von Leipzig nach Dresden" versuchte er das Leipziger Industriebürgertum für seine weitgesteckten Pläne zu gewinnen. Seine Vorstellungen wurden weitestgehend in die Praxis umgesetzt, obwohl er – da kein sächsischer Staatsbürger – in den entscheidenden Gremien nicht mitarbeiten durfte. Die „Leipzig-Dresdner Eisenbahn-Compagnie" zahlte ihm für sein Projekt 2000 Taler und schob ihn ab.

1834 ■ Leipzig hat 46 294 Einwohner.
■ Beginn der Herausgabe des „Börsenblattes für den Deutschen Buchhandel", dessen erster Redakteur Otto August Schulz wird (3. 1.).
■ Eröffnung der auf den Gemäuern der Moritzbastei errichteten Annenschule, der ersten Bürgerschule Leipzigs.
■ Beginn der Herausgabe der von Robert Schumann und Christian Ludwig Schuncke begründeten „Neuen Zeitschrift für Musik" (3. 4.).
■ Konstituierung des „Leipzig-Dresdner Eisenbahn-Comites", zu dessen Gründungsausschuß u. a. Albert Dufour-Feronce, Gustav Harkort, Karl Lampe und Hans Caspar Hirzel gehören (9. 4.).
■ Eröffnung der auf Veranlassung der „Vertrauten Gesellschaft" gegründeten ersten Kinderbewahranstalt der Stadt in der Dresdner Straße (22. 5.).
■ Einweihung des von Karl Friedrich Schinkel für die Leipziger Schützengilde erbauten Schützenhauses in der Wintergartenstraße (20. 8.).
■ Grundsteinlegung für die Buchhändlerbörse.
■ Aus diesem Anlaß wird u. a. den Verlegern Friedrich Christoph Perthes und Friedrich Johannes Frommann die Ehrenbürgerschaft der Stadt Leipzig verliehen (1. 11.).
■ Der Leipziger Physiologe Ernst Heinrich Weber entdeckt den Zusammenhang von Reiz und Empfindung (sog. Webersches Gesetz).
■ Maximilian Speck von Sternburg errichtet in Lützschena eine neue Brauerei und eine eigene Galerie (einschließlich Kurator).

1835 ■ Uraufführung von Albert Lortzings erster Oper „Die beiden Schützen" im Stadttheater (20. 2.).
■ An der Universität (im Augusteum) entsteht mit dem Physikalischen Cabinet eines der ersten Institute dieses Faches im deutschen Sprachraum mit Hörsaal, Sammlungsräumen und Laboratorium.
■ Erste Generalversammlung der Leipzig-Dresdner Eisenbahn-Compagnie im Saal des Gewandhauses, auf der 20 Ausschußmitglieder gewählt werden (5. 6.), aus deren Reihen zehn Tage später das Direktorium mit Gustav Harkort als Direktor und Wilhelm Crusius als Stellvertreter gebildet wird.
■ Eröffnung des „Café francais" durch Wilhelm Felsche am Augustusplatz (3. 10.).
■ Felix Mendelssohn Bartholdy wird Gewandhauskapellmeister (bis 1847) (Herbst).
■ Im Gewandhaus wird erstmals ein Werk J. S. Bachs gespielt, das Konzert für drei Klaviere und Orchester d-Moll (9. 11.).

Harkort, Gustav
Industrieller
geboren 3.3.1795 Harkorten b. Hagen
gestorben 29.8.1865 Leipzig
Nach kaufmännischer und technischer Ausbildung im väterlichen Betrieb kam er 1820 nach Leipzig und gründete mit seinem Bruder ein Kommissions- und Speditionsgeschäft mit einer englischen Garnhandlung als Hauptzweig. Beteiligte sich 1836 an der Errichtung der Leipziger Kammgarnspinnerei AG, finanzierte den Steinkohlenbergbau in Zwickau und errichtete ein Kohlengeschäft in Leipzig. 1842 begründete er eine Maschinenbauanstalt, die u. a. für Eisenbahngesellschaften und die graphische Industrie produzierte. 1846 trat er der deutschen Gruppe der Suezkanal-Gesellschaft bei. Besondere Verdienste erwarb er sich bei der Entwicklung des Eisenbahnwesens in Mitteldeutschland. Beteiligte sich an der Leipzig-Dresdner-Eisenbahn, begründete 1834 das „Eisenbahn-Comite" unter seinem Vorsitz, das dann die Aktiengesellschaft „Leipzig-Dresdner Eisenbahn-Compagnie" gründete. 1838 war er Mitbegründer der Leipziger Bank, 1856 der Allgemeinen Deutschen Creditanstalt, deren vollziehender Direktor er war. Sie gab der industriellen Entwicklung entscheidende Impulse. Als Kunstmäzen gehörte er zu den Förderern des Leipziger Bildermuseums. Ehrenbürger der Stadt Leipzig (1864).

1836 ■ Daniel Gottlob Moritz Schreber eröffnet eine ärztliche Praxis und verordnet als erster Arzt Deutschlands seinen Patienten Heilgymnastik.
■ Feierliche Einweihung des neuen Gebäu-

des der Buchhändlerbörse in der Ritterstraße (26. 4.).

■ Einweihung des nach den Plänen von Albert Geutebrück erbauten Augusteums, des Universitätshauptgebäudes (3. 8.).

■ Der Rat der Stadt beschließt den Bau einer „Gasbeleuchtungsanstalt" am Gerbertor und beauftragt den Techniker Rudolf Blochmann mit dem Bau und der Leitung des Werkes (6. 8.).

■ Aus der Deutschen Buchhändlerbörse geht die Buchhändler-Lehranstalt hervor.

■ Gründung des Evangelisch-Lutherischen Missionswerkes in Leipzig.

■ Gründung der ersten Leipziger Aktiengesellschaft, der Leipziger Kammgarnspinnerei AG (Dez.).

■ Felix Mendelssohn Bartholdy führt in der Paulinerkirche erstmals sein Oratorium „Paulus" auf.

Mendelssohn Bartholdy, Felix

Komponist und Kapellmeister
geboren 3.2.1809 Hamburg
gestorben 4.11.1847 Leipzig
Kam 1835 aus Berlin nach Leipzig, um die Stelle des Musikdirektors des Gewandhauses anzutreten. Bedeutsam war seine Initiative bei der Entwicklung der Leipziger Gewandhauskonzerte (Kapellmeister 1835-1847) und bei der Gründung des ersten deutschen Konservatoriums 1843 in Leipzig. Die Ausstrahlung seiner Persönlichkeit, seine europäischen Beziehungen und Freundschaften mit den Größen seiner Zeit waren für das Gewandhaus profitabel; er verschaffte dem Gewandhausorchester europäische Geltung. Er förderte das zeitgenössische Musikschaffen (u. a. Robert Schumann), führte als erster Werke von Bach im Gewandhaus auf und machte dessen Musik wieder lebendig. Dafür richtete er „Historische Konzerte" ein. 1843 stiftete er das erste Bach-Denkmal Leipzigs. Ehrendoktor der Universität Leipzig (1836), Ehrenbürger der Stadt Leipzig (1843).

Die 1836 eingeweihte neue Buchhändlerbörse in der Ritterstraße

Eisenbahnpionier Friedrich List (1789–1846), Friedrich-List-Büste im Hauptbahnhof Leipzig

Der am 3. 8. 1836 eingeweihte Universitätsbau Augusteum am Augustplatz

■ Gründung der ersten jüdischen Gemeinde. **1837**

■ Der erste Zug befährt die Teilstrecke Leipzig–Althen der Eisenbahnstrecke Leipzig–Dresden (24. 4.).

■ Beginn der Umgestaltung des Rosentals

vom Barockgarten zum Landschaftspark englischen Stils durch den Kunstgärtner Rudolph Siebeck.

■ Mit dem Kauf einer eigenen Druckerei gibt Anton Philipp Reclam die Leihbibliothek („Literarisches Museum") auf und widmet sich fortan als „Verlag Philipp Reclam jun." nur noch dem Verlagsgeschäft.

■ Herausgabe der „Leipziger Allgemeinen Zeitung" durch Heinrich Brockhaus, die zum Sprachrohr der norddeutschen Liberalen wird (30. 9.).

■ Erste Hauptausstellung des Leipziger Kunstvereins in der Buchhändlerbörse (17. 9.-9. 11.).

■ Uraufführung der Oper „Zar und Zimmermann" von Albert Lortzing, in der der Komponist die Partie des Peter Iwanow selbst gestaltet (22. 12.).

■ Die Königlich-sächsische Regierung ordnet den Bau einer Kaserne auf der Schloßbastei der Pleißenburg an.

Hermann Brockhaus (1804–1874) begann 1837 mit der Herausgabe der „Leipziger Allgemeinen Zeitung".

Am 24. 4. 1837 wurde die 9,2 km lange Teilstrecke der Leipzig-Dresdner Eisenbahn von Leipzig bis Althen eröffnet.

Reclam, Anton Philipp
Buchhändler
geboren 28.6.1807 Leipzig
gestorben 5.1.1896 Leipzig
Der Buchhändlersohn durchlief in Braunschweig eine Buchhändlerlehre. Am 1.4.1828 erwarb er das sogenannte „Literarische Museum für Freunde der Wissenschaften, der Schönen Künste und der Lektüre" in der Grimmaischen Straße in Leipzig, in dem Zeitungen und Zeitschriften auslagen, Bücher ausgeliehen oder gekauft werden konnten. Am 1.10.1828 gründete er den Verlag Philipp Reclam jun. Er gab dann das „Literarische Museum" auf und erwarb 1839 eine eigene Druckerei. Ab 1867 konzentrierte er sich vorrangig auf sein Lebenswerk, die Herausgabe des billigen Buches in einer großen Auflage. Mit der seit dem 10.11.1867 erschienenen „Universal-Bibliothek" (sogenannte Reclam-Hefte) erlangte der Verlag Weltgeltung. Der Preis von nur 20 Pfennigen pro Band bedeutete ein Viertel bis ein Sechzehntel des sonst üblichen. Damit vollbrachte er eine bedeutende verlegerische Leistung, die viele Leserschichten an die Literatur heranführte.

1838

■ Inbetriebnahme der ersten Leipziger Gasanstalt vor dem Gerbertor, mit deren Errichtung Rudolf Sigismund Blochmann 1837 beauftragt worden ist, der dann der Gasanstalt bis 1859 auch als Direktor vorsteht (4. 9.).

■ Gründung der Leipziger Bank, der ersten sächsischen Notenbank auf Aktienbasis, mit einem Kapital von 1 500 000 Talern (5. 9.).

■ Gründung der Königlich Sächsischen Baugewerkeschule, der ersten selbständigen technischen Bildungseinrichtung der Stadt, unter Leitung von Albert Geutebrück in den Räumlichkeiten der Pleißenburg (8. 10.).

■ Einweihung des nach den Plänen von Albert Geutebrück erbauten Hauptpostamtes am Augustusplatz, in dem auch die Kreisdirektion und das Appellationsgericht ihren Sitz finden (14. 10.).

1839

■ Eröffnung der ersten deutschen Fernbahnstrecke von Leipzig nach Dresden: Der erste

Zug fährt von Leipzig nach Dresden (7. 4.), der nächste mit dem sächsischen König von Dresden nach Leipzig (8. 4.); dann Freigabe für den Personen- und Güterverkehr (9. 4.).
■ Ausgangspunkt der Fernbahnstrecke ist der Dresdner Bahnhof, eine vorerst nur von Eichensäulen getragene offene Halle.
■ Als erster Jude erwirbt Salomon Veith das Bürgerrecht der Stadt Leipzig.
■ Die Generalversammlung des „Leipziger Kunstvereins" beschließt die Vereinigung mit dem „Leipziger Verein der Kunstfreunde" zur „Leipziger Kunstverein AG" (30. 11.).
■ Aufnahme aller Vorstädte in den Leipziger Stadtverband.
■ Die burschenschaftliche Bewegung konstituiert sich trotz der Verfolgungen durch die Bundeszentralbehörde neu als „Kochei" (mit Bezug auf den Gastwirt Koch in der Fleischergasse, in dessen Gasthaus die Zusammenkünfte stattfinden) unter geistiger Führung von Robert Blum.

Der Dresdner Bahnhof bildete den Ausgangspunkt für die am 7. 4. 1839 eröffnete erste deutsche Fernbahnlinie. Kupferstich von J. C. Böhme, 1840

1840 ■ Leipzig hat 51 712 Einwohner.
■ Als erste Stadt Deutschlands verwirklicht Leipzig die vollständige Gasbeleuchtung innerhalb seiner Stadtmauern.
■ Der Bibliothekar Robert Naumann und der Verleger Theodor Oswald Weigel begründen die erste bibliothekswissenschaftliche Fachzeitschrift mit dem Titel „Serapeum. Zeitschrift für Bibliothekswissenschaft, Handschriftenkunde und ältere Literatur".
■ Bildung des Leipziger Polizeiamtes.
■ Uraufführung der Oper „Hans Sachs" von Albert Lortzing im Alten Theater (23. 6.).
■ Auf Initiative der Buchhändler veranstaltet die Stadt die 400-Jahrfeier der Erfindung der Buchdruckerkunst durch Gutenberg (24.-26. 6.).
■ Anläßlich der Gutenberg-Feier spricht der Verleger Otto Wigand auf dem Markt vor 40 000 Menschen und fordert die Pressefreiheit.
■ Der Magdeburger Bahnhof wird als zweiter Bahnhof Leipzigs durch die Magdeburg-Leipziger Eisenbahngesellschaft in Betrieb genommen (18. 8.).
■ Clara Wieck und Robert Schumann werden in der Schönefelder Kirche getraut (12. 9.).
■ Die Stadt Leipzig übernimmt das Patronat für das Gewandhausorchester (26. 9.).
■ Beginn der Herausgabe der „Sächsischen Vaterlandsblätter" durch Robert Blum (bis 1845).

Lortzing, Albert
Komponist
geboren 23.10.1801 Berlin
gestorben 21.1.1851 Berlin
Kam am 1.11.1833 von Detmold nach Leipzig und wirkte am Leipziger Stadttheater als Schauspieler, Musiker und Dirigent. In der Kulturgesellschaft „Tunnel" wirkte er als Sänger, Conferencier und Dichter mit. Sein schlagfertiger Witz wurde stadtbekannt. Aus seinen gesellschaftlichen Verbindungen erwuchsen ihm viele wertvolle Freundschaften, vor allem zu Literaten seiner Zeit. Die Leipziger Zeit war der Höhepunkt der Laufbahn des Komponisten der heiter-volkstümlichen Oper. 1835 entstand seine erste komische Oper „Die beiden Schützen", die 1837 vom Leipziger Publikum beifällig aufgenommen wurde. Es folgten „Zar und Zimmermann" (1837), „Caramo oder Das Fischerstechen" (1839), „Hans Sachs" (1840, anläßlich der 400-Jahrfeier der Erfindung der Buchdruckerkunst), „Casanova" (1841), „Der Wildschütz" (1842), „Undine" (1845) und „Der Waffenschmied" (1846).

Säkularfest der Buchdruckerkunst auf dem Leipziger Markt 1840

1841 ■ Der Verleger Johann Jakob Weber initiiert den „Leipziger Zeitungs-Katalog", das erste wissenschaftlich geordnete Presseverzeichnis in Deutschland.
■ Eröffnung des Pferdedroschkenverkehrs in Leipzig mit zehn Halteplätzen, die bis 22.00 Uhr besetzt werden („Reglement für die Fiacres" v. 20. 3.).
■ Mit der Aufführung der Ersten Sinfonie von Robert Schumann fördert Felix Mendelssohn Bartholdy dessen musikalischen Durchbruch (31. 3.).
■ Theodor Fontane beginnt seine Apothekerlehre in der Adler-Apotheke in der Hainstraße 9.
■ Professor Gustav Seyffarth liest an der Universität als erster Allgemeine Religionsgeschichte und führt damit diese Disziplin in Leipzig ein.
■ Moriz Haupt übernimmt die erste Professur für deutsche Sprache und Literatur an der Universität.
■ Das Schillerhaus in der Menckestraße in Gohlis wird als Museum eröffnet (11. 11.).
■ Mit der „Euterpe" wird die erste Schulmusikzeitung herausgegeben (bis 1884).

1842 ■ Herausgabe der vom Demokraten Friedrich Wilhelm Held redigierten politisch-satirischen Wochenzeitung „Leipziger Locomotive" im Verlag Reclam (Jan. – Juni 1843, dann Verbot).
■ Gründung des Lehrstuhls für Mineralogie und Geognosie an der Universität, auf den als erster Professor Karl Friedrich Naumann berufen wird (16. 5.). Gründung des Mineralogischen Museums der Universität.
■ Georg Friedrich Fleischer begründet die Bestellanstalt zur Beschleunigung des Verkehrs zwischen den Leipziger Kommissionsbuchhändlern.
■ Beginn der Herausgabe der „Deutschen Monatsschrift für Literatur und öffentliches Leben" durch Friedrich Karl Biedermann (bis 1845).
■ Gründung des Leipziger Schillervereins, dessen erster Vorsitzender Robert Blum wird (24. 10.).
■ Der Bayrische Bahnhof wird in Betrieb genommen (19. 9.).
■ Als einflußreichstes Organ der liberalen Bourgeoisie erscheint die Wochenzeitschrift „Die Grenzboten".
■ Uraufführung von Albert Lortzings Oper „Der Wildschütz" im Alten Theater (31. 12.).

Der am 19. 9. 1842 in Betrieb genommene Bayrische Bahnhof nach einer Zeichnung von 1899

■ Gründung des Leipziger „Conservatoriums der Musik", des ersten in Deutschland (2. 4.). **1843**
■ Felix Mendelssohn Bartholdy wird Ehrenbürger der Stadt Leipzig (13. 4.).
Einweihung des auf Initiative von Felix Mendelssohn Bartholdy vom Bildhauer Hermann Knaur geschaffenen Bach-Denkmals in den Promenadenanlagen (24. 4.).
Herausgabe der ersten deutschen illustrierten Zeitung, der „Illustrirten Zeitung", durch Johann Jakob Weber (1. 7.).
■ In der Wohnung des Arabisten Heinrich

Leberecht Fleischer in der Nikolaistraße wird der Beschluß zur Schaffung einer Vereinigung von Orientalisten gefaßt (später Deutsche Morgenländische Gesellschaft) (Sept.).

■ Mit der Herausgabe von „Des Kindes erstes Schulbuch“ führt Johann Karl Christian Vogel die Normalwörtermethode in Deutschland ein.

■ Der Verleger Salomon Hirzel verfaßt eine Petition des Leipziger Buchhändlervereins gegen die Preß-Polizei-Verordnung von 1836.

■ Leipzig erhält die Oberpostdirektion für ganz Sachsen (bis 1872).

Fleischer, Friedrich Georg
Buchhändler
geb. 6.4.1794 Leipzig
gest. 22.9.1863 Leipzig
Der Buchhändlersohn übernahm 1819 das Geschäft seines Vaters. Trat als Verleger mit Titelkupfern (in Lieferungen) zu den Werken der deutschen Klassiker sowie Erläuterungen zu deren Werken hervor. Zu einer der bedeutendsten Persönlichkeiten im deutschen Buchhandel wurde er aber erst durch den Ausbau seiner Kommissionsbuchhandlung ab 1846 und durch seine Tätigkeit für die damals entstehende Buchhändlerorganisation. 1833 war er Mitbegründer und bis 1863 Vorsitzender des Vereins der Buchhändler in Leipzig. Wirkte an der Begründung des Börsenblattes für den Deutschen Buchhandel (1834) mit, war als Vorsitzender des Verwaltungsauschusses an der Errichtung der ersten deutschen Buchhändlerbörse in Leipzig beteiligt (1836), schuf die Bestellanstalt zur Beschleunigung des Verkehrs zwischen den Leipziger Kommissionsbuchhändlern (1842) und die erste Buchhändlerlehranstalt in Leipzig (1853).

1844 ■ Karl Erdmann Heine beginnt das versumpfte Gelände an der Pleiße trockenzulegen, aufzuschließen und mit Mietshäusern zu bebauen.

■ Auf einer Anhöhe in Plagwitz wird die Gaststätte „Der alte Felsenkeller“ eröffnet.

■ Fertigstellung des Empfangsgebäudes des Bayrischen Bahnhofes nach den Plänen des Architekten Eduard Pötzsch (19. 9.).

Illustrirte Zeitung
№ 1.] Leipzig. Sonnabend den 1. Juli. [1843

Kopf der ersten Nummer der bei Johann Jakob Weber herausgegebenen „Illustrirten Zeitung“, 1.7. 1843

■ Beschluß über die Gründung einer deutsch- 1845
katholischen Gemeinde (31. 1.), die sich dann konstituiert (12. 2.).

■ Eröffnung der königlichen Posthalterei am Roßplatz.

■ Wilhelm Weber schafft die materiellen Voraussetzungen für die Gründung der Königlich Sächsischen Gesellschaft der Wissenschaften zu Leipzig.

■ Friedrich Gerstäcker verfaßt in Leipzig mit „Die Regulatoren des Arkansas“ seinen ersten bedeutenden Roman.

■ Einweihung des Kugeldenkmals auf der Milchinsel als der ersten Leipziger Erinnerungsstätte an die Völkerschlacht (5. 7.).

■ Gründung des Allgemeinen Turnvereins zu Leipzig (ATV), zu dessen Gründungsmitgliedern u. a. der Orthopäde Daniel Gottlieb Schreber, der Kaufmann Carl Lampe und der Mediziner Karl Ernst Bock gehören (30. 7.).

■ Anläßlich einer Inspektion der Kommunalgarden durch Prinz Johann von Sachsen demonstrieren Leipziger Bürger vor seinem Aufenthaltsquartier, dem Hotel de Prusse am Roßplatz, wegen dessen Begünstigung der Jesuiten. Die Leipziger Garnison verschuldet dabei ein Blutvergießen: acht Demonstranten werden getötet (12. 8.).

■ Carl Lampe läßt neben dem Schützenhaus im Sinne Friedrich Ludwig Jahns einen Turnplatz errichten, auf dem der Turnbetrieb eröffnet wird (24. 8.).

■ Nach dem Vorbild der Societe asiatique in Paris wird mit Sitz in Leipzig die Deutsche Morgenländische Gesellschaft gegründet, zu deren Mitbegründern die Orientalisten Heinrich Leberecht Fleischer und Hermann Brockhaus gehören (2. 10.).
■ Gründung des Redeübungs-Vereins durch Robert Blum und Heinrich Wuttke (Nov.).

Brockhaus, Hermann
Indologe und Iranist
geboren 28.1.1806 Amsterdam
gestorben 5.1.1877 Leipzig
Nach dem Studium der orientalischen Sprachen an den Universitäten Leipzig, Göttingen und Bonn unternahm er zu einem intensiven Studium indischer Handschriften eine wissenschaftliche Reise über Kopenhagen, Paris, London nach Oxford. Ließ sich dann als Privatgelehrter in Dresden nieder. Nach einer Professur in Jena wurde er 1841 als erster ständiger Professor für Sanskrit an die Universität Leipzig berufen. Trat durch die Vielseitigkeit seines Schaffens hervor. 1846 war er bei der Gründung der Sächsischen Gesellschaft der Wissenschaften eines ihrer ersten Mitglieder. Leitete die Erforschung der altindischen Märchenliteratur ein. In 35jähriger Arbeit editierte er aus den Handschriften als erster das 45 000 Verszeilen umfassende altindische „Kathasaritsagara“ (Ozean der Märchenströme) des Sodomera. Schlug noch heute weitgehend gültige Regeln für den Druck sanskritischer Werke mit lateinischen Buchstaben vor. War Mitbegründer der Morgenländischen Gesellschaft (1845) zu Leipzig und auch ihrer Fachzeitschrift. Schuf die Grundlagen für den weltberühmten Ruf der Universität Leipzig als einer erstrangigen Stätte indologischer Forschung. 1872-1873 Rektor der Universität.

1846 ■ Gründung des Leipziger Lehrervereins mit maßgeblicher Initiative des Schuldirektors Johann Karl Christian Vogel (12. 1.).
■ Das 1. Kirchenkonzil der Deutschkatholiken, die die Schaffung einer von Rom unabhängigen deutschen Nationalkirche anstreben, findet in Leipzig statt (23.-26. 3.).
■ Gründung der Königlich Sächsischen Gesellschaft der Wissenschaften zu Leipzig in der Universität auf Initiative des Mathematikers Moritz Wilhelm Drobisch; die lateinische Festrede hält der klassische Philologe Gottfried Herrmann (1. 7.).
■ Gründung des Stenografenvereins „Gabelsberger“, des ersten Vereins der Gabelsberger Schule in Deutschland (30. 7.).
■ Gründung der „Freiwilligen Turner-Feuerwehr“ in Leipzig (bis 1871).
■ Herausgabe des ersten deutschen Theaterlexikons durch Karl Herloßsohn in Leipzig.
■ Einweihung des 316 000 qm großen Neuen Johannisfriedhofes südlich der Hospitalstraße als zweiter städtischer Friedhof (30. 9.).
■ Herausgabe des ersten deutschsprachigen Lehrbuchs des Versicherungswesens durch Ernst Albrecht Masius.
■ Gründung der Lutherstiftung durch Karl Friedrich August Nobbe, Rektor der Nikolaischule, die sich das Ziel setzt, zur Verbreitung der Schriften des Reformators beizutragen.
■ Gründung der „Agronomischen Zeitung“, die ein Jahr später vom Agrarwissenschaftler Wilhelm Philipp Hamm übernommen wird („Dr. Wilhelm Hamm's Agronomische Zeitung“).

■ Lebensmittelunruhen in der Stadt (7. 5.). **1847**
■ Einweihung der Katholischen Peterskirche St. Trinitatis in der Rudolphstraße (19. 9.). Mit der Trinitatisgemeinde wird die erste katholische Gemeinde der nachreformatorischen Zeit in der Stadt begründet.
■ Mit der Übernahme der sächsisch-bayrischen Eisenbahn durch den sächsischen Staat wird der Bayrische Bahnhof zum ersten Staatsbahnhof auf deutschem Boden.
■ Gründung der Israelitischen Religionsgemeinde zu Leipzig.

■ Gründung des Volksbibliothek-Vereins, zu **1848**
dessen Gründungsmitgliedern der Rechtsgelehrte Theodor Hermann Schletter gehört.
■ In einer von Friedrich Karl Biedermann

entworfenen Adresse der Stadtverordneten und des Stadtrates an die Krone werden die Aufhebung der Ausnahmegesetze des Deutschen Bundes und Pressefreiheit gefordert (1. 3.).
■ Eine städtische Deputation mit Bürgermeister Johann Carl Groß an der Spitze reist nach Dresden, um die Adresse vorzutragen; die Mission scheitert (2. 3.).
■ Robert Blum spricht vor 5000 Versammelten und wird zum Vorparlament delegiert (25. 3.).
■ Gründung des Vereins der Dienstmädchen, der ersten Leipziger Frauenberufsorganisation, unter Leitung von Auguste Schrödter im „Pantheon" (Anfang April).
■ Die Liberalen Leipzigs gründen unter Führung von Friedrich Karl Biedermann den Deutschen Verein (6. 4.).
■ Robert Blum wird von den Leipziger Wahlmännern als Abgeordneter Leipzigs zur Frankfurter Nationalversammlung gewählt.
■ Aufruf des Rates zur Wiederherstellung von Ruhe und Ordnung in der Stadt (27. 5.).
■ Der Schriftsteller Gustav Freytag siedelt nach Leipzig über, um die Leitung der Wochenschrift „Die Grenzboten" zu übernehmen.
■ Das Städtische Museum (Kunstsammlung) wird provisorisch im oberen Westflügel der auf der Moritzbastei erbauten I. Bürgerschule eröffnet (10. 11.).

1849 ■ Leipzig hat 62 374 Einwohner.
■ Eröffnung der ersten „Dampfküche" Deutschlands, der „Städtischen Speise-Anstalt" (Jan.).
■ Gründung des Modernen Gesamtgymnasiums Leipzig durch Ernst Hauschild (Ostern).
■ Louise Otto-Peters gibt in Leipzig die erste deutsche „Frauenzeitung für höhere weibliche Interessen" heraus (April).
■ Beschluß des Rates der Stadt und der Stadtverordneten, sich im „Konflikt zwischen Krone und Volk" unter den Schutz der provisorischen deutschen Zentralgewalt zu stellen (6. 5.).
■ Straßenkämpfe in Leipzig. Abbruch der Messe wegen der Unruhen in der Stadt (7. 5.).
■ Eine kleine Gruppe von Arbeitern und Handwerkern erhebt sich und errichtet in der Grimmaischen Straße Barrikaden, um die Behörden zu zwingen, den Volksaufstand in Dresden zu unterstützen. Die Kommunalgarde schlägt diesen Aufstand nieder (6. 5.).
■ Der Pathologe Justus Radius hält an der Universität die ersten Hygiene-Vorlesungen.
■ Inbetriebnahme der ersten sächsischen Staatstelegraphenstation im Magdeburger Bahnhof zu Leipzig (10. 12.).
■ Der Bankier Christian Gottlob Frege vermacht der Stadt testamentarisch 20 000 Taler „zur Erbauung von kleinen Mietwohnungen" („Fregestiftung").

Blum, Robert
Journalist und Politiker
geboren 10.11.1807 Köln
hingerichtet 9.11.1848 Wien

Kam 1832 als „Theatersekretär und Kassierer" an das Leipziger Stadttheater und war dann in Leipzig als Theaterdiener und Publizist tätig. 1839-1842 redigierte er zusammen mit Herloßsohn das Theaterlexikon, dann die „Sächsischen Vaterlandsblätter" und gab das „Staatslexikon für das deutsche Volk" heraus. Unter seiner Leitung feierte man 1840 in Leipzig das erste Schillerfest, 1842 war er Mitbegründer des Leipziger Schillervereins. 1844 stellte er sich in Leipzig an die Spitze der Deutschkatholiken, die für die Schaffung einer deutschen Nationalkirche eintraten. 1845 wurde er Stadtverordneter Leipzigs. Seit 1847 arbeitete er als Verlagsbuchhändler. In den Revolutionsjahren 1848/49 kämpfte er für die bürgerlich-demokratische Neugestaltung Deutschlands. Am 7.5.1848 erfolgte in Leipzig seine Delegierung zur Frankfurter Nationalversammlung, wo er zu den führenden linken Repräsentanten gehörte. Mitte November 1848 beteiligten sich in Leipzig Zehntausende an den Trauerfeierlichkeiten zu seinen Ehren.

Die erste städtische Turnhalle Leipzigs von 1847

Im Januar 1849 wurde die erste „Städtische Speise-Anstalt" Deutschlands in Leipzig eröffnet.

1850 ■ Der Rechtshistoriker Wilhelm Eduard Albrecht entwirft als Wortführer des Akademischen Senats einen Protest im sächsischen Verfassungskonflikt.

■ Mehrere Professoren der Universität, u. a. Theodor Mommsen und Otto Jahn, protestieren gegen die Verfassungsreform und verlieren daraufhin ihre Lehrämter.

■ Uraufführung von Robert Schumanns einziger Oper „Genoveva" im Stadttheater (25. 6.).

■ Der Germanistikprofessor Friedrich Zarncke begründet das „Literarische Zentralblatt für Deutschland".

■ Beginn der Herausgabe der Bach-Gesamtausgabe bei Breitkopf & Härtel.

■ Im Jahr des 100. Todestages Johann Sebastian Bachs wird im Kleinen Saal des Gewandhauses unter dem Vorsitz von Moritz Hauptmann die Leipziger Bach-Gesellschaft gegründet, die sich das Ziel steckt, eine vollständige und kritische Ausgabe der Kompositionen Bachs zu erarbeiten (15. 12.).

■ Ernst Albrecht Masius beginnt mit der Herausgabe der „Rundschau der Versicherungen", der ersten deutschen Versicherungsfachzeitschrift.

Stadt-Theater zu Leipzig.

Dienstag, den 25. Juni 1850.

Mit aufgehobenem Abonnement.

(Zum ersten Male:)

Unter Leitung des Componisten,

Genoveva.

Oper in 4 Akten, nach Tieck und F. Hebbel.

Musik von Dr. Schumann.

Personen:

Hidulfus, Bischof von Trier	Herr Wicke.
Siegfried, Pfalzgraf	Herr Brassin.
Genoveva	Fräul. Mayer.
Golo	Herr Widemann.
Margaretha	Frau Günther-Bachmann.
Drago, Haushofmeister	Herr Salomon.
Balthasar, } Dienerschaft im Schlosse	Herr Stürmer.
Caspar, }	Herr Meissner.
Angelo, }	Fräul. Zeimer II.
Conrad, Siegfried's Edelknecht	Herr Steps.
Ritter, Geistliche, Knappen, Knechte, Landvolk, Erscheinungen.	

Der Text der Gesänge ist an der Casse für 3 Neugroschen zu haben.

Preise der Plätze:

[illegible]

Anfang halb 7 Uhr. Einlaß halb 6 Uhr. Ende nach 9 Uhr.

Nachricht.

[illegible]

Programmzettel zur Uraufführung von Robert Schumanns „Genoveva" am 25. 6. 1850 im Stadttheater Leipzig

■ Maximilian Speck von Sternburg gründet eine landwirtschaftliche Lehranstalt in Lützschena. **1851**

■ Der Börsenverein der Deutschen Buchhändler zu Leipzig gibt eine Denkschrift zum internationalen Urheberrecht heraus.

■ Die Leipziger Ökonomische Sozietät unter Heinrich Wilhelm Leberecht Crusius begründet in Möckern die erste landwirtschaftliche Versuchsanstalt Deutschlands; ihr erster Direktor wird Prof. Emil von Wolff.

■ Einführung der Stadtbriefkästen.

■ Gründung des Typographischen Instituts „Giesecke & Devrient" durch Hermann Giesecke und Alphonse Devrient (heute Wertpapierdruckerei). **1852**

■ Christian Georg Theodor Ruete übernimmt an der Universität das erste Ordinariat für Augenheilkunde in Deutschland.

■ Gründung der Unterhaltungszeitschrift „Die Gartenlaube" durch Ernst Keil (1. 1.). **1853**

■ Das Vermächtnis des Kaufmanns Heinrich Schletter, verbunden mit einer Schenkung von 100 Meisterwerken, verpflichtet die Stadt zur Errichtung eines Bildermuseums.

■ „Tannhäuser“ wird als erste Oper Richard Wagners in seiner Vaterstadt aufgeführt.
■ Julius Blüthner gründet in der Westvorstadt eine Pianofortefabrik (7. 11.).
■ Der Konstrukteur Christian Mansfeld vollendet in Leipzig die erste in Deutschland hergestellte Nähmaschine.
■ Gründung einer höheren weiblichen Gewerbeschule.
■ Alphons Friedrich Dürr begründet einen Verlag, der in der Folge durch seine hervorragende buchbinderische Gestaltung und die Förderung des Holzschnitts bekannt wird.
■ Der Kaufmann Jacob Nachod wird als erster Jude in die Stadtverordnetenversammlung gewählt.

Anzeige der Pianofortefabrik Julius Blüthner, die 1853 gegründet wurde (Anzeige von 1913)

1854 ■ Hermann Heinrich Floß gründet die „Geburtshilfische Gesellschaft“ (1. 4.).
■ Carl Riedel gründet ein gemischtes Gesangsquartett, den „Riedel-Whistling-Verein“, aus dem ein Laienchor zur Pflege alter Kirchenmusik entsteht (ab 1855 „Riedel-Verein“).
■ Wilhelm Horn gibt bei Spanier mit dem „Photographischen Journal“ die erste Fotozeitschrift in deutscher Sprache heraus (bis 1866).
■ Die „Zöllner-Vereine“ werden durch Regierungsverordnung aufgelöst.

1855 ■ Einweihung der Leipziger Synagoge in der Inneren Westvorstadt (10. 9.).

Ostermeßabrechnung 1854 im Saal der Buchhändlerbörse in der Ritterstraße

Die 1855 eingeweihte Leipziger Synagoge

■ Gründung der Allgemeinen Deutschen Credit-Anstalt (ADCA) durch Leipziger Kaufleute mit einem Anfangskapital von 10 Millionen Talern. 1856
■ Wilhelm Eduard Drugulin gründet das antiquarische Kunstgeschäft „Leipziger Kunstkomptoir“.
■ Aufhebung der städtischen Gerichtsbarkeit.
■ Eröffnung des Königlichen Bezirksgerichtes (9. 10.).
■ Der Theologe Albert Liebner begründet das Leipziger Predigerkolleg St. Pauli.

■ Der Thüringer Bahnhof auf dem Gelände der einstigen Gerberwiese wird dem Verkehr übergeben (11. 7.). 1857
■ Wilhelm His beginnt mit der Herausgabe der „Zeitschrift für Anatomie und Entwicklungsgeschichte“.
■ Mit dem „Verein ehrenvoll verabschiedeter

Militärs“ wird der erste Militärverein Leipzigs gegründet (19. 11.).

Der 1856 auf Initiative von Karl Erdmann Heine in Angriff genommene Kanal in Plagwitz (später als Karl-Heine-Kanal bezeichnet)

Der 1857 eröffnete Thüringer Bahnhof; Lithografie von A. Werl, um 1860

Heine, Karl Erdmann
Rechtsanwalt und Unternehmer
geboren 10.1.1819 Leipzig
gestorben 25.8.1888 Leipzig
Studierte nach dem Besuch der Thomasschule an der Universität Leipzig Rechtswissenschaft und Volkswirtschaft und arbeitete ab 1843 als Rechtsanwalt. Widmete sich aber sehr bald nur noch der unternehmerischen Tätigkeit. Erkannte die Bedeutung des Leipziger Westens als Standort für eine künftige Industrie und wurde zum Initiator eines Elster und Saale verbindenden Kanals. Ließ ab 1844 den Leipziger Westen trockenlegen und für die öffentliche Bebauung erschließen. 1860 initiierte er in Plagwitz den Wirtschaftshof „Ökonomie“. Kurz vor seinem Tode gründete er 1888 die Leipziger Westend-Baugesellschaft und schuf damit ein Unternehmen zur weiteren baulichen und verkehrstechnischen Erschließung der westlichen Vororte Leipzigs.

Der Unternehmer Karl Erdmann Heine (1819–1888)

1858 ■ Leipzig hat 74 209 Einwohner.
■ Gründung der „Landwirtschaftlichen Ökonomie“ an der Zschocherschen Straße durch Karl Heine, die umfangreiche Viehställe, Getreidespeicher, einen Geflügelhof, eine Brennerei, Schmiede und Ziegelei umfaßt.
■ Gründung des Leipziger Künstler-Vereins (10. 11.).
■ Eröffnung des Städtischen Museums (Bildermuseum) am Augustusplatz (18. 12.).
■ Der Physiologe Johann Nepomuk Czermak macht den von einem spanischen Gesangslehrer erfundenen Kehlkopfspiegel vom Sonnenlicht unabhängig und bringt ihn für die Behandlung von Kehlkopfkrankheiten zum Einsatz.

1859 ■ Inbetriebnahme des Berliner Bahnhofes durch die Berlin-Anhaltinische Eisenbahn (1. 2.).
■ Gründung des Allgemeinen Deutschen Musikvereins auf der Tonkünstlerversammlung in Leipzig. Erster Präsident wird der Leipziger Musikschriftsteller Karl Franz Brendel (3. 6.).
■ Die Maschinenfabrik Karl Krause beginnt mit dem Export von polygraphischen Maschinen (Schneidemaschinen).

■ Das Peterstor wird als letztes der einstigen vier Stadttore wegen Funktionslosigkeit abgerissen.
■ Ludwig Würkert beginnt als Wirt im Hotel de Saxe in der Klostergasse, eine „Restauration für Volksbildung, Volksveredlung und Volksermutigung“ zu betreiben.
■ Der Mediziner Carl Reinhold August Wunderlich führt die Fieberkurve und die Aufzeichnung der Krankengeschichte ein.

1860 ■ Der Druckereibesitzer Guido Reusche gründet die Zeitung „Leipziger Nachrichten“.
■ Beginn der Errichtung von Marksteinen auf den einstigen Stätten der Völkerschlacht („Apelsteine“) durch Guido Theodor Apel (bis 1864).
■ Der Direktor der Landwirtschaftlichen Versuchsanstalt Möckern, Wilhelm von Knop, begründet den „Pflanzenbau ohne natürliche Erde“.
■ Der Unternehmer Heuer eröffnet einen Pferdeomnibusbetrieb vom Naschmarkt nach Reudnitz und Plagwitz (23. 7.).
■ Als Konkurrenzunternehmen wird der „Fiacre-Omnibus-Verein“ gegründet, der Verbindungen zwischen Lindenau und Reudnitz sowie Eutritzsch und Connewitz unterhält (Dez.).

Einer der ab 1860 von Guido Theodor Apel errichteten Gedenksteine an Stätten der Völkerschlacht: Apelstein 25 Möckern, 1863 errichtet

Eröffnung der Omnibusfahrten
auf der Linie
Plagwitz, Lindenau, Leipzig, Reudnitz
Sonntag den 12. August a. c.
Stationen für den Omnibus.
Centralstation Leipzig: Einmündung des Neumarktes in die Grimma'sche Straße.
Endstation Reudnitz: Grüne Schenke.
Endstation Plagwitz: Brunnenplatz in der Leipziger Allee.
Weg der Omnibusfahrt von der Endstation Plagwitz bis zur Endstation Reudnitz
hin und zurück.
Endstation Plagwitz, Lindenau, Kuhthurm, West-Promenaden-, Elster- und Centralstraße, Thomaskirchhof, Thomasgäßchen, Markt, Naschmarkt, Centralstation am Neumarkt, Grimma'sche u. Dresdner Straße, Dresdner Thor, Kleiner Kuchengarten, Grüne Schenke als Endstation Reudnitz.
Die Wegstrecke von einer Station zur andern gilt als eine Tour. Jede Person, welche am Stationsplatz oder auf einer Zwischenstation … entrichtet 15 Pfennige als Fahrgeld bis zur nächsten Station, gleichviel an welcher Stelle zwischen 2 Stationen das Ein- oder Aussteigen erfolgt.
Für die nächste Zeit gilt folgender:
Fahr-Plan.
Abfahrt täglich
von Leipzig nach Reudnitz Vormittags 7, 9, 11, Nachmittags 1, 3, 5, 7, 9 Uhr (ungerade Zahlen),
von Leipzig nach Plagwitz Vormittags 8, 10, 12, Nachmittags 2, 4, 6, 8 Uhr (gerade Zahlen),
von Plagwitz nach Leipzig Vormittags 6½, 8½, 10½, Nachmittags 12½, 2½, 4½, 6½, 8½ Uhr (gerade Zahlen + ½),
von Reudnitz nach Leipzig Vormittags 7½, 9½, 11½, Nachmittags 1½, 3½, 5½, 7½, 9½ Uhr (ungerade Zahlen + ½).
Leipzig, den 10. August 1860
Die Omnibus-Gesellschaft Heuer.

Anschlag anläßlich der Eröffnung des Pferdeomnibusbetriebes in Leipzig am 23. 7. 1860

■ Leipzig zählt 90 967 Einwohner. **1861**
■ Erstes Erscheinen eines städtischen Amtsblattes („Leipziger Tageblatt und Anzeiger“) (1. 1.).
■ Gründung des Gewerblichen Bildungsvereins, dessen Vorsitzender der Architekt Oscar Mothes wird (19. 2.).
■ Der Gewerbliche Bildungsverein eröffnet eine Bibliothek, die viele Jahre von August Bebel geleitet wird (April).
■ Beendigung der Tätigkeit der Heuwaage.
■ Einweihung des nach einem Entwurf des Stadtbaudirektors Albert Geutebrück errichteten Königlichen Palais an der Ecke Ritterstraße/Goethestraße für die Leipzig-Aufenthalte des sächsischen Königs.
■ Beginn der laufenden Produktion der handwerksmäßig hergestellten Nähmaschinen in der Firma Christian Mansfeld in Leipzig-Reudnitz.
■ Umbau der Alten Waage am Markt, wobei der vorgelagerte Treppenturm entfernt wird.
■ Gründung einer Niederlassung des Kolpingwerkes.
■ Fertigstellung des im Auftrage des Bankiers Wilhelm Seyffert vom Landschaftsgestalter Peter Joseph Lenne geschaffenen Johannaparks .
■ Konstituierung des „Zöllnerbundes“ in der Großen Funkenburg, in dem sich dutzende Gesangsvereine und -quartette zusammenschließen.
■ Verlegung der „Landwirtschaftlichen Lehr-

anstalt“ von Lützschena (dort 1851 gegründet) nach Plagwitz.
■ Gründung der „Mitteldeutschen Volkszeitung“ durch Louise Otto-Peters und August Peters (bis 1864) (Sept.).
■ Offizielle Eröffnung der Sternwarte im Johannisthal mit Karl Christian Bruhns als erstem Direktor (8. 11.).

1862 ■ Nach Außerkraftsetzung der zunftmäßigen Privilegien aufgrund der Einführung einer neuen Gewerbeordnung in Sachsen hört die Leipziger Ratsmusik auf zu bestehen (Jan.).
■ Einrichtung eines Lehrstuhls für Pädagogik an der Universität unter Leitung von Wilhelm Hermann Masius.
■ Einrichtung eines Lehrstuhls für Romanistik an der Universität unter Leitung von Adolf Ebert.
■ Universitätsprofessor Carl Christian Bruhns beginnt im Auftrage des sächsischen Innenministeriums mit der Organisierung eines zusammenfassenden Netzes meteorologischer Beobachtungsstationen im Königreich Sachsen.
■ Anton Philipp Reclam eröffnet ein eigenes Haus für Verlag und Druckerei in der Dörrienstraße 4.
■ Konstituierung der Handels- und Gewerbekammer Leipzig (2. 6.).
■ Erste verfassungsmäßige Sitzung der Gewerbekammer Leipzig (2. 8.).
■ Theodor Thorer gründet eine Rauchwarengroßhandlung, die sich zu einem Weltunternehmen entwickelt.
■ Der Leipziger Buchhändler Gustav Wuttig gibt das erste deutsche Briefmarkenalbum heraus.

1863 ■ Gründung der ersten deutschen Turngerätefabrik durch Oswald Faber in Paunsdorf.
■ Gründung des Leipziger Rennclubs – des vierten deutschen Pferdevereins – im Reißeschen Lokal in der Kleinen Fleischergasse 5 (7. 5.).
■ Rudolf Sack beginnt auf dem Gelände der Dambacherschen Eisengießerei in der Alten Straße in Plagwitz mit der Produktion von Ackerpflügen (Mai).
■ Gründung des Allgemeinen Deutschen Arbeitervereins (ADAV) unter der Präsidentschaft von Ferdinand Lassalle im „Pantheon“ in der Dresdner Straße. Die konstituierende Versammlung steht unter der Leitung von Carl Julius Vahlteich, der sich um die Schaffung einer Massenbasis bemüht und gegen autoritäre Leitungsmethoden auftritt (23. 5.).
■ III. Deutsches Turnfest in Leipzig, das bisher größte Turnfest mit 20 000 Teilnehmern (2.-4. 8.).
■ Erster Pferderenntag auf dem Heineschen Postgute nahe Schönau (13. 9.).
■ Der Germanist Rudolf Hildebrand übernimmt nach dem Tode Jacob Grimms die Herausgabe des „Deutschen Wörterbuches“.
■ Gründung einer deutschen „Astronomischen Gesellschaft“ in Heidelberg mit Sitz in Leipzig (28. 8.). Zu den Mitbegründern gehören die Leipziger Astronomen Karl Christian Bruhns, Rudolf Engelmann und Karl Friedrich Zöllner.

Ferdinand Lassalle (1825–1864). Unter seiner Präsidentschaft wurde am 23. 5. 1863 im „Pantheon“ Leipzig der Allgemeine Deutsche Arbeiterverein gegründet.

1864 ■ Wegen Unwirtschaftlichkeit wird der Holztransport auf dem Floßgraben eingestellt.

■ Eröffnung des zweiten jüdischen Friedhofes in Leipzig in der Berliner Straße (2. 3.).
■ Auf einer Elternversammlung im „Odeon" regt der Direktor der A. Bürgerschule, Dr. Ernst Innocenc Hauschild, die Schaffung des „Schrebervereins", d. h. die Anlage von Kinderspielplätzen an (10. 5.).
■ Einweihung des ersten Abschnittes des Karl-Heine-Kanals (25. 6.).
■ Der Orientalist Julius Fürst wird als erster jüdischer Hochschullehrer an der Universität Leipzig zum Professor ernannt.
■ Das Bibliographische Institut beginnt mit der erstmaligen Veröffentlichung von „Brehms Illustriertem Tierleben" von Alfred Brehm (bis 1869).

Festfeier anläßlich des III. deutschen Turnfestes 1863 auf dem Markt

1865 ■ In der Wohnung von Adolph Roßmäßler treffen sich Frauen zur Bildung des Frauenfortbildungsvereins Leipzig, unter ihnen Louise Otto-Peters, Auguste Schmidt und Ottilie von Steyber (24. 2.).
■ Im Städtischen Waisenhaus wird die Biener-Becker'sche Blinden-Anstalt, basierend auf den Stiftungen des Privatgelehrten Gottfried Wilhelm Becker und des Justizrates Friedrich August Biener, eröffnet (ab 1869 in der Salomonstr. 21).
■ Der Gewerbliche Bildungsverein und der Arbeiterverein „Vorwärts" schließen sich unter der Leitung von August Bebel zum Arbeiter-Bildungsverein zusammen.
■ Einweihung des „Schreberplatzes" als Spielplatz auf einer vom Rat der Stadt dem Schreberverein verpachteten Wiese in der Leipziger Westvorstadt (in der Gegend der heutigen Lutherkirche am Johannapark) (25. 5.).
■ Erstmalige Durchführung einer Hochwasserregulierung an der Pleiße.
■ Gründung des Allgemeinen Deutschen Frauenvereins auf dem 1. Deutschen Frauenkongreß im Leipziger Schützenhaus (16. 10.).
■ Gründung des Allgemeinen Deutschen Zigarettenarbeiter-Verbandes als erster gesamtnationaler Berufsgenossenschaft durch Friedrich Wilhelm Fritzsche im „Pantheon" (25 .-26. 1 2.).

Die Schriftstellerin Louise Otto-Peters, Mitbegründerin des Allgemeinen Deutschen Frauenvereins

■ Erster Vereinstag der deutschen Buchdrucker im Schützenhaus, der mit der Gründung des Verbandes Deutscher Buchdrucker abgeschlossen wird (20.-22. 5.). 1866
■ Daniel Gottlob Moritz Schreber veröffentlicht den Artikel „Die Jugendspiele in ihrer gesundheitlichen und pädagogischen Bedeutung", ein erstes Plädoyer für das Anlegen von städtischen Kinderspielplätzen.
■ Friedrich Nietzsche – seit 1865 Philoso-

phiestudent an der Universität – hält im Philologischen Verein seinen ersten öffentlichen Vortrag.

■ Nach der Kriegserklärung Preußens an Sachsen (15. 6.) besetzen preußische Truppen im Krieg gegen Österreich und das mit diesem verbündeten Sachsen den Bayrischen Bahnhof; der Bahnbetrieb kommt zum Erliegen (19. 6 .).

■ Durch das Dresdner Tor rückt das 2. Bataillon des 4. Preußischen Garderegiments in die Stadt ein, bezieht die Pleißenburg und besetzt das Postamt, das Telegraphenbüro und alle Wachen.

■ Eine Choleraepidemie fordert in Leipzig 475 Todesopfer (29. 6.-4. 9.).

■ Gründung der Bootsgesellschaft „Germania von 1866“ – Beginn des sportlichen Ruderns in Leipzig.

■ Karl Friedrich Zöllner tritt an der Universität die weltweit erste Professur für Astrophysik an.

■ Der Verlag E. A. Seemann gibt mit der „Zeitschrift für bildende Kunst“ die erste deutsche Kunstzeitschrift heraus.

■ Professor Salomon Jadassohn vom Konservatorium begründet einen Synagogalchor.

1867 ■ Bau einer 30 m breiten Flutrinne durch das Connewitzer Holz, um damit die jährlichen Frühjahrshochwasser der Pleiße aufzufangen.

■ Auf „Schimmels Wiese“ unterhalb des Pleiße-Flutbettes wird vom Leipziger Rennclub die erste Rennbahn (am Scheibenholz) angelegt.

■ Das Statistische Amt der Stadt nimmt seine Tätigkeit auf (1. 10.).

■ Max Abraham richtet die „Edition Peters“ ein, die Klassikerausgaben der Musik in hohen Auflagen zu niedrigen Preisen herausgibt (9. 11.).

■ Mit Goethes „Faust“ für zwei Silbergroschen erscheint das erste Taschenbuch in Reclams Universalbibliothek (10. 11.).

■ Gründung des Vereins für Geschichte der Stadt Leipzig durch den Architekten Oscar Mothes (17. 12.).

■ Der Landmaschinenbaufabrikant Rudolf Sack errichtet eigene Fabrikationsstätten in der Albertstraße (heute Karl-Heine-Straße 95).

■ Der Philologe Georg Curtius begründet an der Universität die „Grammatische Gesellschaft“.

■ Zum Jahresende ziehen die noch in der Stadt verbliebenen preußischen Truppen ab.

Schreber, Daniel Gottlob Moritz
Orthopäde und Pädagoge
geboren 15.10.1808 Leipzig
gestorben 10.1.1861 Leipzig
Studierte nach dem Besuch der Thomasschule 1826-1833 an der Universität Leipzig Medizin. 1836 eröffnete er in Leipzig eine eigene Praxis und übernahm 1844 die orthopädische Heilanstalt Leipzig, die er bis 1859 persönlich leitete. War der erste Arzt in Deutschland, der seinen Patienten Heilgymnastik verordnete. Er reformierte die Leibesübungen und die Heilgymnastik (Begründer der Kinderorthopädie) und verfaßte dazu die Schrift „Ärztliche Zimmergymnastik oder System der ohne Geräte und Beistand überall durchführbaren heilgymnastischen Freiübungen“. Förderte die Errichtung öffentlicher Kinderspielplätze für die Großstadtjugend und setzte sich für die „harmonische Vereinigung der leiblichen und geistigen Natur“ des Menschen ein. 1845 Mitbegründer des Allgemeinen Leipziger Turnvereins. Sein Freund Dr. Hauschild setzte seine Vorstellungen in die Tat um und gründete 1864 einen Verein, der einen Spielplatz für Kinder schaffen sollte.

1868 ■ Herausgabe des „Demokratischen Wochenblattes“ durch August Bebel und Wilhelm Liebknecht (4. 1.).

■ Eröffnung des nach den Plänen des Architekten Carl Ferdinand Langhans erbauten Neuen Theaters am Augustusplatz mit einer Aufführung von Goethes „Iphigenie auf Tauris“ (28. 2.).

■ Die Firma Christian Mansfeld nimmt den Bau von Spezialmaschinen für die lederverarbeitende Industrie auf.

■ Der Oberlehrer Karl Gesell wartet mit der

Idee auf, am Rande des Schreberplatzes Beete anzulegen, damit sich die Kinder bei der Gartenarbeit körperlich ertüchtigen können.

■ Einweihung des Schützenhofes im Gotschkeholz (18. 10.).

■ Gründung der Musikzeitschrift „Tonhalle“ durch den Musikwissenschaftler Oskar Paul.

■ Der Ingenieur Philipp Swiderski baut als erster in Deutschland eine Farbdruckschnellpresse.

Sack, Christian Rudolph
Landmaschinenbauer
geboren 7.12.1824 Klein-Schkorlopp b. Lützen
gestorben 24.6.1900 Leipzig
Wuchs auf dem elterlichen Bauernhof in Loben auf, nahm in Leipzig Unterricht bei einem Landvermesser und arbeitete ab 1842 auf verschiedenen Gutsbetrieben als Verwalter. Kehrte 1847 auf die Wirtschaft seiner Eltern zurück, wo er 1850 den ersten brauchbaren eisernen Pflug in Deutschland, den sogenannten „Löbener Pflug“, konstruierte (1850). Konstruierte in der Folgezeit weitere Pflugformen, Drill- und Hackmaschinen. 1863 zog er nach Plagwitz und begründete eine Landmaschinenfabrik. Seine Neukonstruktionen prüfte er stets in enger Verbindung zur Praxis auf einer 1878 geschaffenen Versuchsstation in Kleinzschocher. 1891 zog er sich von der Geschäftsführung der Fabrik zurück und widmete sich ausschließlich technischen Problemen und Experimenten.

2 Silbergr. 7 Kr. rhein.
Universal-Bibliothek
1
Faust.
Eine Tragödie
von
Goethe.
Erster Theil.
Leipzig
Verlag von Philipp Reclam jun.

Mit der Herausgabe von Goethes „Faust“ eröffnete der Reclam-Verlag 1867 seine „Universal-Bibliothek“.

Das am 28. 2. 1868 eingeweihte Neue Theater am Augustusplatz; Gemälde von Alexander Schlick

Der sozialdemokratische Arbeiterführer Wilhelm Liebknecht (1826–1900)

■ Der von Carl Reinecke gegründete Gewandhauschor wirkt bei der Aufführung von Brahms' „Deutschem Requiem“ erstmalig in einem Gewandhauskonzert mit. 1869

■ Carl Friedrich Wilhelm Ludwig eröffnet an der Universität die „Physiologische Anstalt“, die sich zum bedeutendsten physiologischen Institut des 19. Jahrhunderts entwickelt.

■ Eröffnung des ersten „unbedeckten“ Freiluft-Damenschwimmbades Deutschlands im Bereich des Schreberbades (16. 5.).

■ Julius Motteler gründet die „Internationale Gewerkschaftsorganisation der Manufaktur-, Fabrik- und Handarbeiter beiderlei Geschlechts“, die erste Fabrikarbeitergewerkschaft in Deutschland.

■ Der Allgemeine Deutsche Musikverein führt

in Leipzig den Ersten Musikertag mit Veranstaltungen im Gewandhaus, in der Thomas- und der Nikolaikirche durch (10.-12. 7.).

■ Carl Berendt Lorck beginnt mit der Herausgabe der „Annalen der Typographie“, in denen er für die Erneuerung des Buchdrucks eintritt.

■ Erste Herausgabe des „Volksstaats“ als Zentralorgan der Sozialdemokratischen Arbeiterpartei unter Leitung von Wilhelm Liebknecht.

■ Gründung des Museums für Völkerkunde zu Leipzig, in dem sich namhafte Bürger mit einem Spendenaufruf an die Öffentlichkeit wenden (24. 11.).

■ Gründung der „Allgemeinen Evangelisch-Lutherischen Kirchenzeitung“ durch den Universitätsprofessor Ernst Luthard.

■ Das Hochflutbett der Pleiße bei Connewitz wird vollendet.

Ludwig, Carl Friedrich Wilhelm
Physiologe
geboren 29.12.1816 Witzenhausen/Hessen
gestorben 23.4.1895 Leipzig
Studierte 1834-1840 Medizin und war u. a. 1840 Mitarbeiter Bunsens in Marburg. Nach Professorentätigkeit an den Universitäten Marburg, Zürich und Wien wurde er 1865 Ordinarius für Physiologie an der Universität Leipzig. Mit ihm erlebte die Leipziger Universität einen weit über den engen Bereich des Faches Physiologie hinausgehenden Aufschwung der naturwissenschaftlichen Forschungs- und Lehrtätigkeit. Er wurde zum Begründer der modernen experimentellen Physiologie. 1869 eröffnete er an der Universität die „Physiologische Anstalt“, die sich zum bedeutendsten physiologischen Institut des 19. Jahrhunderts entwickelte. Erforschte die entscheidende Möglichkeit der Registrierung zeitveränderlicher Größen (Blutdruckschwankungen) durch die Erfindung des Kymographions, konstruierte für quantitative Bestimmungen im Kreislauf die Stromuhr (1867). Erklärte wesentliche Vorgänge beim Atemgasaustausch und galt als Verfechter einer guten Narkose im Tierexperiment. Verfaßte einen „Leitfaden der Physiologie des Menschen“. Ehrenbürger der Stadt Leipzig (1890).

1870

■ Auflösung der Kommunalgarde (3. 3.).

■ Eröffnung des Stadtkrankenhauses Leipzig mit rund 350 Betten.

■ Auf Betreiben der Handelskammer wird zur Realisierung einer Kanalverbindung für Leipzig ein Kanalausschuß gegründet (Juni).

■ Einrichtung eines Lehrstuhls für Ägyptologie an der Universität, auf den Georg Moritz Ebers berufen wird.

■ Der Konstrukteur und Fabrikant Karl Krause erwirbt in Crottendorf ein Grundstück für den Bau einer Fabrik (Papierschneide- und Buchbindereimaschinen).

■ Erstes Erscheinen des „Musikalischen Wochenblattes“, das sich engagiert für die „Norddeutsche Schule“, besonders für Richard Wagner, einsetzt, durch Ernst Wilhelm Fritzsch (April).

■ Im ersten Halbjahr überschreitet die Stadt Leipzig mit 101 272 Einwohnern die Schwelle zur Großstadt (1. 7.).

■ Gründung des Lehrstuhls für Slawistik an der Universität (nach Breslau der zweite in Deutschland); August Leskien erhält die erste Professur.

1871

■ Willmar Schwabe gründet die Firma „Homöopathische Central Officin Dr. Willmar Schwabe Leipzig“ (17. 2.).

■ Eröffnung der ersten Theaterschule Leipzigs unter Leitung von Hermann Zopff (16. 4.).

■ Der Theologieprofessor Franz Delitzsch initiiert den „Evangelisch-Lutherischen Centralverein für Mission unter Israel“.

■ Gründung der Comeniusstiftung unter Leitung von Julius Beeger durch den Leipziger Lehrerverein, die sich als pädagogische Zentralbibliothek zur größten fachpädagogischen Bücherei Europas entwickelt (15. 11.).

■ Gründung der Firma Mey & Edlich in der Nonnenstraße in Plagwitz (Produktion von Papierkragen und -manschetten).

■ Eröffnung des „Städtischen Krankenhauses zu St. Jacob“ – des ersten Krankenhauses Europas im Barackensystem –, dessen Bau auf Anregung der Professoren Karl Reinhold

August Wunderlich und Karl Thiersch erfolgte.

■ An der Universität wird eine Professur für Geographie eingerichtet, die Oscar Peschel übernimmt, der dann die naturwissenschaftliche Forschungsrichtung der Geographie an der Universität begründet.

■ Der Leipziger Geologe Karl Hermann Credner beginnt mit der ersten geologischen Spezialkartierung Sachsens.

■ Gründung des Pathologischen Instituts der Universität durch Ernst Leberecht Wagner.

■ Erstmals werden Frauen als Hörerinnen an der Universität zugelassen.

■ Henriette Goldschmidt gründet unter dem Eindruck der Ideen Fröbels den „Verein für Familien- und Volkserziehung" mit anfangs 150 Mitgliedern (10. 12.).

Die 1871 gegründete Firma Mey & Edlich, die 1886 den ersten deutschen Versandkatalog herausgab.

1872 ■ Gründung der Leipziger Wollkämmerei AG in Mockau (2. 3.).

■ Reinhard Senf eröffnet in der Frankfurter Straße die erste deutsche Briefmarkenhandlung (22. 3.).

■ August Bebel und Wilhelm Liebknecht werden im Leipziger Hochverratsprozeß wegen ihres Auftretens gegen den Deutsch-Französischen Krieg 1870/71 zu zwei Jahren Festungshaft verurteilt (26. 3.).

■ Gründung der Leipziger Immobiliengesellschaft auf Initiative von Rudolf Wachsmuth (April).

■ Inbetriebnahme des ersten Depots der „Leipziger Pferde-Aktiengesellschaft" in Reudnitz (18. 5.).

■ Eröffnung der ersten Pferde-Eisenbahnstrecken, der Linien Promenadenring, Reudnitz/Anger und Connewitz (18. 5.).

■ Einweihung des nach den Plänen des Architekten Johann Wilhelm Constantin Lipsius erbauten neuen Johannishospitals (6. 7.).

■ Henriette Goldschmidt gründet ein Seminar für Kindergärtnerinnen und zusammen mit dem „Verein für Familien- und Volkserziehung" den ersten Volkskindergarten in der Querstraße 20.

Goldschmidt, Henriette
Pädagogin
geboren 23.11.1825 Krotoschin/Posen
gestorben 30.1.1920 Leipzig
Siedelte 1858 von Warschau nach Leipzig. Ihre dortige Begegnung mit Louise Otto-Peters und Auguste Schmidt regte sie zu eigenen Studien über die rechtliche Stellung der Frauen in den Kulturländern an. Sie empfand es als unwürdig, daß Frauen vom öffentlichen Leben ausgeschlossen wurden und forderte ihre soziale und politische Mitarbeit. 1865 war sie Mitbegründerin des Allgemeinen Deutschen Frauenvereins, 1872 gründete sie ein Seminar für Kindergärtnerinnen, aus dem 1878 das Lyzeum als Fortbildungs- und Berufsschule hervorging. 1911 war sie Begründerin der „Hochschule für Frauen", des späteren „Sozialpädagogischen Frauenseminars", das aus einer Wohlfahrts-, einer Kinderpflegerinnen-, einer Fröbelfrauen- und einer Ausbildungsstätte für Jugendleiterinnen bestand. Sie verfaßte „Ideen über weibliche Erziehung" (1882).

Die Pädagogin Henriette Goldschmidt (1825–1920)

1873 ■ Mit der Stecknerpassage (Petersstraße/Thomasgasse) entsteht nach den Plänen von Friedrich Otto Jummel die erste Leipziger Passage.
■ Der Germanist Friedrich Zarncke begründet an der Universität das Deutsche Seminar.
■ Bürgermeister Karl Wilhelm Koch wird Ehrenbürger Leipzigs (13. 5.).

Koch, Karl Wilhelm Otto
Bürgermeister
geboren 3.5.1810 Grassdorf b. Taucha
gestorben 14.8.1876 Connewitz b. Leipzig
Studierte nach dem Besuch der Nikolaischule 1829-1832 an der Universität Leipzig Rechtswissenschaften und begann 1840 in Leipzig eine freiberufliche Anwaltstätigkeit. Wurde 1844 Stadtverordneter Leipzigs (Nationalliberale Partei), 1848 Vizebürgermeister und Abgeordneter im Frankfurter Parlament. Unterstützte die Forderungen nach Aufhebung der Ausnahmegesetze und der Preßzensur sowie nach Einberufung eines gesamtdeutschen Parlaments. 1849-1876 Bürgermeister Leipzigs. In seine Amtsperiode fielen u. a. der Bau des Bildermuseums, des Neuen Theaters und des Krankenhauses St. Jacob, der Bau zahlreicher Schulen und der Bau des Karl-Heine-Kanals. Seine besondere Fürsorge galt der Sanierung der Stadtfinanzen. Bis 1858 gelang es ihm, die Schulden der Stadt zu tilgen und bis dahin belastende Bürgerabgaben aufzuheben. Ehrenbürger der Stadt Leipzig (1873).

Das 1873 erbaute Haus Petersstraße 2 mit der Stecknerpassage

1874 ■ Carl Andreas Weichelt wird Teilhaber der Meierschen Eisengießerei, die sich als Firma Meier & Weichelt zu einer der modernsten Tempergießereien Deutschlands entwickelt.
■ Dem Universitätsprofessor Hermann Kolbe gelingt die erste synthetische Produktion von Salizylsäure.
■ Offizielle Eröffnung des Museums für Völkerkunde in den Räumen des Johannishospitals (7. 6.).
■ Eröffnung des Leipziger Schauspielhauses als „Carl-Theater" in der Sophienstraße (heute Shakespearestraße) (11. 10.).
■ Auf Initiative des liberalen Bürgertums wird das Museum des Kunsthandwerks als Muster- und Vorbildsammlung zur Verbesserung der künstlerischen Qualität in Handwerk und Industrie und zur Hebung des allgemeinen Geschmacks durch Kunstgeschichtsprofessor Anton Springer im alten Amtshaus am Thomaskirchhof eröffnet (25. 10.).
■ Der 1873 aus den USA nach Leipzig übergesiedelte Rauchwarenhändler Joseph Ullmann richtet die erste Leipziger Rauchwarenauktion Leipzigs aus, die aber erfolglos bleibt.
■ Bildung der Kreishauptmannschaft Leipzig als staatliche Mittelbehörde in Nordwestsachsen (bis 1943), die von einem Kreishauptmann geleitet wird.

Tuchmesse auf dem Mätthäikirchhof 1884

■ Leipzig zählt 127 287 Einwohner. 1875
■ Gründung des Bach-Vereins Leipzig unter Leitung von Alfred Volkland (31. 1.).
■ Gründung des Leipziger Kunstgewerbevereins.

■ Gründung der Städtischen Gewerbeschule Leipzig mit kunstgewerblichen Fachabteilungen unter Leitung des Akademiedirektors Ludwig Nieper.
■ Eröffnung der Tapiserienmanufaktur und Dampffärberei Tittel & Krüger in der Nonnenstraße in Plagwitz.
■ Auf der Rennbahn am Scheibenholz wird erstmals der Leipziger Stiftungspreis gelaufen (10. 10.).
■ August Förster wird Theaterdirektor in Leipzig (bis 1882) und entwickelt das Alte Theater wieder zur Vollbühne (29. 10.).

1876 ■ Gründung der Orthopädischen Universitätsklinik durch Karl Hermann Schildbach, hervorgegangen aus dem 1829 gegründeten Orthopädischen Institut.
■ Umbenennung der Zeichenakademie in Königliche Kunstakademie und Kunstgewerbeschule.
■ Das Konservatorium erhält die Bezeichnung „Königliches Konservatorium der Musik zu Leipzig".
■ Das Typographische Institut Giesecke & Devrient beginnt mit dem Druck von Banknoten für das Ausland.
■ Gründung des „Vorwärts" als zentrales Parteiorgan der Sozialdemokraten unter der Chefredaktion von Wilhelm Liebknecht und Wilhelm Hasenclever (1. 10.).
■ Der Gastwirt Ernst Pinkert stellt zur Belebung seines Geschäftes im Gelände der Restauration „Zum Pfaffendorfer Hof" erstmals geliehene ausländische Tiere aus.

1877 ■ Gründung des Deutschen Schachbundes, die der Leipziger Verleger und Schachmeister Max Lange durch seine schriftstellerische und organisatorische Tätigkeit entscheidend vorangetrieben hatte.
■ Inbetriebnahme der Maschinenfabrik Karl Krause in Anger-Crottendorf, die mit dem Bau dreiseitiger Beschneidemaschinen beginnt, die zur weiteren Mechanisierung der Buchproduktion beitragen.
■ Gründung des Fröbel-Vereins Leipzig durch Angelika Hartmann.
■ Übergabe des Kasernenkomplexes an der Halleschen Straße an das 7. Infanterieregiment Nr. 106, dessen Hauptgebäude mit 345 m Länge der längste Kasernenbau Europas ist (1. 4.).
■ Gründung des Veterinärinstituts der Universität durch Friedrich Anton Zürn.
■ Gründung der Pelzfirma Julius Ariowitsch.
■ Verabschiedung des Ortsstatuts der Stadt Leipzig, der ersten bürgerlichen Stadtverfassung (20. 12.).

■ Der Konstrukteur Ernst Kirchner gründet in Sellerhausen die „Deutsch-amerikanische Maschinenfabrik Ernst Kirchner & Co.", die mit der Herstellung von Holzbearbeitungsmaschinen beginnt. 1878
■ Der Sinologe Hans Georg von der Gabelentz übernimmt den neu gegründeten Lehrstuhl für ostasiatische Sprachen an der Universität.
■ Auf Beschluß der Stadtverordneten wird in Leipzig offiziell die Amtsbezeichnung „Oberbürgermeister" eingeführt (23. 3.).
■ Eröffnung des Zoologischen Gartens durch den Gastwirt Ernst Pinkert (9. 6.).
■ Abbruch der Barfußmühle.
■ Erstmalige Aufführung von Richard Wagners „Ring der Nibelungen" außerhalb der Bayreuther Festspiele (Frühjahrs- und Herbstmesse).
■ Eröffnung des Leipziger Kunstgewerbemuseums (25. 10.).
■ Gründung des Hygiene-Instituts der Universität durch Franz Hofmann.
■ Mit der Veröffentlichung des Vorlagenwerkes „Moderne Bucheinbände" reagiert der Buchbinder Gustav Fritsche auf Geschmack- und Stillosigkeit; er gewinnt führende zeitgenössische Künstler für sein Werk.
■ Errichtung eines Büros für Wetterprognosen – der ersten deutschen Wetterstation – auf Initiative von Karl Christian Bruhns.

■ Eröffnung des Sächsischen Landgerichtes in der Harkortstraße. 1879

■ Abbruch der Angermühle an der Jacobstraße und Überwölbung des Mühlgrabens.
■ Als erste Leipziger Firma wagt die Königlich-Sächsische Hofbuchbinderei Fritzsche die Anwendung von elektrischer Beleuchtung.
■ Eröffnung der Kunstgewerbeausstellung des Königreiches und der Provinzen Sachsen und Thüringen auf dem Königsplatz (15. 5.).
■ Hermann Traugott Fritzsche errichtet das erste industrielle Versuchslaboratorium für ätherische Öle in Deutschland (ab 1901 in Miltitz).
■ Wilhelm Wundt gründet das erste experimental-physiologische Laboratorium der Welt (Herbst).
■ Das Reichsgericht, höchster Gerichtshof des Deutschen Reiches, wird in der Aula der Universität gegründet (1. 10.) und nimmt seinen Sitz in Leipzig.

Wundt, Wilhelm
Physiologe
geboren 16.8.1832 Neckarau b. Mannheim
gestorben 31.8.1920 Großbothen

Wirkte ursprünglich als Mediziner, u. a. 1858-1863 als Assistent bei Helmholtz in Heidelberg. 1875-1917 Professor für Psychologie und Philosophie an der Universität Leipzig. Entwickelte zahlreiche mathematisch-quantitative Methoden und gründete 1879 das erste experimental-physiologische Laboratorium der Welt, das, anfangs angefeindet, erst ab 1882 Staatsunterstützung erhielt. Das Institut erlangte weltweite Ausstrahlungskraft. Wundts „Grundzüge der physiologischen Psychologie“ (1874) blieben lange Zeit Standardwerk. Wundts Schaffenskraft demonstrierte er mit einem riesigen Umfang von Publikationen: auf rd. 54 000 Seiten schrieb er rd. 500 verschiedene wissenschaftliche Arbeiten nieder. Er befaßte sich auch mit Fragen der Moral und Ethik. 1889-1890 Rektor der Universität Leipzig, Ehrenbürger der Stadt Leipzig (1921).

Erstes Zooplakat von 1878

■ Gründung der Kammgarnspinnerei Stöhr & Co. in Plagwitz auf Anregung des Ingenieurs Leopold Offermann (Jan.). **1880**
■ Gründung des Vereins Deutscher Kürschner (VDK) mit Sitz in Leipzig, dessen Vorsitz der Leipziger Johann Friedrich Erler übernimmt (8. 4.).
■ Im Bibliographischen Institut erscheint erstmals das „Vollständige Wörterbuch der deutschen Sprache“ von Konrad Duden, das 1901 die Grundlage für die Einführung der Einheitsrechtschreibung bildet.
■ Im Gasthof „Zur Goldenen Laute“ im Ranstädter Steinweg werden 40 sozialdemokratische Parteifunktionäre, unter ihnen August Bebel, verhaftet (Sept.).
■ Paul de Wit begründet in Leipzig die „Zeitschrift für Instrumentenbau“ (1. 10.).
■ Im Zoologischen Garten wird der erste Leipziger Löwe geboren (15. 10.).
■ Eröffnung des Neubaus des Zoologisch-Zootomischen Instituts der Universität in der Talstraße auf Initiative des Zoologen Rudolf Leuckart.
■ An der Universitäts-Frauenklinik beginnt Karl Crede mit der Augenprophylaxe bei Neugeborenen, mit der die damals verbreitete Augengonorrhoe wirksam bekämpft wurde.

■ Die Stadt übernimmt die gesamte Armenpflege, die bis dahin zum großen Teil in der Hand einer Privatgesellschaft, Armendirektorium genannt, gelegen hatte (1. 1.). **1881**
■ Verhängung des „Kleinen Belagerungszustandes“ im Rahmen des Kampfes gegen die

Sozialdemokratie über Leipzig (Sozialistengesetz) (29. 6.). Ausweisung von August Bebel aus Leipzig.

■ Der Ingenieur Georg Langbein gründet eine chemische Fabrik für Galvanoplastik, aus der sich die erste europäische Fabrik zur Oberflächenbehandlung von Metallen mittels Elektrolyse (Galvanotechnik) entwickelt (ab 1889/90 Neubau in Sellerhausen).

■ Der Bankier Wilhelm Seyffert stiftet der Stadt Leipzig den Johannapark.

■ Felix Klein begründet an der Universität das traditionsreiche mathematische Seminar.

■ Adolf Bleichert siedelt sein Drahtseilbahn-Werk in Gohlis an (vorher seit 1874 in Schkeuditz).

■ Gründung des Mietervereins zu Leipzig (20. 12.).

■ Gründung des Elster-Saale-Kanal-Vereins durch Karl Erdmann Heine.

Klein, Felix
Mathematiker
geboren 25.4.1849 Düsseldorf
gestorben 22.6.1925 Göttingen
Nach Professuren an den Universitäten Erlangen und München erfolgte 1880 seine Berufung an die Universität Leipzig. Hier begründete er 1881 das traditionsreiche Leipziger Mathematische Seminar. Ein mathematisches Colloquium und ein mathematisches Seminar machte die Studierenden mit den Neuerscheinungen der mathematischen Literatur bekannt und leitete sie zu eigenen Arbeiten an. Diese Fürsorge zog junge Mathematiker – auch aus dem Ausland – nach Leipzig. Klein lieferte grundlegende Beiträge zur Theorie der algebraischen Gleichungen und zur Funktionstheorie. Machte sich verdient um die Anwendung der Mathematik auf Technik und Maschinenbau sowie um die Betonung der Mathematik und Naturwissenschaften an den höheren Schulen. 1886 ging er an die Universität Göttingen.

Vollständiges
Orthographisches Wörterbuch
der
deutschen Sprache
von
Dr. Konrad Duden,
Nach den neuen preußischen und bayerischen Regeln.
Preis kart. 1 Mark.
Leipzig.
Verlag des Bibliographischen Instituts.
1880.

Das 1880 erstmals in Leipzig herausgegebene Wörterbuch Dudens

Das 1881 in Gohlis errichtete Stammwerk der Firma Adolf Bleichert & Co.

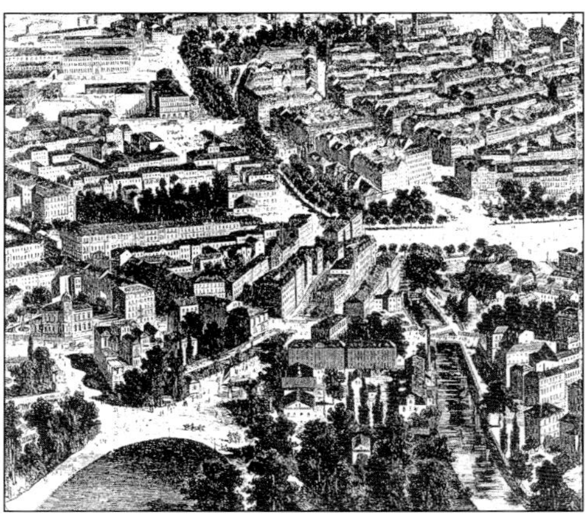

Das Akademische Viertel, 1880, Grafik von Adolf Eltzner

1882 ■ Die Stadt zählt 10 516 Industriebetriebe mit 42 000 Beschäftigten.

■ Nach mehrjährigen Vorarbeiten wird der örtliche Telefonverkehr aufgenommen.

■ Gründung des Betriebes der Leipziger Fernsprecheinrichtung mit vorerst 72 Teilnehmern (1. 2.).

■ Abbruch des Hallischen Tores.

■ Eröffnung des Krystallpalastes (16. 4.).

■ Paul Flechsig übernimmt die neu erbaute Psychiatrische und Nervenklinik der Universität in der Philipp-Rosenthal-Straße (2. 5.).

■ Erstmalige Durchführung einer internationalen Warenbörse in Gestalt einer Musterausstellung im Krystallpalast, womit eine neue Messeform gefunden wird.

■ Mit dem Vertrag über die Bildung eines selbständigen Gutsbezirks Kaserne Möckern wird das Kasernenareal mit seinen Bewohnern aus dem Gemeindeverband Möckern herausgelöst und als eigenständige Einheit der Amtshauptmannschaft Leipzig direkt unterstellt (27. 7.).

■ Eröffnung der „ersten Radrennbahn Mitteldeutschlands“ mit einem Velocipeden-Wettfahren im Gelände des Zoologischen Gartens auf Veranlassung von Ernst Pinkert (22. 10.).

■ Eröffnung des Universitätsgebäudes „Juridicum“ zwischen Burgplatz und Petersstraße.

Der am 16. 4. 1882 eröffnete Krystallpalast mit seinem 800 m^2 großen Theatersaal

1883 ■ Gründung des Kirchenbauvereins Leipzig auf Initiative von Oskar Pank (4. 2.).

■ Gründung des „Hirnanatomischen Laboratoriums“, des ersten Hirnforschungsinstitut Deutschlands, an der Psychatrischen Klinik durch Paul Flechsig.

■ Der Rat der Stadt erwirbt das Rittergut Lößnig von Hermann Graichen für 925 000 Reichsmark (174,3 ha).

■ Auf dem Alten Johannisfriedhof erfolgt die letzte Beerdigung (24. 12.).

■ Anläßlich des 400. Geburtstages von Martin Luther wird vor der Johanniskirche ein Reformationsdenkmal eingeweiht (10. 11.).

Flechsig, Paul
Hirnpathologe
geboren 29.6.1847 Zwickau
gestorben 22.7.1929 Leipzig
Studierte an der Universität Leipzig Medizin und arbeitete ab 1872 als Assistent am Pathologischen Institut und gleichzeitig an der Medizinischen Poliklinik der Universität, wo er dann die Neurologische Abteilung übernahm. Befaßte sich mit dem Studium des menschlichen Gehirns und verfaßte 1876 „Die Leitungsbahnen im Gehirn und Rückenmark des Menschen“. 1877 wurde er Professor und Direktor der Psychiatrischen Nervenklinik der Universität Leipzig. Engagierte sich für den Bau einer Nervenklinik und richtete in dieser ein „Hirnanatomisches Labor“ ein. Weltbekannt wurde er durch seine Studien und Untersuchungen über den inneren Bau von Gehirn und Rückenmark. Dabei bewies er anatomisch die Bahnverbindungen des Gehirns und ihre Ausreifung, was wiederum Aufschluß über eine Vielfalt funktioneller Störungen des menschlichen Organismus ermöglichte. Rektor der Universität Leipzig (1894).

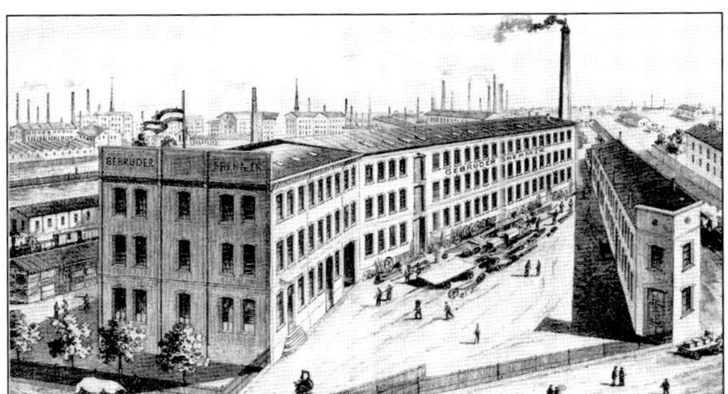

Fabrikansicht der Firma „Gebrüder Brehmer“, um 1883

1884 ■ Die Firma Gebrüder Brehmer führt die ersten wirklich brauchbaren Faden-Buchheftmaschinen Europas der Fachwelt mit einem Probeheften vor (Jan.).
■ Konstituierende Versammlung des „Consumvereins Leipzig-Plagwitz und Umgebung“ im Restaurant „Dampfschiff“ (3. 2.).
■ Der Buchhändler Carl Berend Lorck legt in seiner Schrift „Die Zukunft des Buchgewerbes in Leipzig“ Ideen für eine Weltausstellung des Buches und für ein Museum der Buch- und Schriftkunst dar.
■ Eröffnung des Nordfriedhofes an der Berliner Straße (24. 5.).
■ Eröffnung des Lehrervereinshauses Leipzig in der Kramerstraße (16. 6.).
■ Gründung der Baumwollspinnerei AG (21. 6.).
■ Der Leipziger Bicycle-Club veranstaltet den Deutschen Velocipedistenkongreß, auf dem die Gründung des Deutschen Radfahrerbundes beschlossen wird.
■ Das Zahnärztliche Institut der Universität nimmt unter Leitung von Friedrich Louis Hesse als erste zahnärztliche Universitätseinrichtung Deutschlands seinen Betrieb auf.
■ Gründung der Leipziger Ortskrankenkasse (2. 12.).
■ Im Krystallpalast wird das erste Leipziger Varieté eröffnet.
■ Gründung des Pharmakologischen Instituts der Universität unter Leitung von Rudolf Boehm.
■ Der Verleger Otto Harrassowitz beginnt mit der Herausgabe des „Zentralblattes für Bibliothekswesen“.
■ Die Firma Schimmel & Co. in der Berliner Straße 7-9 beginnt als erste Firma Mitteleuropas mit der Produktion von Rosenöl.
■ Das Institut für experimentelle Psychologie unter Leitung von Wilhelm Wundt wird offiziell in der Universität verankert .
■ Eröffnung des neuen Gewandhauses in der südwestlichen Vorstadt (11. 12.).

1885 ■ Der Dichter und Theaterkritiker Rudolf von Gottschall veröffentlicht seine Literaturgeschichte „Die deutsche Nationalliteratur in der ersten Hälfte des 19. Jahrhunderts“, mit der er auf das zeitgenössische literarische Leben Einfluß ausübt.
■ Ernst Hasse veröffentlicht mit der „Geschichte der Leipziger Messen“ das erste grundlegende Werk zur Entwicklung des Messeplatzes Leipzig.
■ Eröffnung des Buchgewerbemuseums im Großen Saal der Buchhändlerbörse in der Ritterstraße (12. 7.).
■ Fertigstellung des zweiten Leipziger Gaswerkes in Connewitz, erbaut nach den Plänen des Gastechnikers Georg Wunder (18. 8.).

Der große Konzertsaal des am 11. 12. 1884 eröffneten Neuen Gewandhauses

1886 ■ Bau des Pleißewehres am Beginn des Pleißeflußbettes.
■ Eröffnung des nach den Plänen von Hugo Licht geschaffenen Erweiterungsbaus für das Museum der bildenden Künste aus Mitteln des Vermächtnisses des Kaufmanns Franz Dominic Grassi.
■ Eröffnung des Südfriedhofes; es erfolgt die erste Beisetzung auf der 1885 begonnenen Anlage (1. 6.).
■ Gustav Mahler wird als Orchesterdirigent an die Leipziger Oper verpflichtet (Juli).
■ Der Plagwitzer Fabrikant Ernst Mey gibt den ersten illustrierten Katalog in Deutschland heraus und wird damit zum eigentlichen Begründer des deutschen Versandgeschäftes.
■ Der Theologe Franz Delitzsch gründet das Institutum Judaicum, eine christliche Einrichtung zur Vertiefung der Kenntnisse über das Judentum.

■ Gründung der Buchdrucker-Lehranstalt.
■ Einweihung des von der Kaufmannswitwe Marianne Pauline Mende gestifteten Mendebrunnens auf dem Augustusplatz (2. 9.).
■ Der Rat der Stadt beschließt, in einem Umkreis von fünf Kilometern alle Dörfer in die Stadt aufzunehmen.

Licht, Hugo
Architekt
geboren 21.2.1842 Niederzedlitz b. Fraustadt/Posen
gestorben 28.2.1923 Leipzig
Nach Maurerlehre und Studium an der Königlichen Bauakademie Berlin war er 1871-1879 als Privatarchitekt tätig. 1879 wurde er als Stadtbaudirektor nach Leipzig berufen. Wurde hier zum bekanntesten Architekten des späten Historizismus. Seine Bauten zeigen, auch bei Verwendung von Elementen der Renaissance oder des Barock, stets eine straffe, aus dem Klassizismus entlehnte Gliederung. Nach seinen Entwürfen entstanden in Leipzig u. a. das Konservatorium (1885/87), das Städtische Kaufhaus (1893/1905), der Schlacht- und Viehhof (1881/84), das alte Grassimuseum (1892/94), die Kasernen in Möckern (1895/97) und die Markthalle (1890/ 91). Seine beiden Hauptwerke sind das Neue Rathaus (1899/1905) und das Stadthaus (1908/12). Um sich der Realisierung dieser Bauvorhaben voll und ganz widmen zu können, wurde er 1899 vorübergehend als Stadtbaudirektor beurlaubt. War auch Herausgeber der Architekturzeitschrift „Die Architektur des XX. Jahrhunderts" (1901-1914) und des Fachblattes „Der Profanbau" (1908-1920). Mit diesen architekturwissenschaftlichen Publikationen förderte er die Baukunst seiner Zeit.

1887 ■ Gründung der Sächsischen Wollgarnfabrik (Tittel & Krüger) in Plagwitz.
■ Herstellung der ersten Leipziger Telefon-Fernverbindung (nach Markranstädt) (März).
■ Eröffnung der nach den Plänen des Architekten Arwed Roßbach erbauten Alberthalle im Leipziger Krystallpalast (10. 4.).
■ Inbetriebnahme des Wasserwerkes Naunhof I als der modernsten Druckwasseranlage Europas zur Wasserversorgung Leipzigs (8. 9.).
■ Inbetriebnahme des Wasserwerkes Probstheida, das sein Wasser aus dem Wasserwerk Naunhof bezieht (19. 9.).
■ Der Nationalökonom Wilhelm Georg Roscher veröffentlicht sein Hauptwerk „Geschichte der National-Oekonomik in Deutschland".
■ Der Gynäkologe Paul Zweifel verfaßt das „Lehrbuch der Geburtshilfe".
■ Die Alte Handelsbörse wird Tagungsort der Leipziger Stadtverordneten (bis 1905).
■ Einweihung des Reichsbankgebäudes in der Schillerstraße (24. 10.).
■ Einweihung des neuen Gebäudes des Königlichen Konservatoriums in der Grassistraße (5. 12.).

Das am 5. 12. 1887 eingeweihte neue Gebäude des Königlichen Koservatoriums Leipzig

■ Peter Tschaikowski macht auf seiner Europareise in Leipzig Station und dirigiert seine 1. Orchestersuite op. 45 (5. 1.). 1888
■ Offizielle Eröffnung der Buchhändler-Lehranstalt (29. 4.).
■ Gründung der Leipziger Westend-Baugesellschaft durch Karl Heine, die der weiteren Erschließung der westlichen Vororte dient (24. 5.).
■ Die Leipziger Westend-Baugesellschaft beginnt mit dem systematischen Bau von Straßen in Plagwitz, Schleußig und Lindenau.
■ Inbetriebnahme des neuen Vieh- und Schlachthofes, der nach den Plänen von Hugo Licht erbaut wurde (11. 7.).
■ Der Verlagsbuchhändler Hermann Julius Meyer stiftet ein Kapital von 931 651 Mark

und gründet einen „Verein zur Erbauung billiger Wohnungen in Leipzig".

Meyer, Hermann Julius
Verlagsbuchhändler
geboren 4.4.1826 Gotha
gestorben 12.3.1909 Leipzig
Der Sohn des Verlagsbuchhändlers Joseph Meyer, der 1826 das Bibliographische Institut gegründet hatte, ging 1849 nach New York und begründete dort ein Zweiggeschäft. 1856 übernahm er den Verlag des Vaters. Konsolidierte das Unternehmen, indem er seine Kraft zunächst auf das Lexikon, das „Universum" und den Abschluß des „Großen Handatlas" konzentrierte. 1867 begründet er dann eine „Bibliothek der deutschen Nationalliteratur". Sozialdenkend unternahm er – inspiriert durch Londoner Projekte – den Versuch, städtebaulich neue Prinzipien des Gemeinschaftslebens zu realisieren und verwandte dazu Mittel aus seinem Unternehmen. Durch praktisches Wirken sollte der Nachweis gelingen, daß Eigentümer und Mieter gleichermaßen auf ihre Kosten kommen, d. h. bezahlbare Mieten für Arbeiter und kleine Angestellte, aber auch angemessene Renditen für die Eigentümer. Begründete dazu 1900 die „Stiftung für die Erbauung billiger Wohnungen in Leipzig". Im Architekten Max Pommer fand er einen idealen Mitstreiter, nach dessen Plänen Wohnkomplexe in Lindenau, Eutritzsch, Kleinzschocher und Reudnitz entstanden.

1889 ■ Eingemeindung von Reudnitz und Anger-Crottendorf in die Stadt Leipzig (1. 1.).
■ Gründung des Hilfsvereins für weibliche Angestellte als erste deutsche Frauenberufsorganisation für weibliche Angestellte (19. 5.).
■ Im Krystallpalast wird die erste Fahrradausstellung Deutschlands durchgeführt, die in der Folgezeit den Radsport belebt.
■ Gründung des Konsumvereins für Eutritzsch und Umgebung.
■ Gründung der Bogenlampenfabrik Körting & Mathiesen durch Max Körting und Wilhelm Mathiesen in der Inselstraße (ab 1893 in Leutzsch).
■ Die Gesuche der Gemeinden Mockau und Paunsdorf, nach Leipzig eingemeindet zu werden, werden von der Amtshauptmannschaft wegen der damit verbundenen Steuereinbußen abgelehnt.
■ Der Universitätsprofessor für Orientalistik Friedrich Delitzsch veröffentlicht die erste Grammatik der assyrischen Sprache.

■ Eingemeindung von Sellerhausen, Gohlis, Thonberg, Eutritzsch, Neureudnitz, Neustadt, Neuschönefeld und Volkmarsdorf in die Stadt Leipzig, wodurch sich die Gesamtfläche der Stadt auf 3498 ha erweitert (1. 1.). **1890**
■ Beginn der Maifeierbewegung mit einer „Frühpartie nach Oetzsch" zum Gasthaus „Zur grünen Linde" mit rd. 3000 Teilnehmern (1. 5.).
■ Gründung der „Freien Vereinigung der Kaufleute Leipzigs" durch Richard Lipinski.
■ Eröffnung des Neubaus der Öffentlichen Handelslehranstalt in der Löhrstraße 5.
■ Erstes „Akademisches Orchesterkonzert" unter Leitung von Hermann Kretzschmar in der Alberthalle (14. 11.).
■ Bei der durchgeführten Volkszählung werden für Leipzig 357 122 Einwohner ermittelt (1. 12.).
■ Schwägerichens Garten, der letzte Privatpark der Stadt, muß der Anlage der Karl-Tauchnitz-Straße weichen.
■ Die Firma C. G. Röder, eine Weltfirma im Notendruck, wendet erstmals den Lichtdruck für die Ansichtskartenherstellung an.

■ Eingemeindung von Connewitz, Lindenau, Plagwitz, Schleußig, Lößnig und Kleinzschocher in die Stadt Leipzig, wodurch sich die Stadtfläche auf 5 847 ha erweitert. **1891**
■ Gründung des Diakonissenhauses Leipzig durch den Superintendenten Oskar Pank, das zunächst unter dem Dach der Thomaskirche besteht (1. 2.).
■ Nach dem Fall des Sozialistengesetzes spricht August Bebel erstmals wieder im „Pantheon" (1. 3.).
■ Gründung des Verbandes Leipziger Schrebervereine (4. 3.).

■ Der neu geschaffene Lehrstuhl für Kinderheilkunde wird durch Otto Heubner wahrgenommen.
■ Durchführung des letzten Wochenmarktes auf dem Markt vor dem Alten Rathaus (26. 5.).
■ Fertigstellung der Markthalle am Roßplatz (26. 5.).
■ Schließung des Berliner Bahnhofes (1.10.).
■ Einweihung des Gebäudes der Universitätsbibliothek (24. 10.).
■ Eröffnung der Kinderklinik in der Oststraße als erste deutsche Klinik dieser Art auf Initiative der Kinderärzte Otto Heubner und Hermann Tillmanns (6. 12.).

Die 1891 eröffnete Markthalle

Das am 24. 10. 1891 eröffnete neue Gebäude der Universitätsbibliothek

1892 ■ Eingemeindung von Neusellerhausen (einschließlich Volkmarsdorfer Straßendörfer) in die Stadt Leipzig (1. 1.).
■ Einrichtung des Volkswirtschaftlich-Statistischen Seminars unter Leitung von Karl Bücher an der Universität.
■ Gründung der großbürgerlichen Zeitung „Leipziger Neueste Nachrichten" durch Paul Herfurth.
■ Einweihung der Lindenauer Radrennbahn zwischen Kleiner Luppe und Kuhburger Wasser (heute Gelände der Kleinmesse am Cottaweg).

1893 ■ Gründung des ersten Leipziger Fußballvereins „Lipsia" in Gohlis (1. 2.).
■ Der in Leipzig lebende holländische Violincellist Paul de Wit macht im Bosehaus ein „Musikhistorisches Museum" der Öffentlichkeit zugänglich (7. 3.).
■ Beginn der fotografischen Ausbildung an der Leipziger Kunstakademie mit der Eröffnung des „Photomechanischen Instituts" auf Initiative von Ludwig Nieper (1. 4.).
■ Gründung eines Christlichen Vereins Junger Menschen (CVJM) in Leipzig (14. 4.).
■ Gründung der Musikbibliothek Peters durch die Bereitstellung von 400 000 Mark aus dem Privatvermögen des Musikverlegers Max Abraham (1. 10.).
■ Erstes Erscheinen der „Leipziger Lehrerzeitung" unter der Schriftleitung von Ernst Beyer (4. 10.).
■ Die Leipziger Westend-Baugesellschaft schließt die Bauarbeiten am Karl-Heine-Kanal an der Lützner Straße ab.
■ Universitätsprofessor Wilhelm Ostwald gelingt es, das Wesen der Katalyse aufzuklären und somit eine wichtige Grundlage für die Entwicklung der modernen technischen Chemie zu schaffen.
■ Eröffnung der Antikensammlung im Universitätsgebäude auf Initiative von Franz Studniczka.
■ Clemens Thieme gründet den „Deutschen Patriotenbund zur Errichtung eines Völkerschlachtdenkmals bei Leipzig" (20. 4.).
■ Mit der „Bekanntmachung, die Leipziger betreffend", unterzeichnet vom Oberbürgermeister Otto Robert Georgi, wird die Mu-

stermesse ab 1895 zur offiziellen Einrichtung erklärt (2. 6.).
■ Der Neurologe Paul Möbius verfaßt einen „Abriß von der Lehre der Nervenkrankheiten“.

1894 ■ Die Ludwig-Hupfeld-Musikwerke bauen als erste Leipziger Firma Orchestrions.
■ Gründung der „Leipziger Volkszeitung“ als Organ der Sozialdemokratischen Partei Bruno Schoenlank wird erster Chefredakteur (1. 10.).

1895 ■ Durchführung der ersten Mustermesse (Frühjahr). Seitdem werden unter Wegfall der Neujahrsmesse nur noch die Frühjahrs- und Herbstmesse durchgeführt.
■ Gründung eines Lehrstuhls für Geologie und Paläontologie an der Universität, auf den Karl Hermann Credner berufen wird. Errichtung eines Paläontologischen Instituts der Universität in der Talstraße.
■ Gründung der Leipziger Blindendruckerei.
■ Inbetriebnahme des ersten Leipziger Elektrizitätswerkes, dessen Betriebsführung für zehn Jahre eine „Aktiengesellschaft Leipziger Elektrizitätswerke“ übernimmt (1. 9.).
■ Erstmalig tritt die Elektroenergie als öffentliche Beleuchtung in Erscheinung; erste Bogenlampen erstrahlen am Augustusplatz.
■ Gründung des „Westsächsischen Vereins für naturgemäße Gesundung“ mit Schreberabteilung in Schleußig, der sich später zur größten Kleingartenanlage Deutschlands entwickelt (20. 9.).
■ Arthur Nikisch wird Gewandhauskapellmeister (Okt.)
■ Einweihung des Gebäudes des Reichsgerichts (26. 10.).
■ Auf Veranlassung des Verlegers Max Abraham beginnt die Herausgabe des „Jahrbuches der Musikbibliothek Peters“, das sich zu einem bedeutenden Organ der deutschen Musikwissenschaft entwickelt.
■ Wilhelm Ostwald gibt das erste Lehrbuch der physikalischen Chemie heraus, das zu einem anerkannten Standardwerk wird.

Ostwald, Wilhelm
Chemiker
geboren 2.9.1853 Riga
gestorben 4.4.1932 Großbothen b. Grimma
Wurde nach dem Studium der Chemie an der Universität Dorpat Privatdozent und dann Professor am Polytechnikum Riga. 1887 wurde er auf den einzigen deutschen Lehrstuhl für physikalische Chemie an der Universität Leipzig berufen. Die von ihm 1887 begründete „Zeitschrift für physikalische Chemie“ wurde zum Organ der jungen Wissenschaftsdisziplin. Das von ihm begründete Institut wurde zum Weltzentrum der physikalischen Chemie, aus dem etwa 60 Professoren dieses Gebietes hervorgingen. Seine Forschungen erstreckten sich u. a. auf die chemische Affinität, Jonentheorie, Theorie der Lösungen und die Elektrochemie. Er fand u. a. 1888 das nach ihm benannte Verdünnungsgesetz und entwickelte 1902 das erste großtechnische Verfahren der Salpeterherstellung. 1895 schloß er das erste Lehrbuch der physikalischen Chemie ab, das zu einem anerkannten Standardwerk wurde. 1905 nahm er als erster deutscher Gelehrter eine Austauschprofessur in den USA wahr (Harvard University). 1906 zog er sich vom Universitätslehramt zurück und widmete sich im „Haus Energie“ in Großbothen ganz der wissenschaftlichen Arbeit. Hier entstand u. a. ein 2 500 Farben umfassender Farbatlas (1921). 1909 erhielt er für seine Arbeiten auf dem Gebiet der Katalyse den Nobelpreis für Chemie.

■ Einweihung des Alten Grassimuseums am Königsplatz (heute Wilhelm-Leuschner-Platz) mit dem Völkerkundemuseum, dem Kunstgewerbemuseum und dem Sitz des Vereins für Erdkunde (5. 2.). 1896
■ Eröffnung des Warenhauses Ury am Königsplatz (24. 3.).
■ Einführung des Taxiverkehrs (1. 4.).
■ Gründung des Vereins für Bewegungsspiele (VfB), der sich zu einem der erfolgreichsten deutschen Fußballklubs entwickelt (26. 5.).
■ Max Klinger bezieht sein Atelier im Gartenhaus in der Karl-Heine-Straße 6.

■ Eröffnung der Klinik für Hals-, Nasen- und Ohrenkrankheiten der Universität unter Leitung von Adolf Barth.

Klinger, Max
Maler, Grafiker und Bildhauer
geboren 18.2.1857 Leipzig
gestorben 4.7.1920 Großjena b. Naumburg
Nach dem Besuch der Kunstschule Karlsruhe und der Akademie Berlin – wo Adolph Menzel sein künstlerisches Vorbild wurde – war er ab 1893 in Leipzig und Großjena tätig. Entwickelte sich zu einem phantasiereichen Vertreter des Symbolismus. In Monumentmalereien verband er klassizistische und naturalistische Elemente. Versuchte die farbigen Plastiken der Antike neu zu beleben. Einen bedeutungsvollen Beitrag leistete er zur Erneuerung der Grafik, vor allem der Radiertechnik. 1912 war er Mitbegründer und bis 1916 Vorsitzender des Vereins „Leipziger Jahresausstellungen".

1897 ■ Fertigstellung der ersten Kasernenbauten an der Heerstraße in Möckern nach den Plänen von Hugo Licht (1.4.).

■ Mit dem Einrücken der letzten Pferdebahn in das Depot Eutritzsch stellt die Leipziger Pferdeeisenbahn ihren Betrieb ein (16. 4.).

■ Beginn des Abbruchs der Pleißenburg (21. 4.).

■ Einweihung der nach den Plänen von Arwed Roßbach erfolgten Um- und Neubauten der Universität (15. 6.).

■ Anlage des König-Albert-Parkes für die Sächsisch-Thüringische Industrie- und Gewerbeausstellung.

■ Sächsisch-Thüringische Industrie- und Gewerbeausstellung (24. 4.-19. 10.).

■ In einem Neubau am Tröndlinring wird mit 285 Ausstellern die „Dauernde Gewerbeausstellung" eröffnet.

■ Durchführung des ersten deutschen Marathonlaufes mit 18 Teilnehmern von Paunsdorf nach Bennewitz, ausgerichtet durch den „Club Sportbrüder" (5. 9.)

■ Der Verleger Oskar Brandstetter setzt erstmals eine Rotationsmaschine für den Illustrationsdruck ein.

■ Auf Anregung des Volkswirtschaftlers Wilhelm Stieda beginnt die Universität mit „volkstümlichen Hochschulkursen", die zur Popularisierung wissenschaftlicher Kenntnisse beitragen sollen.

■ Der Teubner-Verlag editiert mit dem „Thesaurus lingua Latinae" das umfassendste Wörterbuch der lateinischen Sprache.

■ Universitätsprofessor Friedrich Ratzel wird mit der Veröffentlichung seines Buches „Politische Geographie" zum Wegbereiter der Geopolitik.

■ Gründung des Zentralverbandes der Handlungsgehilfen (später Zentralverband der Angestellten) durch Richard Lipinski.

■ Der Deutsche Reichstag beschließt die Verlegung des Reichsgerichts nach Leipzig.

Das neue, nach den Plänen von Arwed Roßbach erbaute Universitätshauptgebäude (Albertinum), 1897 eröffnet

Anläßlich der Sächsisch-Thüringischen Industrie- und Gewerbeaustellung 1897 erschienene Postkarte

Leipziger
Mess-Adressbuch
Verzeichniss
der die
Leipziger Messen besuchenden Verkäufer
herausgegeben vom
Mess-Ausschuss der Handelskammer Leipzig.
I. Auflage.
Oster-Vormesse 1897.

Leipzig 1897.
In Commission bei der J. C. Hinrichs'schen Buchhandlung.

Das Adressbuch wird allen die Leipziger Messen besuchenden Einkäufern, sowie auf Wunsch auch den Verkäufern **unentgeltlich** zugesandt.

Der 1897 unter dem Titel „Leipziger Meß-Adressbuch" erschienene erste offiziell herausgegebene Messekatalog

1898 ■ Gründung der Handelshochschule als erste deutsche Einrichtung dieser Art auf Initiative der Handelskammer, der Universität und der Öffentlichen Handelslehranstalt. Hermann Raydt wird erster Studiendirektor, sein Stellvertreter Abraham Adler wird zum Begründer des Handelslehrseminars (25. 4.).

■ Unter der Leitung des Leipziger Universitätsprofessors Carl Chun läuft die „Valdivia" zur ersten deutschen Tiefsee-Expedition aus dem Hamburger Hafen aus (31. 7.).

■ Max Pommer läßt sich die Stahlbetonskelettbauweise patentieren (13. 6.) und ebnet damit dem industriellen Bauen in Sachsen den Weg.

■ Begründung des Historisch-Geographischen Seminars durch Karl Lamprecht und Friedrich Ratzel.

■ Carl Hermann Jaeger errichtet in Plagwitz ein Pumpen- und Gebläsewerk und beginnt dort mit der industriellen Produktion von Turbinenpumpen und Gebläsen (Nov.).

Turbinenpumpe aus der Produktion der 1898 in Plagwitz eröffneten Firma C. H. Jaeger & Co.

■ Einweihung der nach den Plänen der Architekten Georg Weidenbach und Richard Tschammer erbauten Evangelisch-Reformierten Kirche am Promenadenring (heute Goerdelerring) (12. 3.). 1899

■ Eröffnung des von Hugo Gaudig begründeten Lehrerinnenseminars (10. 4.).

■ Eröffnung des „Palmgartens" (29. 4.).

Der „Palmengarten" mit dem Gesellschaftshaus; am 29. 4. 1899 eröffnet

■ Die ersten Wohnbauten des „Bauvereins zur Beschaffung preiswerter Wohnungen" werden in Kleinzschocher fertiggestellt (Okt.).

■ In Nachfolge der Bach-Gesellschaft kommt es zur Gründung der Neuen Bachgesellschaft, zu deren Gründungsmitgliedern der Universitätsmusikdirektor Hermann Kretzschmar, Thomaskantor Gustav Schreck und der Violinist Joseph Joachim gehören (27. 1.). 1900

■ Im „Mariengarten" in der Karlstraße 10 erfolgt die Gründung des Deutschen Fußball-Bundes (DFB), dem sich 86 Vereine anschließen (28. 1.).

■ Einweihung der Paul-Gerhardt-Kirche in Connewitz (1. 4.).

■ Der Verlagsbuchhändler Hermann Julius Meyer ruft eine „Stiftung für die Erbauung billiger Wohnungen in Leipzig" ins Leben, mit der er erstmals in Deutschland den Versuch unternimmt, städtebaulich neue Prinzipien des Gemeinschaftswohnwesens zu realisieren (3. 4.).

■ Einrichtung einer außerordentlichen Professur für Neu-Arabisch und die hamitischen Sprachen, die von Hans Stumme wahrgenommen wird, womit sich in Leipzig die Afrikanistik als zweiter Standort in Deutschland (nach Berlin) etabliert.
■ Gründung des „Verbandes deutscher Ärzte zur Wahrung ihrer wirtschaftlichen Interessen" (später Hartmannsbund) durch den Connewitzer Kassenarzt Hermann Hartmann (13. 9.).
■ Gründung des Instituts für Gerichtliche Medizin an der Universität Leipzig durch Richard Kockel (5. 5.).
■ Eröffnung des Gesellschaftshauses am Zoologischen Garten (spätere Kongreßhalle) (27. 9.).
■ Grundsteinlegung für das Völkerschlachtdenkmal (18. 10.).
■ Eröffnung des Künstlerhauses in der Westvorstadt (am Nikischplatz) als Heimstatt des Leipziger Künstlervereins (27. 10.).
■ Der Schriftsteller Georg Bötticher beginnt mit der jährlichen Herausgabe von „Auerbachs Kinderkalender".
■ Die sterblichen Überreste Christian Fürchtegott Gellerts werden zusammen mit den Gebeinen Johann Sebastian Bachs im Gruftgewölbe der Johanniskirche beigesetzt.
■ Die Stadt Leipzig hat 56 125 Einwohner (Volkszählung vom 1. 12.).
■ Eröffnung der ersten Linie der Leipziger Außenbahn-Aktiengesellschaft zwischen Möckern und Wahren (21. 12.).

1901 ■ Der Verleger Henri Hinrichsen stiftet der Stadt die Musikbibliothek Peters.
■ Eröffnung des Städtischen Kaufhauses als dem ersten Mustermessehauses der Welt (Ostermesse).
■ Zusammenbruch der Leipziger Bank, die dann von der Deutschen Bank übernommen wird (25. 6.).
■ Fertigstellung des Gebäudes der Deutschen Bank auf dem ehemaligen Gelände des Ostflügels der Pleißenburg.
■ Fertigstellung der Kaserne für das 7. Feldartillerieregiment Nr. 37 am Viertelsweg in Gohlis.
■ Einrichtung einer außerordentlichen Professur für chemische Technologie an der Universität, die Berthold Rassow übertragen wird.
■ Einrichtung einer „Organistenschule" am Konservatorium unter Leitung des Thomasorganisten Carl Piutti.
■ Die „Heilanstalt der Stadt Leipzig" zu Dösen mit 1500 Betten wird zur Behandlung und Pflege von Geisteskranken, Siechen und schwachsinnigen Kindern übergeben (1. 10.).
■ Einweihung des Evangelisch-Lutherischen Diakonissenhauses in Lindenau (1. 10.).
■ Der Insel-Verlag (1899 in München gegründet) siedelt nach Leipzig über .
■ Unruh & Liebig als Abteilung der Peniger Maschinenfabrik und Eisengießerei AG stellt den ersten deutschen Kabelkran her.

Hinrichsen, Henri
Musikverleger
geboren 5.2 1868 Hamburg
17.9.1942 KZ Auschwitz
Kam 1891 als Lehrling zu seinem Onkel Max Abraham, Inhaber des Musikverlages C. F. Peters, nach Leipzig. 1900 wurde er Alleininhaber des Verlages, dessen Programm er erweiterte (u. a. Werke von Mahler, Tschaikowsky Reger, Wagner und Wolf). 1901 stiftete er der Stadt Leipzig die Musikbibliothek Peters und 1911 einen größeren Geldbetrag, um den Plan von Henriette Goldschmidt zur Schaffung eines Sozialpädagogischen Frauenseminars zu realisieren. Förderte viele Musiker, u. a. Reger und Mahler. Durch seine finanzielle Beihilfe erwarb die Universität Leipzig 1926 Musikinstrumente der Heyerschen Sammlung Köln, die dann den Grundstock für das Musikinstrumentenmuseum der Universität bildeten. 1929 wurde er durch die Universität „für unvergängliche Verdienste" um die „Weltgeltung der deutschen Musik" zum Ehrendoktor ernannt. Stadtverordneter Leipzigs. Nach dem Machtantritt der Nationalsozialisten blieb er trotz aller Warnungen in Deutschland. Erhielt 1938 Berufsverbot und wurde enteignet. Floh nun aus Leipzig, wurde 1942 in Brüssel verhaftet und in das KZ Theresienstadt, dann in das KZ Auschwitz verschleppt.

Das zur Ostermesse 1901 als „Städtisches Kaufhaus" eingeweihte erste Mustermessehaus der Welt.

1902 ■ Förderung der ersten Braunkohle im Schachtbau Dölitz.

■ Im Paläontologischen Institut der Universität in der Talstraße 35 richtet der Geologe Hermann Credner eine Erdbebenwarte ein.

■ Gründung des „Musikhistorischen Museums", aus dem dann das Musikinstrumentenmuseum der Universität hervorgeht.

■ Eröffnung des „Schauspielhauses in der Sophienstraße" (heute Shakespearestr.), von Anton Hartmann geleitet, mit „Wallensteins Lager" von Friedrich Schiller.

■ Theodor Mommsen stiftet vom Geld seines ihm verliehenen Nobelpreises für Literatur 1 000 Reichsmark für die Leipziger Papyrussammlung.

Das 1902 eröffnete Centraltheater in der Bosestraße

1903 ■ Fertigstellung der Superintendentur am Thomaskirchhof, die die 1902 abgerissene ehemalige Thomasschule ersetzt.

■ Einweihung des Städtischen Waisenhauses in der Elisenstraße (heute Bernhard-Göring-Str. 152) in Connewitz (11. 5.).

■ Der Verein für Bewegungsspiele (VfB) Leipzig wird in Hamburg mit einem 7:2- Sieg über den DFC Prag erster deutscher Fußballmeister (31. 5.); dieser Erfolg wird dann 1906 und 1913 wiederholt.

■ Bei den Reichstagswahlen siegt im bisher stets von den National-Liberalen beherrschten 12. Wahlkreis Leipzig-Stadt die Sozialdemokratie (25. 6.). Julius Motteler zieht als erster sozialdemokratischer Abgeordneter des Wahlkreises Leipzig-Stadt in den Deutschen Reichstag ein.

■ Einweihung des von Carl Seffner geschaffenen Goethe-Denkmals auf dem Naschmarkt (28. 6.).

■ Einweihung des Rathauses Mockau (28. 6.).

■ Gründung des Buddhistischen Missionsvereins für Deutschland mit Sitz in Leipzig durch Karl Seidenstücker (ab 1905 „Buddhistische Gesellschaft für Deutschland"), der ersten buddhistischen Gemeinde auf europäischem Boden (15. 8.).

■ Gründung des Vereins Deutscher Schriftgießer, dessen erster Vorsitzender Georg Friedrich Giesecke wird.

1904 ■ Eingemeindung des Gutsbezirkes Rittergut Lößnig (1. 1.).

■ Gründung des „Leipziger Bibliophilenabends" auf Anregung von Georg Witkowski und Egbert Baensch-Drugulin (2. 2.).

■ Anton Hartmann pachtet das 1902 eröffnete Centraltheater in der Bosestraße und schafft dort eine Heimstatt für die Operette.

■ Die bisher durchgeführte Neujahrsmesse wird eingestellt.

■ Einweihung der Taborkirche in Kleinzschocher nach den Entwürfen des Architekten Arwed Roßbach (13. 3.).

■ Eröffnung des Rathauses Leutzsch (5. 6.).

■ Einweihung der Michaeliskirche am Nordplatz (12. 6.).

■ Eröffnung des Ratskellers im Neuen Rathaus (1. 10.).

■ Deutsches Bachfest in Leipzig.

■ Einweihung der „Brodyer Synagoge" in der Keilstraße.
■ Gründung des Instituts für theoretische Physik an der Universität.
■ Franz Adam Beyerlein, Mitbegründer der Literarischen Gesellschaft, veröffentlicht den Militärroman „Jena oder Sedan?", der zum erfolgreichsten antimilitaristischen Tendenzwerk des Jahrzehnts wird.
■ Die Spamersche Druckerei am Täubchenweg führt als erste in Deutschland eine Monotype-Setz- und Gießmaschinenanlage ein.
■ Die Museen für Völkerkunde und Kunstgewerbe gehen in die städtische Verwaltung über.
■ Gründung der Zentralstelle für deutsche Personen- und Familiengeschichte (heute Deutsche Zentralstelle für Genealogie).

1905 ■ Inbetriebnahme des Eisenbahnabschnittes Leutzsch–Wahren mit dem Viadukt in Wahren (zweitlängste Eisenbahnbrücke Sachsens) als erstem Teilstück des Leipziger Güterringes; Eröffnung des Rangierbahnhofes Wahren (9. 4.).

Das am 7. 10. 1905 eingeweihte Neue Rathaus, Foto von 1910

■ Gründung des Vereins Deutscher Bahnhofsbuchhändler mit Sitz in Leipzig im Buchhändlerhaus.

■ Eröffnung der Comeniusbücherei in der Schenkendorfstraße 4 als pädagogische Zentralbibliothek durch die vom Leipziger Lehrerverein ins Leben gerufene Comenius-Stiftung.
■ Gründung des ersten Instituts für Geschichte der Medizin in Deutschland an der Universität unter Leitung von Karl Sudhoff. Mit dessen Gründung wird auch der Grundstock für die medizinhistorische Sammlung gelegt.
■ Einweihung des nach den Plänen von Hugo Licht erbauten Neuen Rathauses (7. 10.).
■ Fertigstellung des Geschäftshauses des Verlages Philipp Reclam jun. – in dieser Zeit von Hans Heinrich Reclam geführt – in der Inselstraße 22-24.
■ Fertigstellung des Bahnbetriebswerkes und des Rangierbahnhofes der Königlich-Sächsischen Staatseisenbahn in Engelsdorf.
■ Gründung des l. Sächsischen Flugplatzvereins in Lindenthal (am 16. 2. 1914 wieder aufgelöst).
■ Bei einer Volkszählung werden für die Stadt Leipzig 503 637 Einwohner ausgewiesen (1. 12.).

Karl Sudhoff (1853-1938) begründete 1905 das erste Institut für Geschichte der Medizin in Deutschland. Gemälde von E. Einschlag, 1923

■ Das Hansa-Haus wird zur Frühjahrsmesse als erstes Geschäftslokal, das ausschließlich Messeausstellungen dient, eröffnet. **1906**
■ Aufnahme des Taxiverkehrs mit Kraftdroschken durch den Leipziger Kraftfuhrwerksverein (20. 3.).
■ Eröffnung des Medizinhistorischen Instituts der Universität unter dem Direktorat von Karl Sudhoff (1. 4.).
■ Einweihung des Rathauses Schönefeld (9. 4.).
■ Einweihung des auf Initiative der im Ge-

werkschaftskartell zusammengeschlossenen Arbeiterorganisationen und mit dessen Mitteln errichteten Volkshauses in der Zeitzer Straße (15. 6.).

Das am 15. 6. 1906 eröffnete Volkshaus in der Zeitzer Straße

■ Mit der Übernahme des Insel-Verlages durch Anton Kippenberg beginnt dessen Aufstieg zu einem der führenden deutschen Belletristik-Verlage (1. 7.).
■ Mit seinem Werk „Theoretische Grundlagen für eine Mechanik des lebenden Körpers" begründet Universitätsprofessor Otto Fischer die exakte Wissenschaft von den Bewegungen des menschlichen Körpers.
■ Einweihung des Rathauses Thekla.
■ Inbetriebnahme des Leipziger Fernsprechamtes.
■ Gründung der Leipziger Vereinigung für öffentliche Kunstpflege, Stadtverschönerung und Denkmalschutz.
■ Der Leipziger Lehrerverein gründet das Institut für experimentelle Pädagogik und Psychologie.
■ Letztmalige Durchführung der Kleinmesse im Leipziger Stadtzentrum (Sept.).
■ Im „Eldorado" (Pfaffendorfer Str. 4) wird der erste Kinematograph in einer Leipziger Gaststätte eingebaut („Ladenkino").
■ Der Leipziger Ägyptologe Georg Steindorff beginnt in Giseh mit Ausgrabungen, die den Weltruf der ägyptischen Sammlung der Universität begründen.

■ Max Reger übernimmt eine Professorenstelle am Konservatorium (22. 3.). **1907**
■ Zeitliche und räumliche Trennung der Kleinmesse von der Mustermesse; die erste Kleinmesse wird am Frankfurter Tor (heute Haupteingang zum Sportforum) eröffnet (7. 4.).

Die seit 1907 auf den Meßplatz verlagerte Kleinmesse

■ Gründung des Arbeiter-Bildungs-Instituts Leipzig (25. 4.).
■ Einrichtung der ersten deutschen Privatpresse durch den Typographen Walter Tiemann und den Setzer Carl Ernst Poeschel als „Janus-Presse" (bis 1923).
■ Inbetriebnahme des Bahnhofes Plagwitz mit der Verbindungsbahn nach Großzschocher (1. 5.).
■ Der Kunsthistoriker Karl Günther Ernst Felix Becker begründet gemeinsam mit Ulrich Thieme das „Allgemeine Lexikon der bildenden Künstler von der Antike bis zur Gegenwart"; sie geben den ersten Band im Verlag Wilhelm Engelmann heraus (ab 1911 mit Band 5 erscheint es im E. A. Seemann-Verlag).
■ Gründung des Ägyptologischen Instituts der Universität.

■ Eröffnung von Steibs Hof als Geschäfts- und Lagerhaus für den Rauchwarenhandel.
■ Der Thüringer Bahnhof wird geschlossen (1. 10.) und dann abgebrochen .
■ Mit der „Weißen Wand“ an der Ecke Wintergartenstraße/Hofmeistraße wird der Übergang vom Ladenkino zum Filmtheater im heutigen Sinne vollzogen.
■ Einweihung des Rathauses Wahren (30. 12.).

Polymobil Typ B-10
Von der Polyphon-Werke AG Leipzig-Wahren 1907 hergestelltes Kraftfahrzeug mit einem Zweizylinder-Viertaktmotor

1908 ■ Hugo Riemann gründet das Musikwissenschaftliche Institut „Collegium musicum“ aus dem bereits bestehenden musikwissenschaftlichen Seminar.
■ Der Chirurg Friedrich Trendelenburg, Leiter der Leipziger Universitätsklinik, entfernt als erster Thoraxchirurg ein Blutgerinnsel aus der Lungenarterie.
■ Einweihung des von Carl Seffner geschaffenen Bach-Denkmals vor der Thomaskirche (17. 5.).
■ Beginn der Ausbildung von Universitätssportlehrern.
■ Ernst Hermann Heinrich Rowohlt begründet den „Rowohlt-Verlag Paris-Leipzig“, der sich der Herausgabe preiswerter Editionen klassischer Literatur und Arbeiten zeitgenössischer Autoren widmet; Kurt Wolff bringt sich als stiller Teilhaber in den Verlag ein (30. 7.).
■ Einweihung der katholischen Liebfrauenkirche in Lindenau als St. Marien (Sept.).
■ Eröffnung des Kaufhauses am Brühl (3. 10.).
■ Herausgabe des ersten offiziellen „Meß-Plakates“, das dann weltweit verbreitet wird.

Das erste Werbeplakat der Leipziger Messe von 1908

■ Der selbständige Rittergutsbezirk Kleinzschocher (139,4 ha) wird in die Stadtgebietsfläche Leipzigs eingemeindet (1. 1.). 1909
■ Ein Elsterhochwasser überflutet große Teile von Schleußig (Febr.).
■ Überführung der Stadtreinigung in städtische Regie (1. 4.).
■ Gründung der Gesellschaft der Freunde des Kunstgewerbemuseums unter maßgeblicher Mitwirkung des Kunsthistorikers Fritz von Harck, die sich der „Beschaffung außerordentlicher Ankaufsmittel für die Sammlungen des Museums“ verschreibt.
■ Erster Spatenstich für den Bau des Empfangsgebäudes des Hauptbahnhofes (13. 5.).
■ Der Verleger Julius Edgar Herfurth stellt in seinem Verlagshaus („Leipziger Neueste Nachrichten“) die erste 64seitige Zwillings-Rotationsmaschine in Europa auf.
■ Gründung des Leipziger Vereins für Luftschiffahrt mit Prof. Wilhelm Pfaff als Vorsitzendem und Prof. Otto Wiener als Vorsitzendem des technisch-wissenschaftlichen Ausschusses (Juli).
■ Eröffnung der Messehäuser „Handelshof“ (Grimmaische Straße) und „Specks Hof“ (Reichsstraße).
■ Der Leipziger Universitätsprofessor Wil-

helm Ostwald wird für seine Arbeiten auf dem Gebiet der Katalyse mit dem Nobelpreis für Chemie geehrt.
■ Eröffnung der Baugewerkeschule.
■ Gründung des Instituts für Kultur- und Sozialgeschichte an der Universität durch Karl Lamprecht.
■ Gründung des Heimes für gebrechliche Kinder „Humanitas“ in Leipzig-Eutritzsch.
■ Fertigstellung des im Jugendstil erbauten Riqethauses am Schuhmachergäßchen.

Das 1909 eröffnete Messehaus „Handelshof“ in der Grimmaischen Straße

1910 ■ Eingemeindung von Probstheida, Dölitz (mit Meusdorf), Dösen, Stötteritz, Möckern und Stünz in die Stadt Leipzig.
■ Einweihung der Philippuskirche in Lindenau.
■ Inbetriebnahme des Kraftwerkes Leipzig-Süd in Lößnig, das 10 kV Drehstrom erzeugt, der in sechs zeitgleich in Betrieb genommenen Umformwerken (Gohlis, Naundörfchen, Schenkendorfstraße, Connewitz, Plagwitz und Reudnitz) in Gleichstrom 2 x 220 Volt umgeformt wird (April).
■ Gründung des Vereins Deutscher Buchgewerbekünstler durch Hugo Steiner-Prag.

■ Auf Anregung des Stadtbauinspektors **1911**
Hans Strobel wird ein Generalbebauungsplan für Leipzig und seine Umgebung vorgelegt (Ende Febr.).
■ Der Flugpionier Erich Thiele und der Verleger Bernhard Meyer gründen in Lindenthal die Sächsischen Flugzeugwerke (März) (ab Nov. 1911 Deutsche Flugzeugwerke GmbH DFW).
■ Felix Löhnis wird Professor für Landwirtschaftliche Mikrobiologie an der Universität und legt den Grundstein für das Institut für Bodenkunde und Mikrobiologie der Landwirtschaftlichen Fakultät.
■ Offizielle Eröffnung des Flugplatzes Lindenthal, des zweiten Flugplatzes (nach Johannisthal bei Berlin) für Motorflüge im Deutschen Reich (16. 4.).
■ Umwandlung der Kammgarnspinnerei Stöhr & Co. in eine Aktiengesellschaft (20. 6.).
■ Eröffnung des Hotels „Continental“ als einer der ersten Stahlskelettbauten Europas nach den Plänen des Architekten Emil Franz Hänsel.
■ Gründung der „Hochschule für Frauen“, dem späteren „Sozialpädagogischen Frauenseminar“, durch Henriette Goldschmidt (29. 10.).

Emblem der am 29. 10. 1911 eröffneten Hochschule für Frauen Leipzig

■ Gründung der „Gartenstadt Leipzig-Marienbrunn GmbH“ mit einem Kapital von 35 000 Mark (3. 11.).

■ Der Kofferfabrikant Anton Mädler erwirbt den gesamten Häuserkomplex von Auerbachs Hof und vergrößert diesen durch Zukauf eines Nachbargrundstückes.
■ Auf Betreiben des Rauchwarenhändlers Paul Albert Thorer wird der Reichsverband der deutschen Rauchwarenfirmen gegründet.
■ Die Dresdner Bank eröffnet ihre erste Leipziger Niederlassung in der Goethestraße 3-5 (Nov.).
■ Nach der Restaurierung des Alten Rathauses öffnet das Stadtgeschichtliche Museum das Hauptgeschoß mit den historischen Räumen und der Kunstsammlung (11. 12.).

1912 ■ Der Leipziger Luftschiffhafen und Flugplatz A. G. (LEFAG) wird in Mockau ein 112 ha großes Areal zum Bau eines Luftschiff- und Flughafens für 30 Jahre unentgeltlich zur Verfügung gestellt (15. 3.).
■ Abbruch von Auerbachs Hof (ab 1. 4.).
■ Übernahme des Theaterwesens in städtische Regie und Bildung einer Intendanz, der Max Martersteig vorsteht (1. 4.).
■ Einweihung des Rathauses Paunsdorf (20. 4.).
■ Festliche Einweihung des preußischen Teils des Hauptbahnhofes (1. 5.).
■ Oswald Kahnt realisiert die erste Luftpostbeförderung durch ein Motorflugzeug in Leipzig (18. 5.).
■ Im Sonnen- und Luftbad Prießnitz-Bad wird das erste Freischwimmbecken Deutschlands seiner Bestimmung übergeben (Mai).
■ Im Insel-Verlag erscheint als Nr. 1 der „Insel-Bücherei" Rainer Maria Rilkes „Die Weise von Liebe und Tod des Cornets Christoph Rilke" (2. 6.).
■ Gründung der Höheren Israelitischen Schule durch Ephraim Carlebach.
■ Fertigstellung der ersten Bauten der Technischen Messe.
■ Der Magdeburger Bahnhof wird geschlossen (1. 10.) und danach abgerissen.
■ Eröffnung des Leipziger Bahnpostamtes in der Rohrteichstraße als größtes seiner Art in Europa (1. 10.).
■ Die sächsische Regierung, der Rat der Stadt und der Börsenverein der Deutschen Buchhändler zu Leipzig beschließen den Bau der Nationalbibliothek in Leipzig, für die der Verleger Karl Siegismund mit besonderer Initiative gewirkt hatte (3. 10.).
■ Schließung des Berliner Bahnhofs.
■ Der D-Zug-Verkehr auf dem Bayrischen Bahnhof wird eingestellt und über die anderen Leipziger Bahnhöfe geleitet (1. 10.).
■ Der Sächsische Landtag bewilligt 1,75 Millionen Mark zum Aufbau der Deutschen Bücherei in Leipzig (17. 12.).
■ Der Rat der Stadt kauft für 4,8 Millionen Mark das Rittergut Mockau.
■ Gründung der „Leipziger Jahresausstellungen" durch Max Klinger (Vorsitzender), Wil Howard, Albrecht Leistner u. a., die außerhalb des Museums zeitgenössische Kunstausstellungen, vor allem von jungen Künstlern, organisierten.

Das Signet des Insel-Verlages (entworfen vom Jugendstilkünstler Peter Behrens)

1913 ■ Gründung des Geophysikalischen Instituts der Universität (als zweites seiner Art in Deutschland) auf Initiative von Otto Wiener und unter Leitung des Norwegers Vilhelm Bierknes (1. 1.).
■ Die Deutsche Bücherei nimmt ihre Tätigkeit in einem Flügel des Buchhändlerhauses auf (1. 1.). Gustav Wahl wird ihr erster Direktor (25. 1.).

■ Gründung der Leipziger Allgemeinen Kraftomnibus AG (LAKAG) und Inbetriebnahme der ersten Omnibuslinie als „Messelinie" vom Hauptbahnhof zur Internationalen Baufachausstellung bzw. zum Völkerschlachtdenkmal (8. 2.).
■ Gründung der Leipziger Luftschiffhafen- und Flugplatz AG (15. 3.).
■ Die Gartenstadt Marienbrunn entsteht als Teil der Internationalen Baufachausstellung (27. 3.).
■ Internationale Baufachausstellung (IBA) (3. - 31. 5.).
■ In dem mit einem Baukostenaufwand von insgesamt 9 Millionen Mark neu errichteten Krankenhaus „St. Georg", das sieben Bettenhäuser umfaßt, findet der erste Patient Aufnahme (26. 5.).
■ Fertigstellung der ab 1905 erbauten Gartenstadt Alt-Lößnig (IAO Häuser) nach den Plänen der Architekten Anton Kaeppler und Max Pommer.
■ Eröffnung des ersten deutschen Flughafenhotels in Mockau.
■ Eröffnung der Königlichen Bauschule in der Kaiserin-Augusta-Straße 32 (heute Richard-Lehmann-Str.).
■ Grundsteinlegung für ein Richard-Wagner-Denkmal anläßlich seines 100. Geburtstages in den Promenaden unterhalb der Matthäikirche (22. 5.), das aber nicht realisiert wird.
■ XII. Deutsches Turnfest mit 70 000 Teilnehmern auf dem Gelände der heutigen Thaerstraße in Eutritzsch (12.-16. 7.).
■ Der Verleger Kurt Wolff gründet einen Verlag, der programmatisch noch wenig bekannte Autoren des literarischen Expressionismus durch Erstdrucke fördert.
■ Franz Werfel beginnt seine Tätigkeit als Lektor des Kurt-Wolff-Verlages Leipzig (bis 1914).
■ Eröffnung des Luna-Parkes in Wahren als das größte Vergnügungsetablissement Deutschlands (18. 6.).
■ Eröffnung des Hotels „Fürstenhof" (18. 10.).
■ Einweihung des nach den Plänen der Architekten Bruno Schmitz und Clemens Thieme erbauten Völkerschlachtdenkmals (18. 10.).
■ Einweihung der Russischen St.-Alexei-Gedächtniskirche zum Gedenken an die während der Völkerschlacht 1813 gefallenen 22 000 russischen Soldaten und Offiziere (18. 10.).

Anläßlich der Einweihung des Völkerschlachtdenkmals am 18. 10. 1913 herausgegebene Postkarte

■ Grundsteinlegung für den Bau der Deutschen Bücherei am Deutschen Platz (19. 10.).
■ Eröffnung des rekonstruierten und erweiterten „Auerbachs Keller".
■ Inbetriebnahme der ersten Omnibus-Überlandlinie der LAKAG vom Roßplatz über Mölkau nach Engelsdorf (25. 12.).

Anläßlich der Eröffnung des Luftschiffhafens Leipzig-Mockau am 22. 6. 1913 herausgegebene Ansichtskarte

1914

■ Eröffnung der I. Städtischen Bücherhalle in der Grenzstraße 3 in Reudnitz (1. 4.).
■ Eröffnung der ersten „Internationalen Ausstellung für Buchgewerbe und Graphik"

(BUGRA) auf Initiative des Börsenvereins Deutscher Buchhändler, insbesondere des Verlegers Arndt Meyer, und unter der Präsidentschaft von Ludwig Volkmann auf dem Ausstellungsgelände am Völkerschlachtdenkmal (6. 5.).

■ Einführung des elektrischen Zugbetriebes zwischen Leipzig und Bitterfeld (5. 6.), der dann aber wegen des Ersten Weltkrieges wieder eingestellt wird (1. 8.).

■ 1. Kongreß Deutscher Schriftstellerinnen in Leipzig (28.-30. 6.).

■ Eröffnung der Messehäuser „Mädler-Passage" und „Zentralmessepalast".

Das 1914 eröffnete Messehaus „Mädler-Passage", Foto von 1914

■ Nach Verkündung der Mobilmachung rücken aus den Kasernen der Stadt Soldaten an die Westfront aus (2. 8.).

■ Die Leipziger Allgemeine Kraftomnibus Aktiengesellschaft (LAKAG) muß ihren Betrieb einstellen, da sämtliche Fahrzeuge von der Heeresverwaltung für den Kriegseinsatz beschlagnahmt werden (12. 8.).

■ Gründung der Fachschule für Bibliothekstechnik und -verwaltung unter Leitung von Elise Hoffmann-Bosse als erste Schule dieser Art in Deutschland (12. 10.).

■ Einweihung des neuen Verlagsgebäudes der Firma Breitkopf & Härtel mit dem größten Druckereisaal der Welt in der Nürnberger Straße.

■ Gründung des „Sächsischen Forschungsinstitutes für Völkerkunde", der ersten deutschsprachigen Einrichtung dieser Art, durch den Anthropologen Karl Weule (1. 11.).

Plakat zur Weltausstellung für Buchgewerbe und graphische Künste 1914 in Leipzig

1915

■ Eingemeindung von Mockau und Schönefeld in die Stadt Leipzig (15. 2.).

■ Der Rat der Stadt führt Brot- und Mehlkarten ein; Kinder von zwei bis zehn Jahren erhalten zwei Pfund wöchentlich, Personen über zehn Jahre drei Pfund (16. 2.).

■ Auf Initiative von Barnet Licht findet das erste Konzert für das Arbeiter-Bildungs-Institut unter Leitung von Arthur Nikisch im Gewandhaus statt (21. 2.).

■ Auf Initiative von Philipp Rosenthal wird mit der „Zentralstelle für Interessen der Leipziger Messe e. V." eine umfassende Organisation der Einkäufer und Aussteller ins Leben gerufen.

■ Der Religionswissenschaftler Hans Haas wird Professor für allgemeine Religionsgeschichte und begründet an der Universität das Staatliche Forschungsinstitut für Vergleichende Religionsgeschichte.

■ Übergabe des nach den Plänen von William Lossow und Hans Kühne erbauten Hauptbahnhofes nach sechsjähriger Bauzeit (4. 12.).

Frontansicht des nach sechsjähriger Bauzeit am 4. 12. 1915 eröffneten Hauptbahnhofs, Foto von 1916

■ Eröffnung des Hotels „Astoria" am Hauptbahnhof (5. 12.).

Das am 5. 12. 1915 eröffnete Hotel „Astoria" am Hauptbahnhof

■ Gründung eines Lehrstuhls für Kolonialgeographie und Politik an der Universität auf Initiative von Hans Meyer.

1916 ■ Eröffnung des Warenhauses Althoff in der Petersstraße (heute Karstadt-Warenhaus).

■ Ausbruch von „Hungerkrawallen" in mehreren Stadtteilen, die in Leutzsch beginnen, als dort hungernde Frauen die Ladenfenster eines Buttergeschäftes einschlagen und plündern (13. 5.).

■ Die Automobil und Aviatik A. G. bezieht an der Torgauer Landstraße eine Werkanlage und beginnt dort mit der Produktion von Flugzeugen (Juni).

■ Fertigstellung des Messehauses „Stenzlers Hof" in der Petersstraße.

■ Unterzeichnung der Gründungssatzung des „Meßamtes für die Mustermessen in Leipzig" (18. 8.).

■ Feierliche Einweihung des Gebäudes der Deutschen Bücherei (2. 9.).

Das Gebäude der am 2. 9. 1916 eröffneten Deutschen Bücherei

■ Karl Büchner begründet das Institut für Zeitungskunde an der Universität, das erste zeitungskundliche Fachinstitut an einer deutschen Universität (1. 11.).

■ Die erste Auslandsreise des Gewandhausorchesters unter Leitung von Arthur Nikisch führt in die Schweiz (18.-23. 11.).

■ Die Große Leipziger Straßenbahn übernimmt mit Billigung des Rates der Stadt das gesamte Unternehmen „Leipziger Elektrische Straßenbahn" (1. 1.). 1917

■ Das „Meßamt für Mustermessen" nimmt als koordinierendes Organ für die Messeangelegenheiten Leipzigs mit Sitz im Gebäude der Alten Waage seine Arbeit auf (8. 2.).

■ Brand und Einsturz der Luftschiffhalle auf dem Flugplatz in Mockau (8. 2.).

■ Das Messehaus „Drei Könige" in der Petersstraße 32-34 wird eingeweiht (Frühjahr).

■ Die von den städtischen Behörden mit Wirkung vom 15. 4. angekündigte Herabsetzung

Nikisch, Arthur
Dirigent
geboren 12.10.1855 Lebeny-Szent-Miklös (Ungarn)
gestorben 23.1.1922 Leipzig
Studierte am Konservatorium Wien und wirkte ab 1878 in Leipzig. 1878 wurde er als Chorleiter des Neuen Theaters engagiert und 1879 zum Ersten Kapellmeister berufen. In der Spielzeit 1880/81 dirigierte er seine ersten Konzerte mit dem Gewandhausorchester. Nach Wirken in Boston, Budapest und Berlin wurde er 1895 zum Gewandhauskapellmeister berufen. Mit dieser Berufung leitete sich eine Glanzzeit des Klangkörpers ein. Nikitsch war ein zielstrebiger Programmgestalter, liebte Konzerte unter einem Motto und Aufführungszyklen (Bruckner, Richard Strauss). Engagierte sich für die russische Musikkultur, gab umstrittenen Werken Platz (u. a. Schönberg) und lenkte auch auf die ältere Musik hin („Altklassische Abende"). Machte sich auch verdient um die Erschließung sinfonischer Werke für die Arbeiter im Zusammenwirken mit dem Arbeiterbildungsverein und begründete 1918 die Silvesterkonzerte mit der Aufführung von Beethovens Neunter Sinfonie.

der täglichen Brotration von 200 auf 170 Gramm führt zum größten Massenstreik während des Ersten Weltkrieges, der von der USPD-Organisation Leipzigs ausgerufen wird (16. 4 .).

■ Gründung der Rauchwarenlagerhaus GmbH durch 40 Rauchwarenhändler vom Brühl.

■ Fertigstellung des Palmgartenwehres.

■ Gründung des Deutschen Vereins für Buchwesen und Schrifttum, der zum Initiator eines Museums für Buchdruck und Schrifttum wird.

■ Die Studentinnen der Universität werden vom Rektor aufgefordert, in den Rüstungsbetrieben zu arbeiten, um den Krieg zu unterstützen (11. 10.).

■ Nach der Parteispaltung der SPD fällt der „Leipziger Volkszeitung" die Rolle des Organs der neu gegründeten USPD zu.

■ Im Kaisergrund in Großzschocher errichtet die Deutsche Flugzeugwerke GmbH ihr Werk II (ab 1919 von der ATG übernommen).

■ Eröffnung des Gewerkschaftshauses des Verbandes deutscher Handlungsgehilfen in der Zeitzer Straße 8-14 (heute LVB-Gebäude Karl-Liebknecht-Str.).

■ Fritz Groh, Direktor für Turn-, Sport- und Jugendpflegewesen, gründet die Leipziger Musterschule für Turnen und Sport als erste ihrer Art in Deutschland, in der insbesondere das Frauenturnen gefördert wird.

1918

■ Leipzig hat 604 000 Einwohner.

■ Streik der Arbeiter der Leipziger Rüstungsindustrie, insbesondere der Arbeiter der Deutschen Flugzeugwerke in Lindenthal (28. 1.-2. 2.).

■ Die Reste der Infanterieregimenter 106 und 107 werden nach der Niederlage Deutschlands und der Beendigung des Ersten Weltkrieges auf dem Markt empfangen (16./17. 2.).

■ Durchführung des ersten vom Leipziger Messeamt veranstalteten „Gewandhaus-Sonderkonzerts aus Anlaß der Leipziger Frühjahrs-Mustermesse" unter Leitung von Arthur Nikisch (5. 3.).

■ Das Messeamt führt offiziell das von Erich Gruner geschaffene Messeabzeichen ein.

■ Der Mathematiker Leon Lichtenstein begründet die „Mathematische Zeitschrift".

■ Erstmalige Durchführung der Leipziger Baumesse in „Barthels Hof" (25. 8.-31. 8.).

■ Eröffnung des Varieté-Theaters „Drei Linden in Lindenau (20. 10.).

■ Radikale Kräfte (Spartakusanhänger), unterstützt von den Linken in der USPD, rufen die Leipziger Arbeiter zum Streik auf (7. 11.).

■ Vom Hauptbahnhof aus ziehen mehrere hundert zu Kriegsgegnern gewordene Soldaten und Matrosen zum Volkshaus in der Zeitzer Straße, wo sie einen Soldatenrat wählen und Richard Lipinski zu ihnen spricht (8. 11.).

■ Die revolutionären Soldaten besetzen in der Döllnitzer Straße das Stellvertretende Generalkommando des XIX. Armeekorps und später die Kasernen in Gohlis und Möckern (8. 11.).

■ Die USPD bildet einen Arbeiterrat, in dessen Auftrag Richard Lipinski und Friedrich Geyer Verbindung zum Soldatenrat aufnehmen. Aus beiden Räten wird der Arbeiter- und Soldatenrat Leipzigs unter der Leitung von Richard Lipinski gebildet (8. 11.).

■ Der Arbeiter- und Soldatenrat ruft dazu auf, in allen Betrieben Arbeiterräte zu bilden, deren Delegierte den „Großen Rat der Arbeiter- und Soldatenräte Leipzigs" konstituieren (9. 11.).

■ Massenkundgebung der Arbeiter Leipzigs auf dem Augustusplatz („Revolutionsfeier") (10. 11.).

■ Auflösung der Leipziger Stadtverordnetenversammlung (16. 11.).

■ Der Arbeiter- und Soldatenrat bildet acht Sicherheits-Wachkompanien (auch als Sicherheits- bzw. Volkswehren bezeichnet), die die Aufgabe erhalten, Heeresgüter, Kasernen, Bahnhöfe und andere öffentliche Gebäude zu sichern und polizeiliche Aufgaben zu übernehmen (16. 11.).

■ Gründung des Leipziger Bürgerausschusses als Sammlungs- und Führungsorgan gegen die revolutionären Bestrebungen unter Leitung des Universitätsprofessors Walter Goetz (17. 11.).

■ Die Firmen Karl Franz Koehler und Friedrich Volckmar schließen sich zur größten Kommissionsbuchhandlung Deutschlands zusammen.

■ Die Firma Koehler & Volckmar AG & Co. kontrolliert über den Zwischenhandel den gesamten deutschsprachigen Markt und nimmt auch internationalen Einfluß.

■ Bildung eines ersten Städtischen Arbeitsamtes (6. 12.).

■ Die Alberthalle wird mit 2 500 Sitzplätzen zum zweitgrößten Kino Deutschlands umgebaut.

■ Eröffnung des ersten Volkskindergartens der Stadt (Henriette-Goldschmidt-Kindertagesheim) in der Spittastraße in Lindenau (30. 12.).

■ Erstes Silvesterkonzert des Gewandhausorchesters unter Leitung von Arthur Nikisch mit Beethovens Neunter Sinfonie (31. 12.).

Lipinski, Richard
Publizist und Politiker
geboren 6.2.1867 Danzig
gestorben 18.4.1936 Bennewitz b. Wurzen
Kam nach kaufmännischer Lehre in Danzig 1885 nach Leipzig und arbeitete hier als Verkäufer und Buchhalter. 1890 Mitglied der SPD. 1890 begründete er die „Freie Vereinigung der Kaufleute Sachsens" und 1897 den Zentralverband der Handlungsgehilfen Deutschlands (später Zentralverband der Angestellten). 1900 war er Gründer des Vereins „Arbeiterpresse" und 1901 der Unterstützungsvereinigung der Angestellten der SPD und der Gewerkschaften. Seit 1891 war er journalistisch tätig („Wähler", „Leipziger Volkszeitung"). Gründete 1898 eine Verlagsbuchhandlung, die sozialdemokratische Schriften und Theaterliteratur herausgab. Neben der Herausgabe des „Arbeiterführers für Leipzig" verfaßte er arbeitsrechtliche Schriften, Arbeiten über das Mietrecht und die Schulgesetzgebung, eine Geschichte der Sozialdemokratie und der Arbeiterbewegung in Leipzig. 1907-1933 Vorsitzender des SPD-Bezirkes Leipzig. 1918-1919 war er in Leipzig Vorsitzender des Arbeiter- und Soldatenrates, in Sachsen des Rates der Volksbeauftragten und sächsischer (USPD)-Ministerpräsident (zugleich auch Innen- und Außenminister), 1920-1923 Innenminister des Freistaates Sachsen und Mitglied des Reichstages. In den 1920er Jahren betätigte er sich als Historiker und Publizist. 1934 wurde er von den Nationalsozialisten verhaftet und war bis 1935 in Untersuchungshaft.

■ Gründung der Ortsgruppe Leipzig der Kommunistischen Partei Deutschlands unter dem Vorsitz von William Zipperer in den „Coburger Bierhallen" am Brühl (4. 1.). **1919**

■ Auf dem Bahnhof Leutzsch wird von Sicherheitskräften, der Matrosenkompanie und dem Arbeiter- und Soldatenrat ein Zug mit Teilen des Infanterieregiments 77, aus der Lahngegend kommend und Leipzig zum Einsatzort Berlin passierend, aufgehalten; es kommt zu Schießereien mit Toten und Verletzten auf beiden Seiten (9. 1.).

■ Verhängung des Belagerungszustandes über Leipzig (14. 4.).

■ Auf Befehl der deutschen Reichsregierung und mit Zustimmung der sächsischen Landesregierung rücken Regierungstruppen (rd. 18 000 Soldaten) unter Generalmajor Georg Maercker in die Stadt ein und besetzen diese, ohne auf nennenswerten Widerstand zu stoßen. Anlaß ist der vom radikalen Flügel der USPD und den Spartakisten für den 12. 5. proklamierte Generalstreik (11. 5.).

■ Generalmajor Georg Maercker verhängt über die Stadt das Standrecht. Mehrere Spartakisten werden verhaftet und der Leipziger Arbeiterrat aufgelöst, da er ohne gesetzliche Grundlage gebildet worden war (11. 5.).

■ Der Aufruf zum Generalstreik wird allgemein nicht befolgt. In den meisten Betrieben wird wie gewohnt die Arbeit aufgenommen (12. 5.).

■ Aufstellung des Zeitfreiwilligenregiments Leipzig in der 106er-Kaserne, bestehend aus vier Bataillonen, sich rekrutierend aus Studenten der Universität, Beamten und Angestellten (13. 5.).

■ Gründung des Kirchenmusikalischen Instituts am Konservatorium unter Leitung von Karl Straube.

■ Gründung der satirischen Wochenschrift „Der Drache“ durch Hans Reimann.

■ Am Lausener Weg entsteht aus einer Gartengesellschaft die „Kleinhaussiedlung Leipzig-Kleinzschocher“, die spätere Siedlung Grünau.

■ Gründung der Allgemeinen Transportanlagen-Gesellschaft, einer Maschinenfabrik zur Projektierung und Errichtung von Förderanlagen (1. 7.).

■ Die Sächsische Gesellschaft der Wissenschaften zu Leipzig erhält den Status einer Akademie (SAW).

■ Errichtung eines Reichs-Wirtschaftsmuseums im Haus des Verbandes Deutscher Handlungsgehilfen in der Zeitzer Straße.

■ Einrichtung eines Lehrstuhls für Völkerkunde an der Universität.

■ 1. Deutscher Handlungsgehilfentag (18.-19. 10.).

■ Programmparteitag der von Gustav Stresemann geleiteten großbürgerlichen Deutschen Volkspartei (18.-20. 10.).

■ Übernahme der Straßenbahngesellschaft durch die Stadt (1. 11.).

■ Parteitag der USPD, der im Aktionsprogramm das Rätesystem befürwortet, aber den Anschluß an die Kommunistische Internationale ablehnt (30. 11.-6. 12.).

■ Außerordentlicher Programmparteitag der Deutschen Demokratischen Partei (DDP) in Leipzig (13.-15. 12.).

■ Einrichtung von Lehrstühlen für Dermato-Venerologie, Hals, Nasen- und Ohrenheilkunde und Pädiatrie (Kinderheilkunde) an der Medizinischen Fakultät der Universität.

■ Eröffnung der neuen Volksbühne (19. 12.).

■ Unter dem Protektorat des Leipziger Messeamtes gründet Richard Graul, Direktor des Kunstgewerbemuseums, die „Entwurfs- und Modellmesse“.

■ Gründung der „Textilmesse“, die sich zur größten Textilmesse der Welt entwickelt.

1920

■ Generalstreik gegen den Kapp-Putsch, an dem sich rd. 140 000 Leipziger beteiligen.

■ Gegen die Demonstrationen der Arbeiter ruft der Kommandierende General, Senft von Pilsach, das Zeitfreiwilligenregiment und Teile des Reichswehrregiments 37 zu den Waffen.

■ Es kommt zu Kämpfen am Augustusplatz, an der Thomasschule und zur Zerstörung des Volkshauses in der Zeitzer Straße. Allein in den Kämpfen am Augustusplatz werden 40 Demonstranten getötet und mehr als 100 verletzt („Leipziger Blutsonntag“) (14. 3.).

■ Auf dem ehemaligen Gelände der IBA wird auf einer Fläche von ca. 225 000 qm die Technische Messe als weltweit erste ihrer Art erstmalig durchgeführt (März).

■ Österreich begründet als erstes Land eine geschlossene nationale Ausstellung auf der Leipziger Messe.

■ Einrichtung eines „Funkwirtschaftsdienstes“ in der Stadt, eines Vorläufers des späteren Rundfunks (1. 7.).

■ Gründung der Textilmesse innerhalb der Leipziger Messe, die das Messehaus „Kosmos“ bezieht.

■ Die Firma J. Mehlich AG Berlin übernimmt, nachdem der Versailler Vertrag den Bau von Flugzeugen verbot, die Werkanlagen der „Aviatik“ in Heiterblick und beginnt dort mit der Reparatur von Güter- und Personenwaggons.
■ Die erste Auslandsreise des Thomanerchores unter Leitung von Karl Straube führt nach Dänemark, Schweden und Norwegen (Herbst).
■ Der Zoologische Garten wird städtischer Besitz und in der Folge auf 12,5 ha erweitert.
■ Zur Förderung des innovativen Kunsthandwerks findet auf Initiative von Richard Graul erstmals die „Grassimesse“ statt (Okt.).
■ Die Chorvereinigung Bach-Verein wird mit dem Gewandhauschor unter Leitung von Karl Straube zur „Chorvereinigung des Gewandhauses“ zusammengelegt (17. 11.).
■ Die 70 km lange 110-kv-Hochspannungsleitung für den ersten Fernstrombezug Leipzigs vom Staats-Elektrizitätswerk Golpa-Jeßnitz bei Bitterfeld geht in Betrieb (Nov.).

Straube, Karl
Organist und Chorleiter
geboren 6.1.1873 Berlin
gestorben 27.4.1950 Leipzig

Nach dem Studium in Berlin wirkte er 1902-1918 als Organist der Thomaskirche Leipzig und war dann 1918-1939 Thomaskantor. 1919 begründete er am Konservatorium Leipzig das Institut für Kirchenmusik und leitete es bis 1948. 1903 hatte er die Leitung des Bach-Vereins Leipzig (Chorvereinigung) übernommen und verschmolz diesen 1920 mit dem Gewandhauschor. Er erwarb sich als Chorerzieher, Organist und Organisator der Leipziger Bach-Feste internationale Anerkennung. An der Erarbeitung eines neuen, unromantischen Aufführungsstils der Werke Bachs war er ebenso bahnbrechend beteiligt wie an der Erneuerung des Orgelspiels und der Förderung des zeitgenössischen Orgelschaffens, besonders der Werke Max Regers.

Während des Generalstreiks gegen den Kapp-Putsch im Leipziger Osten (Eisenbahnstr.) errichtete Barrikade, März 1920

Das während des Kapp-Putsches 1920 zerstörte Volkshaus

1921

■ Eröffnung des literarischen Kabaretts „Retorte“ durch Hans Reimann mit dem Vergnügungslokal „Eldorado“ in der Pfaffendorfer Straße als Spielort; es gastieren hier in der Folgezeit u. a. die zeitkritischen Autoren Walter Mehring und Max Hermann-Neiße (1. 2.).
■ Eröffnung des Staatsgerichtshofes für das Deutsche Reich (21. 2.).
■ Die konservativ-antisemitische „Leipziger Allgemeine Zeitung“ und die linksbürgerliche „Leipziger Zeitung“ werden aus geschäftlichen Gründen zur „Neuen Leipziger Zeitung“ zusammengefaßt.
■ Das Königliche Palais (Goethestraße/Ecke Ritterstraße) wird als erstes Branchenmessehaus unter dem Namen „Porzellan-Palais“ anläßlich der Frühjahrsmesse eröffnet (6. 3.).
■ Durchführung der ersten Deutschen Pelz-

modenschau durch den Verein Deutscher Kürschner und den Verband der Deutschen Modeindustrie im Krystallpalast, deren künstlerische Leitung in den Händen von Paul Gruner liegt (4.-5. 4.).

■ Der Jurist Erwin Jacoby gründet das Institut für Arbeitsrecht.

■ Eröffnung des elektrischen Eisenbahnbetriebes auf der Strecke Leipzig–Bitterfeld (22. 9.).

■ Gründung der Leipziger Theatergemeinde durch Fritz Viehweg.

■ Im Deutschen Buchgewerbehaus wird erstmals vom Deutschen Buchgewerbeverein die „Bugra-Maschinenmesse“ als größte Spezialmesse der Welt für buchgewerbliche Maschinen und Materialien durchgeführt.

1922 ■ Eingemeindung von Großzschocher-Windorf, Leutzsch, Paunsdorf und Wahren in die Stadt Leipzig (1. 1.).

■ Das Volksbildungsamt und das Amt für Leibesübungen nehmen ihre Tätigkeit auf (1. 4.).

■ Eröffnung der Volkshochschule Leipzig unter Leitung von Hermann Heller (3. 5.).

■ Beginn des Ausbaus des Flughafens Mockau, für den die Stadtverordnetenversammlung die Bereitstellung mehrerer Millionen Mark beschließt (21. 5.).

■ 1. Bundeskongreß des Allgemeinen Deutschen Gewerkschaftsbundes in Leipzig (22.-29. 6.).

■ Als Reaktion auf den Mord an Reichsaußenminister Walther Rathenau (24. 6.) kommt es in Leipzig zur zweitgrößten antimonarchistischen Kundgebung in Deutschland mit rd. 200 000 Teilnehmern (27. 6.).

■ Wolfgang Ostwald übernimmt an der Universität die erste ordentliche Professur für Kolloidchemie in Deutschland.

■ I. Deutsches Arbeiter-Turn- und Sportfest (22.-25. 7.).

■ Einweihung des VfB-Stadions in Probstheida (5. 8.).

■ Einweihung des Schützenhauses im Leutzscher Holz.

■ Gründung der Gesellschaft Deutscher Geophysiker.

■ Gründung der ersten Leipziger Ortsgruppe der Nationalsozialistischen Arbeiterpartei Deutschlands (NSDAP) (22. 11.); 1925 Neugründung.

■ Gründung der Leipziger Orchestergesellschaft GmbH, der u. a. die städtischen Theater, der Riedel-Verein, die Leipziger Singakademie, das Arbeiter-Bildungs-Institut, der Leipziger Lehrer-Gesangsverein und die Universitätssängerschaft St.Pauli angehören (6. 1.).

Massenübung während des I. Deutschen Arbeiter-Turn- und Sportfestes, Juli 1922

1923 ■ Gründung der „Leipziger Messe- und Ausstellungs-Aktiengesellschaft“, u. a. durch den Bankier Hans Kroch.

■ Der Buchbinder Hans Dannhorn gründet den Bund „Meister der Einbandkunst“ und wird dessen Vorsitzender.

■ Gründung der Hebräischen Sprachschule durch Mojssej Woskin-Nehartabi (10. 2.).

■ Gertrud Hermes eröffnet das erste ihrer sechs Volkshochschulheime in Leipzig (17. 2.).

■ Leipzig-Mockau wird in Anwesenheit des Reichspräsidenten Friedrich Ebert zum Weltflughafen erklärt (Frühjahr).

■ Nach dem Umzug der Tierärztlichen Hochschule Dresden nach Leipzig wird der Veterinäranatom Hermann Baum erster Dekan der Veterinärmedizinischen Fakultät der Universität.

■ Gründung der Stadtbank Leipzig als Tochter der Sparkasse und Übernahme aller bankmäßigen Geschäfte.

■ Eröffnung des Naturkundemuseums am Schulplatz.

■ Das während des Kapp-Putsches 1920 zer-

störte Volkshaus wird nach seinem Wiederaufbau mit einer Demonstration von über 40 000 Gewerkschaftern eingeweiht (1. 5.).
■ Inbetriebnahme des Telegrafenamtes Leipzig-Mitte als das größte selbständige Amt in Europa (10. 6.).
■ Das Kaffeehaus Felsche am Augustusplatz wird von hungernden Frauen und Männern gestürmt (4. 7.).
■ Als Teil der Chirurgischen Klinik der Universität wird in der Liebigstraße das Röntgen-Institut in Betrieb genommen.
■ Auf dem Elsterflutbecken findet die erste Ruderregatta statt.

Das 1912–1922 angelegte Elsterbecken, auf dem 1923 die erste Ruderregatta stattfand

■ Die Zahl der Arbeitslosen steigt auf 87 429 (Okt.).
■ Die Reichswehr rückt in die Stadt ein und übernimmt die vollziehende Gewalt, nachdem sich Sachsen mit seinem sozialdemokratischen Kabinett Zeigner gegen das Reich stellt und damit die Reichsexekution angeordnet wird (22. 10.).
■ Uraufführung des Dramas „Baal“ von Bertolt Brecht unter der Regie von Alwin Kronacher im Alten Theater (8. 12.).

1924 ■ Gründung der „Mitteldeutschen Rundfunk-AG, Gesellschaft für Unterhaltung und Belehrung Leipzig“ („Mirag“) mit einem Aktienkapital von 80 000 Goldmark (22. 1.).
■ Als zweite deutsche Radiostation nimmt die Mitteldeutsche Rundfunk AG („Mirag“) in einem Senderaum im Gebäude der Alten Waage am Markt und einem im Bereich des Johannishospitals aufgebauten Meßamtsender der Reichs-Telegraphen-Verwaltung (250-W-Mittelwellensender) die Tätigkeit auf (1. 3.).
■ Die Stadt verkauft die Harth an die Braunkohle AG, womit die folgenreiche Zerstörung des Leipziger Südraumes eingeleitet wird.
■ Gründung des Pädagogischen Instituts für Volksschullehrer an der Universität.
■ Im Physikalischen Institut der Universität wird durch den Physiker August Karolus das erste betriebsfähige Modell eines Fernsehapparates aufgebaut und vorgeführt.
■ Kurt Fleischhack ruft zur materiellen Unterstützung und zur breiteren Popularisierung der Deutschen Bücherei die „Bücherlotterie“ ins Leben.
■ Albert Schramm, Direktor des Buchmuseums Leipzig, beginnt mit der Herausgabe der „Zeitschrift für den Buchhandel“.
■ Eröffnung des elektrischen Eisenbahnbetriebes auf der Strecke Leipzig–Halle/Saale (1. 6.).
■ Gründung der Büchergilde Gutenberg auf einer Tagung des Bildungsverbandes der deutschen Buchdrucker mit Bruno Dreßler als erstem Geschäftsführer, die unter dem Motto „Bücher voll guten Geistes und von schöner Gestalt“ zu einer der größten Buchgemeinschaften avanciert (29. 8.).
■ Gründung der Leipziger Organisation des „Roten Frontkämpferbundes“ durch die KPD in der Gaststätte „Pantheon“ (24. 9.).
■ Gründung des „Leipziger Sinfonieorchesters“ (heute MDR-Sinfonieorchester) unter Leitung von Alfred Szendrei (17. 10.)

Leipziger Notgeldschein von 1923

1925 ■ Die Leipziger Messe gehört zu den Gründungsmitgliedern der Vereinigung Internationaler Messen (UFI = Union de Foires Internationales).

■ Eröffnung des ersten Untergrundmessehauses der Welt auf dem Markt (Frühjahrsmesse).

■ Mit Mozarts „Zauberflöte" aus der Leipziger Oper wird die erste Opernübertragung per Rundfunk realisiert (6. 12.).

■ Mit der Fusion der Ludwig-Hupfeld-Werke AG Leipzig und der Gebrüder Zimmermann AG Leipzig entsteht unter dem Namen „Leipziger Pianoforte- und Phonolafabriken Hupfeld – Gebr. Zimmermann AG" der größte europäische Hersteller dieser Branche.

■ Die bisherigen selbständigen Rittergutsbezirke werden in die Stadt Leipzig eingemeindet: Rittergut Dölitz, Rittergut Paunsdorf, Rittergut Leutzsch mit Barneck, die Rittergüter Schönefeld und Stötteritz, der Rittergutsbezirk Großzschocher und das Vorwerk Windorf, Gutsbezirk Waldung Burgaue und der Gutsbezirk Kaserne 106 Möckern (1. 4.).

■ Gründung der Firma Dietz & Ritter zur Produktion funktechnischer Erzeugnisse und Transformatoren in Stötteritz (April).

■ Eröffnung des auf Initiative der Mitglieder des VfL Stötteritz erbauten Südostbades in der Oststraße (10. 5.).

■ Deutsches Händel-Fest in Leipzig und Gründung der Neuen Händel-Gesellschaft (6.-8. 6.).

■ Die Vereinigten Staaten von Nordamerika zeigen im Königshaus am Markt zum ersten Mal in Leipzig eine Ackerbauausstellung; ein „Amerika-Tag" steht mit auf dem Programm der Herbstmesse.

■ Einweihung der größten industriellen Ausstellungshalle Europas für den Verein Deutscher Werkzeugmaschinenfabriken (VDW) (rund 18 000 qm) auf dem Gelände der Technischen Messe.

■ Einweihung des Lindenauer Sportplatzes Charlottenhof mit einer Turnhalle, einem Schwimmbad, zwei Spielplätzen, einer Fechtbahn und einem Vereinsheim (26. 7.).

■ Erich Kästner beginnt seine Tätigkeit als Feuilletonredakteur der „Neuen Leipziger Zeitung".

■ Wiederaufnahme des städtischen Omnibusverkehrs durch die Städtische Große Leipziger Straßenbahn.

■ Gründung des Instituts für Leibesübungen an der Universität, womit Körpererziehung erstmals vollwertiges akademisches Studienfach wird.

■ Hermann Altrock wird mit seiner Berufung zum Professor für Pädagogik der Leibesübungen erster „Sportprofessor" an einer deutschen Hochschule (1.10.).

■ Eröffnung des Verwaltungsbetriebes im Neubau der Allgemeinen Ortskrankenkasse (AOK) (5.10.).

■ 1. Reichskriegertag des Kyffhäuserbundes, der Dachorganisation der deutschen Krieger- und Militärvereine (17.-18. 10.).

■ Eröffnung des größten Leipziger Straßenbahn-Betriebsbahnhofes mit einer Wagenhalle mit 23 Gleisen an der Angerbrücke (4. 12.).

■ Der Börsenverein der Deutschen Buchhändler stiftet anläßlich seiner 100-Jahr-Feier eine Professur für Buchhandelsbetriebslehre an der Handelshochschule Leipzig, die von Gerhard Menz besetzt wird.

■ Oberbürgermeister Karl Rothe reist nach New York, um den Vertrag über eine Fünf-Millionen-Dollar-Anleihe zu unterzeichnen. Zur Sicherung der 7000 Schuldurkunden wird städtisches Grundeigentum verpfändet. 1926

■ Die Stadt gerät in die Hände ausländischer Gläubiger und muß jährlich eine Zinssumme von 150 000 Dollar (= 600 000 Reichsmark) entrichten (Febr.).

■ Aufnahme des Messeflugverkehrs vom Flughafen Mockau durch die Lufthansa mit Doppeldeckern des Typs „Fokker Albatros" (1. 3.).

■ Gründung der Reichszentrale für Pelztier- und Rauchwarenforschung, die, von Walter Krausse geleitet, Wissenschaftler, Züchter und Händler vereint (9. 4.).

■ Einweihung des Gebäudes der Oberpostdirektion in der heutigen Karl-Liebknecht-Straße 145.

■ Offizielle Eröffnung des nach den Plänen des Architekten Hubert Ritter erbauten Pla-

Kästner, Erich
Schriftsteller
geboren 23.2.1899 Dresden
gestorben 29.7.1974 München
Kam im Herbst 1919 von Dresden nach Leipzig, um an der Universität Germanistik, Geschichte, Philosophie und französische Literatur zu studieren. Ab 1922 verdiente er sich in Leipzig seinen Lebensunterhalt, indem er zu den Messezeiten Adressen schrieb und Plakate trug bzw. als Buchhalter der Städtischen Baugesellschaft arbeitete. Begann dann für Leipziger Zeitungen Theaterkritiken und andere Beiträge zu schreiben. 1923 kam er dank einer sehr gelungenen Lokalglosse („Max und sein Frack") zu einer Anstellung beim „Leipziger Theaterblatt". Durch den Publizisten Natonek wurde er 1925 Feuilletonredakteur der liberalen „Neuen Leipziger Zeitung". 1925 promovierte er an der Universität Leipzig. Aufgrund einer gegen ihn gerichteten Kampagne in den konservativen „Leipziger Neuesten Nachrichten" wurde er 1927 entlassen, siedelte nach Berlin über, schrieb aber weiterhin Beiträge für die „Neue Leipziger Zeitung". Seine ersten gesammelten Gedichte in zwei Bänden erschienen noch in Leipzig, wo sie entstanden waren („Herz auf Taille", 1928, und „Lärm im Spiegel", 1929).

netariums im Gelände des Zoologischen Gartens (20. 5.).

■ Beginn der kontinuierlichen Wetterbeobachtung in Leipzig (Wetterwarte im Gebäude der Lufthansa auf der Südseite des Flughafens in Schkeuditz).

■ Durchführung einer Richard-Strauss-Woche, in der Richard Strauss persönlich u. a. seine Opern „Salome" und „Der Rosenkavalier" dirigiert (6.-16. 6.).

■ Offizielle Übergabe des ersten Großsenders für Leipzig am Haupteingang des Messegeländes an der Reitzenhainer Straße (heute Prager Straße), bestehend aus einem Sendehaus (TELEFUNKEN- 1,7-kW-Sendeanlage) und zwei frei stehenden 105 m hohen Stahlgittertürmen zum Aufhängen der Antenne (17. 6.).

■ In einem Volksentscheid sprechen sich in Leipzig 260 911 der Wahlberechtigten (54, 9 %) für die entschädigungslose Enteignung der Fürsten aus; nur 22 491 votieren gegen die Enteignung (20. 6.).

■ Friedrich Rabenschlag gründet den „Madrigalkreis Leipziger Studenten" (1938 in „Leipziger Universitätschor" umbenannt).

■ Eröffnung der Bundesschule des Arbeiter-Turn- und Sportbundes (ATSB) unter der Leitung von Otto Benedix in der Fichtestraße (18. 9.).

Die am 18. 9. 1926 eröffnete Bundesschule des ATSB in der Fichtestraße

■ Henri Hinrichsen ermöglicht durch eine Stiftung den Erwerb der Heyerschen Musikinstrumentensammlung für das Musikwissenschaftliche Institut der Universität.

■ Bei den Wahlen zur Stadtverordnetenversammlung verlieren die bürgerlichen Parteien die Mehrheit. SPD und KPD gehen eine Listenverbindung ein und erringen 41 der insgesamt 75 Sitze (für die SPD stimmen 148 307, für die KPD 69 093). Für die Vereinigte Bürgerliste stimmen 108 527, für die Deutsche Demokratische Partei 19 462 und für die NSDAP 9 287 Wähler (14. 11.).

■ Einweihung des Ringmessehauses als das größte Messehaus Leipzigs und das größte Textiltmessehaus der Welt.

■ Am Krankenhaus St. Georg wendet Professor Oskar Wandel erstmals in Deutschland selbst hergestelltes Insulin an.

■ Der Deutschlandsender (Berlin-Königswusterhausen) überträgt erstmals ein Funkkonzert der MIRAG aus Leipzig (6. 12.).

■ Gründung des Reichsarbeitsgerichtes am Reichsgericht Leipzig (Dez.).

Das 1926 eingeweihte Ringmessehaus; bei seiner Eröffnung das größte Textilmessehaus der Welt

■ Mit einem Lehrstuhl für Anthropologie und Ethnologie, dem Otto Reche als Ordinarius vorsteht, wird an der Universität der Beginn der Rassen- und Völkerkunde eingeleitet.

Signet der Internationalen Buchkunstausstellung 1927

1927 ■ Uraufführung der Oper „Jonny spielt auf" von Ernst Krenek im Neuen Theater (10. 2.).

■ Eröffnung von Teilen des Grassimuseums am Johannisplatz mit der großangelegten Schau „Europäisches Kunstgewerbe 1927", mit der das Museum europaweit schlagartig bekannt wird (6. 3.-15. 8.).

■ Aufnahme des Flugbetriebes auf dem „Mitteldeutschen Zentralflughafen Halle/Leipzig" in Schkeuditz (27. 4.).

■ Das Hirnanatomische Laboratorium der Universität wird anläßlich des 80. Geburtstages von Paul Flechsig in ein Hirnforschungsinstitut der Psychiatrischen Klinik umgewandelt.

■ Richard Arwed Pfeifer übernimmt die erste planmäßige Professur für Hirnforschung in Deutschland.

■ Durchführung der ersten Internationalen Buchkunstausstellung (iba) im Museum der bildenden Künste auf Initiative von Hugo Steiner-Prag unter dem Protektorat von Adolf von Harnack, Gerhart Hauptmann und Max Liebermann und in Anwesenheit von Thomas Mann und Stefan Zweig (28. 5.- 30. 9.).

■ Berufung des Physikers Werner Heisenberg an die Universität, wo dieser ein bedeutendes Zentrum der theoretischen Physik aufbaut.

1928 ■ Durchführung des 1. Leipziger Sechstagerennens in der Sporthalle Achilleion (6.-11. 1.).

■ Das alte Johannishospital wird zugunsten des Neubaus des Grassimuseums abgerissen.

■ Eröffnung der Deutschen Kürschnerschule auf Initiative des Obermeisters Walter Maerz (15. 3.).

■ Eröffnung des Neubaus der Universitätsfrauenklinik unter Leitung von Hugo Sellheim am Windmühlenweg (heute Philipp-Rosenthal-Straße) (April).

■ Eröffnung des Neuen Israelitischen Friedhofes an der Delitzscher Landstraße (6. 5.).

■ Die Mitteldeutsche Rundfunk A.G. (MIRAG) zieht nach erweitertem Sendebetrieb in das „MIRAG-HAUS" in Barthels Hof, wo auch die modernste Schallplatten-Aufnahmeanlage des deutschen Rundfunks eingebaut ist.

■ Als erstes jüdisches Krankenhaus Sachsens wird das Israelitische Krankenhaus eingeweiht, das durch Stiftungsmittel der Familie Eitingon und auf Anregung von Pascal Deuel entstand, der auch erster Chefarzt wird (17. 5.).

■ Einweihung des Neubaus der Medizinischen Klinik in der Johannisallee.
■ Thomas Mann hält anläßlich des 100jährigen Bestehens des Reclam-Verlages die Festrede. Zu den Gästen gehört auch der Dramatiker Gerhart Hauptmann (1. 10.).
■ Einweihung des im Auftrage des Bankiers Hans Kroch erbauten Kroch-Hochhauses am Augustusplatz, des ersten Hochhauses der Stadt (14. 11.).
■ Durchführung einer eigenständigen Textilmesse im Rahmen der Mustermesse, die mit rund 19 000 qm Ausstellungsfläche die größte Textilmesse der Welt ist.
■ Eröffnung der „Neuen Goldenen Laute" am Ranstädter Steinweg (heute Jahnallee), der auf einem Areal von 3000 m^2 mit Geschäftshaus, Hotel und Großgarage größten Einrichtung dieser Art in Deutschland.

Die Feierhalle des am 6. 5. 1928 eröffneten Neuen Israelitischen Friedhofes

1929 ■ Der unter Leitung von Hubert Ritter ausgearbeitete erste Generalbebauungsplan der Stadt wird beschlossen und veröffentlicht.
■ Aufführung des ersten Tonfilmes im UT Hainstraße (26. 1.).
■ Eröffnung des Messehauses „Petershof", gebaut nach den Plänen des Architekten Alfred Liebig (Frühjahrsmesse).
■ Eröffnung des aus dem 1902 gegründeten „Musikhistorischen Museum" hervorgehenden Musikinstrumentenmuseums der Universität (30. 5.).
■ Auf Initiative des Verlegers Julius Edgar Herfurth wird an der Handelshochschule eine Studienabteilung für Wirtschaftsjournalismus und Zeitungsbetriebslehre gegründet.
■ Eröffnung des Filmtheaters „Capitol" im Gebäude des Petershofes (30. 8.).
■ Gründung des Rotary-Clubs Leipzig.
■ Erstmalige Durchführung des Wettbewerbs „Schönste Bücher Deutschlands" in der Deutschen Bücherei (bis 1932).
■ Einweihung des Kunstgewerbe-Museums, womit der Museumskomplex „Grassimuseum" vollendet ist (30. 9.).
■ Eröffnung der im Auftrage des Vereins Leipziger Buchdruckereibesitzer errichteten Meisterschule für das graphische Gewerbe am Gutenbergplatz (Gutenbergschule).

Im Raucherwarenzentrum Brühl 1929

1930 ■ Leipzig hat 715 469 Einwohner.
■ Einweihung der Großmarkthalle in der Zwickauer Straße, des zu dieser Zeit größten Massivkuppelbaus der Welt (1. 1.).
■ Einweihung der Kaufmann-Gedächtniskirche St. Bonifatius in Connewitz als zentrale Gedächtniskirche für die im Ersten Weltkrieg gefallenen katholischen Kaufleute (18. 1.).
■ In Leipzig werden zu Beginn der Weltwirtschaftskrise rund 130 000 Arbeitslose registriert.
■ Uraufführung der Oper „Aufstieg und Fall der Stadt Mahagonny" von Kurt Weill/Bertolt Brecht im Neuen Theater (9. 3.).
■ Eingemeindung von Knautkleeberg, Schönau, Abtnaundorf mit dem Vorwerk Heiterblick und Thekla in die Stadt Leipzig.
■ Eröffnung des Neubaus der Orthopädischen Universitätsklinik unter Leitung von Franz Schede am Windmühlenweg (heute Philipp-Rosenthal-Str. 5 (29. 4.).

■ Carl Friedrich Goerdeler wird zum Oberbürgermeister Leipzigs gewählt (23. 5.).
■ Arturo Toscanini gastiert mit den New Yorker Philharmonikern im Gewandhaus (25. 5.).
■ Eröffnung des größten und modernsten Keglerheimes in Deutschland in der Elsterstraße (25. 5.).
■ Mit der Internationalen Pelzfach-Ausstellung (IPA) auf dem Messegelände unter der Präsidentschaft von Paul Hollender, verbunden mit der Ausstellung „Pelzmode im Wandel der Jahrhunderte", erreicht die Stadt den Höhepunkt ihrer Bedeutung als bedeutendstes Pelzzentrum in Europa (30. 5.-30. 9.).
■ Gründung des Kabaretts „Die Litfaßsäule", das in der Folgezeit junge Dichter bekannt machte und förderte.
■ Die vor den Toren der Stadt auf freiem Feld in nur 46 Wochen erbaute Wohnsiedlung Neu-Gohlis („Krochsiedlung") – finanziert vom Bankier Hans Kroch – wird eingeweiht (30. 10.).
■ Rückkehr der Dominikaner nach Leipzig, wo sie in Wahren Grundbesitz erwerben und den ersten Gottesdienst durchführen (4. 12.).
■ Fertigstellung der Wohnanlage „Rundling" in Lößnig, die nach den Plänen des Stadtbaudirektors Hubert Ritter gebaut wurde.

Die Großmarkthalle kurz nach ihrer Eröffnung 1930

1931 ■ Mit 719 000 Einwohnern erreicht die Stadt den Höhepunkt ihrer Einwohnerentwicklung.
■ Eröffnung des Pelzmuseums Leipzig im Haus der Reichsstelle für Pelztier- und Rauchwarenforschung in der Zentralstraße 3 (ab 1939 in der Sebastian-Bach-Straße 9).
■ Die Deutsche Bücherei beginnt unter der Leitung von Heinrich Uhlendahl mit der laufenden Herausgabe der „Deutschen Nationalbibliographie".
■ Uraufführung der Operette „Die Blume von Hawaii" von Paul Abraham unter Leitung des Komponisten im Neuen Theater (24. 7.).
■ Anläßlich des 700. Todestages der heiligen Elisabeth von Thüringen wird das von der Katholischen Propsteigemeinde initiierte St.-Elisabeth-Krankenhaus in Connewitz eröffnet (Okt.).
■ Gründung der Kunstgewerbeschule der Stadt Leipzig durch Zusammenführung der bereits bestehenden Ausbildungsstätten (kunstgewerbliche Abteilungen der Höheren Schule für Frauenberufe und der Technischen Lehranstalten) unter Leitung von Erich Gruner.
■ 1. Große Leipziger Kunstausstellung (3. 10.-8. 11.).
■ Eröffnung des ersten Leipziger Autohauses am Johannisplatz mit umfassendem Service unter einem Dach („Opel-Haus") durch Dr. Fritz Opel (9. 11.).
■ Oberbürgermeister Carl Goerdeler wird Reichskommissar für Preisüberwachung (10. 12.).
■ Eröffnung der Hautklinik der Universität unter Leitung von Johann Heinrich Rille an der Ecke Liebigstraße/Stephanstraße.

■ Einweihung der Versöhnungskirche Gohlis, deren Bau der Theologe Johannes Herz initiierte (6. 3.). **1932**
■ Die Zahl der Erwerbslosen während der Weltwirtschaftskrise erreicht mit 185 392 ihren Höhepunkt (1. 4.).
■ Gründung der Waldschule Leipzig in Connewitz durch Arnold Bergelt (1933–1939 als „Deutsche Oberschule") mit einem Ganztagserziehungsprogramm.
■ In der Alberthalle findet das letzte große Konzert der Leipziger Volkssingakademie unter Leitung von Otto Didam vor dem Verbot durch die Nationalsozialisten statt.
■ Die Rennbahn Scheibenholz erhält ihre noch heute gültige Form durch die Verlängerung der Flachbahn auf 1750 m.

■ Fertigstellung der mit Genossenschaftsmitteln erbauten Konsumzentrale in der Jahnstraße (heute Industriestraße) mit Verwaltungsgebäude, Hauptlager und Werkstatt.

■ Mit dem Großsender Wiederau, 20 km südlich von Leipzig, wird von der Mitteldeutschen Rundfunk A.G. (MIRAG) der leistungsstärkste Sender Deutschlands (120 kW) in Betrieb genommen (28. 10.).

■ Bei den Wahlen zur Stadtverordnetenversammlung erringen die SPD 132 871, die NSDAP 101 090, die KPD 96 275, die Vereinigte Bürgerliste 55 858 und die DDP bzw. Staatspartei 7900 Wählerstimmen (13. 11.).

Sonderausgabe der Mirag-Sendezeitung anläßlich der Einweihung des neuen Großsenders Wiederau, 13. 8. 1932

1933 ■ Einweihung der Bethanienkirche in der Stieglitzstraße in Schleußig (29. 1.).

■ Bei der Uraufführung des Schauspiels „Silbersee" von Georg Kaiser (Musik: Kurt Weill) inszeniert die SA im Alten Theater einen Skandal (18. 2.).

■ Die Zahl der Arbeitslosen erreicht in Leipzig 103 000 (Febr.).

■ Bei den Reichstagswahlen erringen in Leipzig die NSDAP 189 000 (37 %), die SPD 157 000 (31, 7 %) und die KPD 92 000 (18, 8 %) der Wählerstimmen (5. 3.).

■ Eröffnung der Frühjahrsmesse mit 6292 Ausstellern (7. 3.), was gegenüber den Vorjahren einen deutlichen Rückgang bedeutet (1931 = 9540; 1932 = 7716).

■ Der Gewandhauskapellmeister Bruno Walter muß ein Konzert mit dem Gewandhausorchester wegen angedrohter „Volksstimmung" absagen (16. 3.).

■ Die Nationalsozialisten besetzen und schließen die Bundesschule des Arbeiter-Turn- und- Sportbundes in der Fichtestraße (23. 3.).

■ Auflösung der 1932 gewählten Stadtverordnetenversammlung und deren Neubildung entsprechend eines Parteienschlüssels (3. 4.).

■ Beginn judenfeindlicher Exzesse mit dem sogenannten Judenboykott. Jüdische Warenhäuser und Geschäfte werden beschmiert und blockiert. Im Brühl als dem Zentrum des von jüdischen Kaufleuten beherrschten Pelzhandels randalieren und plündern SA-Leute.

■ Auf der Grundlage des Reichsgesetzes zur Wiederherstellung des Berufsbeamtentums (7. 4.) wird an der Universität eine erste „Säuberung" von allen als „unzuverlässig" geltenden Personen durchgeführt, der 30 Professoren und Dozenten zum Opfer fallen, u. a. der Jurist Erwin Jacobi, der Religionswissenschaftler Joachim Wach, der Sinologe Eduard Erkes, der Philosoph Hans Driesch, der Germanist Georg Witkowski und der Landwirtschaftswissenschaftler Adolf Zade.

■ Die SA plündert das Volkshaus Leipzig. Die dortige Bibliothek, eine der größten Deutschlands, fällt der „nationalen Revolution" zum Opfer (2. 5.).

Besetzung und Plünderung des Volkshauses Leipzig durch die SA am 2. 5. 1933

■ Die Vertreter der Volkshochschule beschließen deren Selbstauflösung (5. 5.).
■ Die Nationalsozialisten inszenieren vor dem Augusteum am Augustusplatz eine „Bücherverbrennung“ (10. 5.).
■ Baubeginn am Elster-Saale-Kanal (Sept.).

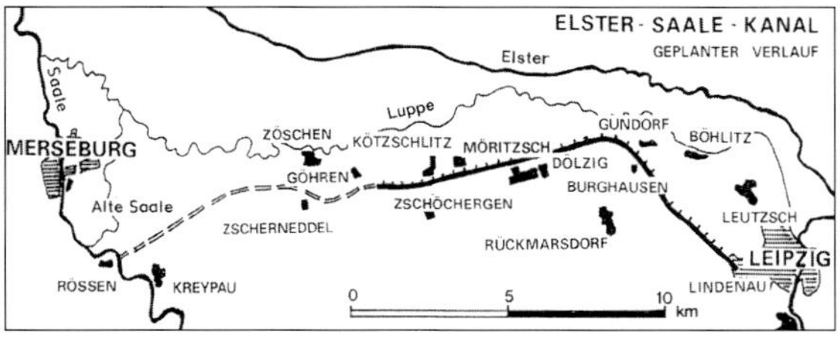

Der 1933 begonnene Elster-Saale-Kanal, dessen Bau aber durch die Kriegsauswirkungen 1938 eingestellt wurde

■ Dem an der Leipziger Universität wirkenden Werner Heisenberg wird der Nobelpreis für Physik 1932 verliehen (9. 11.).
■ Bei der „Volksabstimmung“, mit der sich die Nationalsozialisten ihr Scheinparlament und den Austritt Deutschlands aus dem Völkerbund legitimieren lassen, bleiben von den 535 000 Wahlberechtigten Leipzigs rund 110 000 der Abstimmung fern, machen die Stimmzettel ungültig oder stimmen direkt dagegen; Leipzig wird „schlechtester Stimmbezirk“ im Reich (12. 11.).
■ Die ATG Leipzig wird als erster Großbetrieb Leipzigs mit größeren Rüstungsaufträgen (Flugzeugbau) betraut.
■ Einrichtung der ersten Blutspenderorganisation Sachsens im Gesundheitsamt auf Initiative von Universitätsprofessor Paul Morawitz (7. 12.).
■ Reichstagsbrandprozeß vor dem Reichsgericht in Leipzig als Vorwand für die nationalsozialistische Reichsregierung, die Grundrechte aufzuheben und eine allgemeine Verfolgung der politischen Gegner einzuleiten.
■ Die Selbstverteidigung des bulgarischen Kommunisten Georgi Dimitroff findet internationale Beachtung (21. 9.-22. 12.).

Walter, Bruno
Dirigent
geboren 15.9.1876 Berlin
gestorben 17.2.1962 Beverly Hills (USA)
Dirigierte am 28.8.1923 das Messe-Sonderkonzert in Leipzig und stand damit zum ersten Mal vor dem Gewandhausorchester. Von der Berliner Oper kommend, trat er am 1.12.1929 das Amt des Gewandhauskapellmeisters in Leipzig an.
Am 9.2.1930 trat er in einem Gewandhauskonzert auch erstmals als Pianist auf und leitete das Orchester vom Klavier aus. 1931 unternahm er mit dem Gewandhausorchester die erste große Konzertreise (Köln, Brüssel, Paris, Straßburg, Genf, Stuttgart, München). 1933 verlangten die Nationalsozialisten seine Absetzung. Am 16. 3. 1933 mußte dann das Gewandhauskonzert ausfallen, weil er als jüdischer Bürger auf Anweisung der Leipziger Polizeidirektion das Gewandhaus nicht betreten durfte. Die Gewandhausdirektion versuchte zu verhandeln, aber schließlich mußte Walter der Gewalt weichen. Anläßlich seines 85. Geburtstages wurde ihm 1961 die Ehrenmitgliedschaft des Gewandhauses Leipzig verliehen.

1934 ■ Anläßlich einer Richard-Wagner-Gedenkfeier am Elsterbecken, bei der der Grundstein für das Richard-Wagner-Nationaldenkmal („Riesenaltar am heiligen Hain“) gelegt wird, preist Adolf Hitler den Komponisten Wagner als den „gewaltigsten Meister der Töne unseres Volkes“ (6. 3.); das Denkmal gelangt nicht zur Vollendung.
■ Aus der selbständigen Rundfunkgesellschaft MIRAG wird der vom Reichspropagandaministerium gesteuerte „Reichssender Leipzig (März).
■ Beginn der Regulierungsarbeiten an der Weißen Elster und an der Luppe im Westen der Stadt (25. 4.).
■ Einweihung des Rieselfeldersystems Rosental – Hohenossig, Kreis Delitzsch (11. 6.).
■ Mit dem 20. Deutschen Bundesschießen findet das vorläufige Schießen dieser Art in Deutschland statt (6.-15. 7.).
■ Die Allgemeine Transportanlagen Gesellschaft (ATG) mit dem Stammwerk in der Schönauer Straße beginnt mit dem Bau von Bombenflugzeugen (Serienfertigung der Jun-

kers W 33/W 34 und dann des „Behelfsbombers" Ju 52) und entwickelt sich zum Rückgrat der deutschen Bomberrüstung.

■ Das Gesetz zur Neuordnung des deutschen Börsenvereins bestimmt Leipzig zum Zentrum des mitteldeutschen Wirtschaftsraumes und zum Sitz der „Mitteldeutschen Börse".

■ Die Stadtverwaltung richtet ein „Amt für Rassenkunde und Erbgesundheitspflege" ein, in dem von den Bürgern zu erbringende Ariernachweise bearbeitet werden.

■ Gründung der Erla-Maschinenwerke GmbH in Leipzig-Heiterblick – einer Ausgliederung aus dem seit 1932 bestehenden Erla-Werken in Erla/Erzgeb. – durch den Dänen J. A. Rasmussen, das Reich und die Sächsische Staatsbank auf einem Geländestück der Straßenbahn-Hauptwerkstätten und Beginn der Flugzeugproduktion (Nov.).

■ Als Selbstbehauptung der jüdischen Bevölkerung wird eine Ortsgruppe des Jüdischen Kulturbundes unter Leitung des Anwalts Dr. Conrad Goldschmidt gegründet (Dez.).

1935 ■ Die Leipziger Stadtverordnetenversammlung wird auf Grund der faschistischen Gemeindeordnung auch formell aufgelöst.

■ Oskar Guido Gerhard Meder, Pfarrer der Thomaskirche, wird wegen „Verlesung einer Kanzelabkündigung gegen die Deutsche Glaubensbewegung" in Schutzhaft genommen (31. 3.).

■ Vollendung der Stauanlage für den „Elster-Stausee" bei Hartmannsdorf und Übergabe des Stauseedammes (15. 4.).

■ Eröffnung des Tierkindergartens im Zoologischen Garten.

■ Die städtischen Behörden verweigern den jüdischen Mitbürgern die Benutzung der Bibliotheken, der Hallen- und Freibäder und schließen sie von kulturellen Veranstaltungen (Theater, Konzerten, Kinos) aus.

■ Der Rat der Stadt erläßt eine 272 Namen umfassende Liste „nichtarischer" Ärzte und Zahnärzte mit dem Vermerk „nicht zugelassen".

■ Eingemeindung von Portitz in die Stadt Leipzig (15. 5.).

■ Durchführung eines „Reichs-Bach-Festes" (16.-24. 6.). Während des Bachfestes wird vom Gewandhausorchester und vom Thomanerchor unter Leitung von Karl Straube zum ersten Male die ungekürzte Matthäuspassion aufgeführt.

■ Der Reichsstatthalter von Sachsen ordnet die Entlassung der Universitätsschullehrer Benno Landsberger (Orientalist), Friedrich Levi (Mathematiker) und Fritz Weigert (Chemiker) an.

■ Auslieferung der ersten Rüstungsaufträge (Produktion des Doppeldecker-Jagdflugzeuges Arado) durch die Erla-Maschinenwerke Leipzig GmbH in Leipzig-Heiterblick (31. 12.).

1936 ■ Erstes Videotelefon-Gespräch zwischen Leipzig und Berlin (1. 3.).

■ Die Frühjahrsmesse wird als erste „Reichsmesse Großdeutschlands" abgehalten. Sie weist mit 8163 Ausstellern und 238 000 Besuchern einen Besucherzahlrekord aus (5.-13. 3.).

■ Der Zoodirektor Karl Max Schneider beginnt mit der Herausgabe der Fachzeitschrift „Der Zoologische Garten".

■ Bei den Reichstagswahlen stimmen von den 522 465 wahlberechtigten Bürgern 498 811 für die NSDAP. Doch mit 15 535 „Nein"- Stimmen und 8119 ungültigen und Nichtwählern gehört Leipzig zu den Großstädten mit den für die Nationalsozialisten schlechtesten Wahlergebnissen (29. 3.).

■ Eingemeindung von Knauthain in die Stadt Leipzig (1. 4.).

■ Erstmalige Durchführung der Kleinmesse auf dem Gelände am Cottaweg (ab 19. 4.).

■ Einweihung des Bethanien-Krankenhauses des Evangelisch-Methodistischen Diakoniewerkes in Connewitz.

■ Bei den XI. Olympischen Spielen in Berlin gewinnen die Leipziger Sportler Ernst Ihbe eine Goldmedaille (im Radsport/Tandemfahren) und Carl-Ludwig (Luz) Long eine Silbermedaille (Weitsprung) (Aug.).

■ Das Mendelssohn-Denkmal vor dem Gewandhaus wird auf Forderung der Nationalsozialisten in den Nachtstunden beseitigt (9.-10. 11.).

■ Der alte Israelitische Friedhof am Johannisthal wird nach einem Beschluß des Stadtrates restlos beseitigt.
■ Fertigstellung des Kasernenbaus in Schönau.
■ An der Universität wird Arno Arnold erster deutscher ordentlicher Professor für Sportmedizin.

1937 ■ Die Sowjetunion löst ihre Handelsvertretung in Leipzig auf (Febr.).
■ Oberbürgermeister Carl Friedrich Goerdeler tritt aus Protest gegen die Naziherrschaft von seinem Posten zurück (31. 3.).
■ Die Leipziger Gas-, Wasser- und Elektrizitätswerke werden unter der Bezeichnung „Stadtwerke" zu einem einheitlichen wirtschaftlichen Unternehmen zusammengefaßt (1. 4.).
■ Der Leipziger Psychiater Paul Schröder wird zum ersten Präsidenten der Internationalen Gesellschaft für Kinderpsychiatrie gewählt.
■ Der Universitätsprofessor Theodor Litt entzieht sich dem totalitären Anspruch des Nationalsozialismus durch die freiwillige Emeritierung.
■ Mit der Aktion „Entartete Kunst" werden 394 Werke des Museums für bildende Kunst konfisziert, was den Totalverlust der modernen Abteilung bedeutet.
■ Der Thomanerchor wird als eigene Gefolgschaft der Hitlerjugend (HJ) unterstellt und zum Tragen der „Braunhemden" verpflichtet.
■ Der Verleger Rudolf Marx begründet die „Sammlung Dieterich".
■ Die Erla-Maschinenwerke GmbH Heiterblick beginnt mit dem Serienbau des Jagdflugzeuges Messerschmitt 109 C (Nov.) und entwickelt sich im weiteren Verlauf zum zweitgrößten Produzenten dieses Flugzeugtypes.

1938 ■ Nach der Angliederung der Großen Leipziger Straßenbahn an die Stadtwerke firmiert das Unternehmen unter „Stadtwerke der Reichsmessestadt Leipzig" (1. 1.).
■ Der Reichsstatthalter von Sachsen verleiht der Stadt Leipzig die Bezeichnung „Reichsmessestadt" (6. 1.).
■ Fertigstellung der Erla-Siedlung in Thekla.
■ Anläßlich des sächsischen Gautages der NSDAP wird der „Platz der 300 000" als Aufmarschgelände eingeweiht (heute Festwiese des Zentralstadions) (24. 5.).
■ Auf dem Gelände einer ehemaligen Kiesgrube der Westend-Baugesellschaft erfolgt der erste Spatenstich für den Bau des Lindenauer Hafens (27. 5.).
■ Die Feuerwehr verliert ihren kommunalen Status und wird zwangsweise in das Polizeiwesen eingegliedert („Feuerlöschpolizei").
■ Inbetriebnahme der Mitteldeutschen Motorenwerke in dem ausschließlich der Rüstungsindustrie dienenden Neubau im Graßdorfer Wäldchen (Flugzeugmotorenbau).
■ Einstellung der Bauarbeiten am Elster-Saale-Kanal.
■ Inbetriebnahme der ersten Oberleitungs-Omnibuslinie (Obus) zwischen der Kronprinzenstraße (heute Kurt-Eisner-Straße) und Kleinzschocher (29. 6.).
■ Fertigstellung des Hochflutbettes der Luppe.
■ Vereinigung der Großen Leipziger Straßenbahn mit dem Omnibusbetrieb zu den „Leipziger Verkehrsbetrieben" (1. 8.).
■ Nach vollständigem Umbau wird das Schauspielhaus in der Sophienstraße (heute Shakespearestraße) als drittes städtisches Theater wieder eröffnet (5. 10.).
■ 1 296 polnische Juden flüchten in das polnische Konsulat in der Wächterstraße und erhoffen dort Exterritorialität und damit Schutz (28. 10.).
■ Pogromnacht („Reichskristallnacht"), in der in Leipzig u. a. die Synagoge in der Gottschedstraße, das Kaufhaus Bamberger & Hertz am Augustusplatz und zahlreiche Geschäfte jüdischer Besitzer zerstört werden (9.-10. 11.).
■ Erste Deportation von jüdischen Einwohnern; rund 500 jüdische Bürger werden im Flußbett der Parthe, nahe dem Zoologischen Garten, zusammengetrieben. Sie werden

dann in die Konzentrationslager Buchenwald und Sachsenhausen verschleppt (10.-17. 11 .).

Das während der Pogromnacht 1938 von den Nationalsozialisten in Brand gesteckte Kaufhaus Bamberger & Hertz am Augustusplatz

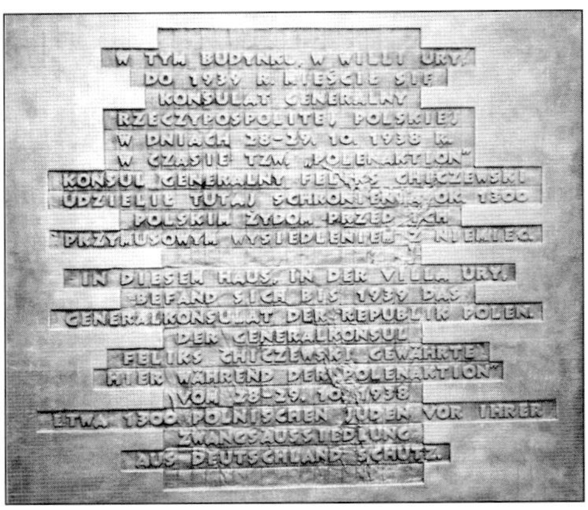

Am 28. 10. 1938 flüchteten 1 290 polnische Juden in das polnische Konsulat und erhofften durch die Exterritorialität Schutz. Gedenktafel am ehem. Konsulat, 2000

1939 ■ Am Physikalischen Institut der Universität gelingt Robert Döpel und Werner Heisenberg der experimentelle Nachweis, daß eine Uranmaschine (Reaktor) zu bauen technisch möglich ist; Heisenberg veröffentlicht die Arbeit „Die Möglichkeit der technischen Energiegewinnung aus der Uranspaltung" (Frühjahr).

■ Die Allgemeine Transportgesellschaft (ATG) nimmt in einer Ausstellungshalle des Messegeländes eine weitere Produktionsstätte für den Flugzeugbau in Betrieb (Okt.).

■ Der Gerontologe Max Bürger begründet die „Zeitschrift für Altersforschung".

■ Mit dem Eintreffen der LZ – 130 „Graf Zeppelin II" aus Frankfurt/Main erfolgt die letzte Zeppelinlandung auf dem Flughafen Mockau (9. 7.).

■ Einstellung des zivilen Flugverkehrs auf dem Flughafen Halle-Leipzig (30. 8.).

■ Erlaß über die völlige Verdunklung in Leipzig „bis auf weiteres" (2. 9.).

■ Schließung der Leipziger Museen.

■ Als Folge der Eingriffe der NSDAP-Machthaber in Lehrkörper und Lehrinhalte und der weltanschaulichen Dominanz nationalsozialistischer Ideen erreicht die Zahl der Studenten an der Universität mit 1560 ihren Tiefststand.

■ Nach Beginn des Zweiten Weltkrieges (Überfall auf Polen am 1. 9.) passiert der erste Gefangenentransport mit 84 polnischen Offizieren die Stadt (26. 9.).

■ Anfang Oktober befinden sich rd. 800 polnische Soldaten in mehreren kleinen Kriegsgefangenenlagern und werden vorwiegend in der Landwirtschaft eingesetzt.

■ Leipzig ist mit 701 606 Einwohnern die fünftgrößte Stadt Deutschlands (Okt.).

■ Schließung des Israelitischen Krankenhauses (Eitingon-Stiftung) (Dez.).

■ Schließung der Technischen Messe, in deren Hallen weitere Rüstungsbetriebe verlagert werden.

1940 ■ Eröffnung des BUGRA-Messehauses am Gutenbergplatz.

■ Erstmals erscheint eine von Erich Gruner gestaltete Sonder-Briefmarkenausgabe zur Leipziger Frühjahrsmesse (3. 3.).

■ Gründung des Domchores (heute Chor des Völkerschlachtdenkmals) durch Kurt Blau (3. 5.).

■ In der Nacht vom 16. zum 17. 8. wird von 0.27 bis 3.12 Uhr in der Stadt der erste Luftalarm ausgelöst.

■ Beginn des Baus von Luftschutzbunkern, u. a. vor dem Hauptbahnhof, unter dem Lindenauer Markt, auf dem List- und Rabensteinplatz.

■ Die Allgemeine Transport-Anlagen-Gesellschaft (ATG) beginnt mit der Serienfertigung des Bombers Ju 88 (Okt.).
■ Zur Rohstoffversorgung der Rüstungsindustrie werden 30 Bronze-Denkmäler abgerissen, u. a. das Reformationsdenkmal auf dem Johannisplatz, der Märchenbrunnen am Dittrichring und das Karl-Heine-Denkmal.

1941 ■ Auflösung des Leipziger Sinfonieorchesters.
■ Vor seiner Auflösung gibt das Rundfunksinfonieorchester („Reichssender Leipzig") ein letztes Konzert (30. 3.).
■ Die „Neue Leipziger Zeitung" und das NSDAP-Blatt „Leipziger Tageszeitung" werden zur „Neuen Leipziger Tageszeitung zusammengelegt.
■ Ernennung des Landeskonservatoriums für Musik zur Staatlichen Hochschule für Musik, Musikerziehung und darstellende Kunst (8. 6.).
■ Unter dem Namen „Reudnitzer Park" wird der Reudnitzer Friedhof am Täubchenweg als Volkspark übergeben (19. 7.).
■ Mit der Herbstmesse im Ringmessehaus findet die letzte Messe im Kriege statt (31. 8.-4. 9.); erstmalig in ihrer Geschichte müssen die Messen für mehrere Jahre unterbrochen werden.
■ In der Stadt wird mit dem Anflug britischer Aufklärungsflugzeuge der erste Tagesalarm ausgelöst (22. 9.).

1942 ■ Über 700 Leipziger Juden, das ist ein Drittel aller noch in der Stadt ansässigen Juden, werden nach Riga in ein Vernichtungslager deportiert (21. 1.).
■ Die Israelitische Schule, von jüdischen Organisationen getragen, muß ihren Betrieb einstellen.
■ Der Kernphysiker Robert Döpel führt die erste im Laboratorium nachgewiesene Kettenreaktion durch (April).
■ Der Konsum-Verein Plagwitz wird endgültig verboten und von der Naziorganisation „Gemeinschaftswerk der Deutschen Arbeitsfront GmbH" übernommen.
■ Auf einer unter dem Motto „Arbeit im Krieg – Arbeit für den Sieg" stehenden Veranstaltung werden die deutschen Buchhändler über die buchwirtschaftliche Lage informiert (25. 6.).
■ Beginn der Auslagerung umfangreicher Bestände der Leipziger Museen an 41 Orte (ab Sept.).
■ Einstellung des Personenverkehrs auf dem Eilenburger Bahnhof (2. 11.).

1943 ■ Einstellung der Kanalhafen-Bauarbeiten in Lindenau (Frühjahr).
■ Errichtung eines Außenkommandos des Konzentrationslagers Buchenwald.
■ Beginn des Einsatzes von KZ-Häftlingen aus dem KZ Abtnaundorf in der Rüstungsproduktion der Erla-Werke Heiterblick (April).

Blick in die Produktionshallen der Erla-Werke Heiterblick, wo ab 1943 KZ-Häftlinge in der Rüstungsproduktion (Flugzeugbau) eingesetzt wurden.

■ Erster Großangriff der britischen Luftwaffe auf Leipzig, bei dem u. a. das Bahnpostamt zerstört wird (1. 9.).
■ 285 britische Lancaster-Bomber werfen bei einem Nachtangriff 1 085 t Bomben auf Leipzig ab. Getroffen werden vor allem die südlichen und östlichen Vororte (Stötteritz, Paunsdorf, Mölkau) (20./21. 10.).
■ Bildung des Nationalkomitees Freies Deutschland, Gruppe Leipzig.
■ Uraufführung von Carl Orffs „Catulli Carmina" (6. 11.) und der szenischen (Erst-)Aufführung der „Carmina Burana" in der Choreographie von Mary Wigman.

■ Die britische Luftwaffe führt innerhalb einer halben Stunde einen schweren Bombenangriff gegen Leipzig durch. 527 Flugzeuge werfen 1 382 t Bomben auf die Stadt, in der es fast 5000 Tote gibt. Weite Teile der Innenstadt werden verwüstet, 37 000 Wohnungen zerstört. Die Zahl der Obdachlosen beläuft sich auf rd. 140 000 Personen (4. 12.).

■ Beginn der Evakuierung von etwa 100 000 Personen aus der Stadt (ab Dez.).

Neue Leipziger TAGESZEITUNG

AMTLICHE ZEITUNG DER NSDAP. AMTL. BLATT ALLER BEHÖRDEN

Nr. 339 Sonntag, 5. Dezember 1943

Der Gauleiter an die Leipziger
Wer Haß sät, wird Haß ernten

Aller Augen richten sich auf euch – Jeder hilft, wo er helfen kann – Die Luftpiraten haben sich getäuscht – Alle Maßnahmen eingeleitet

Durchhalteparolen in der NSDAP-Zeitung „Neue Leipziger Tageszeitung" vom 5. 12. 1943

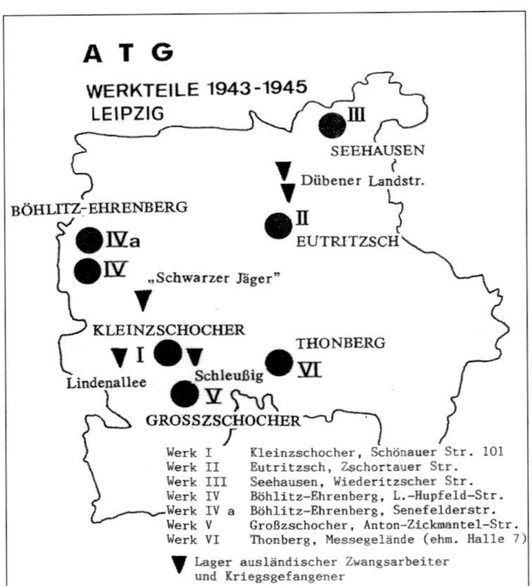

Die durch die zunehmende Rüstungsproduktion erfolgte Ausweitung der Allgemeinen Transport-Anlagen-Gesellschaft (ATG)

1944 ■ Die Zahl der Einwohner ist durch Kriegseinberufungen, Evakuierung, Deportationen, Verhaftungen und Tod auf 486 000 gesunken.

Das bei einem Luftangriff zerstörte Neue Theater am Augustusplatz, 1943

■ Schließung der Deutschen Bücherei (Jan.)

■ Insgesamt 1,6 Millionen Bände der Bücherei werden nach Thüringen, ins Erzgebirge und ins Unstruttal ausgelagert.

■ Über 800 britische Bombenflugzeuge greifen in den Nachtstunden und 239 amerikanische B-17-Bomber in den Mittagsstunden die Stadt an, um unter dem Namen „Big Week" das erste industrielle Präzisionsbombardement zwecks Ausschaltung der Flugzeugwerke durchzuführen. 900 Leipziger werden getötet, 50 000 werden obdachlos, die Gasversorgung und der Straßenbahnverkehr brechen zusammen (20.2.)

■ Die 8. US Air Force fliegt einen erneuten Angriff gegen die Flugzeugwerke der Stadt, wobei das Werk III der ATG, das Erla-Werk I und die Junkers-Werft in Mockau schwere Schäden erleiden (29. 5.).

■ Die 8. US-Luftflotte fliegt ihre letzten großen Luftangriffe gegen strategische Ziele.

■ Der Hauptbahnhof erleidet schwere Schäden: das Empfangsgebäude wird schwer beschädigt, die Querbahnsteighalle völlig zerstört (7. 7.).

■ Schließung sämtlicher Theater der Stadt (31. 8.).

■ Die Anweisung zum „totalen Kriegseinsatz" der Studenten setzt dem Universitäts-Lehrbetrieb ein Ende (6. 9.).

■ Der ehemalige Oberbürgermeister Leipzigs, Carl Goerdeler, wird vom „Volksgerichtshof" zum Tode verurteilt (8. 9.).

■ In der Hugo-Schneider-Straße (heute Permoserstraße) in Schönefeld wird ein Außenlager des KZ Ravensbrück errichtet (Nov.), in dem über 5000 weibliche Häftlinge vieler Nationen zur Zwangsarbeit in der Rüstungsindustrie (HASAG-Werk) gezwungen werden.

Goerdeler, Carl Friedrich

Kommunalpolitiker
geboren 31.7.1884 Schneidemühl/Westpreußen
hingerichtet 2.2.1945 Berlin-Plötzensee
Studierte an den Universitäten Tübingen und Königsberg Rechtswissenschaften und arbeitete danach in Stadtverwaltungen von Solingen und Königsberg. 1922-1931 Mitglied der Deutsch-Nationalen Volkspartei. 1930 vom Bürgerblock und der NSDAP zum Oberbürgermeister Leipzigs gewählt. Wegen seiner Erfolge, u. a. bei der Bekämpfung der Arbeitslosigkeit, wurde er 1931 und dann nochmals 1934 zum Reichskommissar für Preisüberwachung ernannt. Aktive Arbeit im Deutschen Gemeindetag (Verfasser des Kapitels „Wirtschaftliche Betätigung der Kommunen“ der Gemeindeordnung von 1935). Die Entfernung des Mendelssohn-Bartholdy-Denkmals vor dem Gewandhaus war Anlaß für seinen Rücktritt; schied am 31.3.1937 aus dem Amt aus. Weitsichtiger als andere erkannte er die Maßlosigkeit der faschistischen Ziele und verabscheute die Brutalität des Terrors. Seine Beraterfunktion im Bosch-Konzern erlaubte ihm, zahlreiche Reisen zu unternehmen, die er auch für die konspirative Tätigkeit nutzte. War dann eine der führenden Persönlichkeiten der Verschwörung vom 20. Juli 1944. Im Falle eines geglückten Staatsstreichs sollte er Reichskanzler werden. Nach dem Mißlingen des Umsturzes wurde er denunziert und vom „Volksgerichtshof“ am 8.9.1944 zum Tode verurteilt.

1945 ■ Hinrichtung führender Leipziger Antifaschisten der Bewegung „Freies Deutschland“, u. a. Georg Schumann und Alfred Frank, in Dresden (11./12. 1.).

■ Hinrichtung des ehemaligen Oberbürgermeisters von Leipzig, Carl Goerdeler, wegen seiner Mitbeteiligung am Staatsstreich gegen Hitler am 20. 7. 1944 (2. 2.).

■ In einem letzten Transport werden 169 jüdische Frauen, Männer und Kinder in das Konzentrationslager Theresienstadt verschleppt (14. 2.).

■ Ein letzter Großangriff der britischen Luftflotte richtet sich gegen die Verkehrsknotenpunkte Leipzigs in Mockau und Engelsdorf (10. 4.).

■ Mit dem Vorstoß der 1. US-Armee aus dem Raum nördlich von Erfurt in Richtung Leipzig wird in der Stadt mit der Errichtung von „Panzersperren“ begonnen.

■ In Vorbereitung eines Belagerungskampfes

Der zerstörte Markt 1945

wird begonnen, alle Hitler-Gegner aus der Stadt zu entfernen: Evakuierungsmarsch der Gefangenen der Wehrmachtshaftanstalt Heerstraße, Aussonderung von 53 politischen Häftlingen aus fünf Nationen in den Gefängnissen Riebeckstraße und Wächterstraße und deren Ermordung auf dem Exerzierplatz Lindenthal, Evakuierung mehrerer tausend Arbeitssklaven der KZ-Außenlager Buchenwald und Ravensbrück durch Evakuierungsmärsche („Todesmärsche“) in Richtung Riesa (12./14. 4.).

■ Oberbürgermeister Albert Freyberg und Polizeipräsident Generalmajor von Grolmann richten an die Bevölkerung Appelle zur Aufrechterhaltung von Ruhe und Ordnung (15. 4.).

■ Das Nationalkomitee Freies Deutschland (NKFD) ruft dazu auf, Leipzig kampflos zu übergeben (16. 4.).

■ Die 2. Infanteriedivision der US-Armee erreicht bei Knautkleeberg und Knauthain den Stadtrand und dringt in den Abendstunden in den Stadtteil Großzschocher ein (17. 4.).
■ Die im KZ-Außenlager Abtnaundorf zurückgebliebenen und nicht transportfähigen Häftlinge werden auf bestialische Weise ermordet (18. 4.).
■ Freitod des Oberbürgermeisters Albert Freyberg (18. 4.).
■ Die amerikanischen Militärverbände dringen in die Innenstadt ein (18. 4.).
■ Beim Völkerschlachtdenkmal, wo sich eine deutsche Kampfgruppe verschanzt hat, wird durch die amerikanischen Truppen der letzte Widerstand gebrochen (19./20. 4.).
■ Nach Beendigung des Krieges sind in der Innenstadt mehr als 60 Prozent der Bausubstanz zerstört, das Gelände der Technischen Messe und die Industriegebiete in Mockau, Portitz, Thekla und Großzschocher verwüstet, von 1 800 öffentlichen Gebäuden 200 vernichtet und 540 beschädigt, von über 225 000 Wohnungen etwa 80 000 leicht beschädigt bis total zerstört; über 6000 Leipziger verloren bei den Bombenangriffen ihr Leben.

Die zerstörte Messehalle 15 auf dem Gelände der Technischen Messe, 1945

■ Die Alliierte Militärverwaltung von Leipzig erläßt mehrere Bekanntmachungen an die Bevölkerung, u. a. die Proklamation Nr. 1 „Über die Aufhebung nationalsozialistischer Gesetze, Bekanntmachungen über die Ablieferung von Schußwaffen, Munition, Brieftauben und Radiogeräten“. Außerdem umreißt der erste Aufruf den einzuhaltenden Verhaltenskodex (von der nächtlichen Ausgangssperre über Ansammlungsverbote bis zu Strafandrohungen bei Vergehen); die Benutzung öffentlicher Verkehrsmittel und das Abhalten von Gottesdiensten bleiben gestattet (19. 4.).
■ Der alliierte Militärkommandant, Major Richard J. Eaton, ernennt den Rechtsanwalt Dr. Hans Vierling zum amtierenden Bürgermeister (23. 4.).
■ Der auf Initiative der amerikanischen Militärverwaltung eingesetzte Beirat der Stadtverwaltung als beratendes Organ des amtierenden Bürgermeisters tritt zu seiner ersten Tagung zusammen (27. 4.).
■ Der Zoologische Garten wird mit einem Bestand von 600 Tieren wiedereröffnet (6. 5.).

Trümmerbeseitigung in Leipzig 1945

■ Unter dem Vorsitz des amerikanischen Stadtkommandanten, Major Richard J. Eaton, findet die erste Sitzung des neu gebildeten provisorischen Gemeinderates (Stadtparlaments) statt (26. 6.).
■ Gemäß den alliierten Abmachungen (Abkommen von Jalta) übergeben die amerikanischen Streitkräfte die Stadt Leipzig an die Rote Armee (2. 7.).
■ Wiedereröffnung der Leipziger Kinos (11. 7.).
■ Der sowjetische Stadtkommandant, Generalleutnant Nikolai Trufanow, verfügt die Einrichtung eines Stadtfunks (14. 7.).

■ Stadtkommandant Nikolai Trufanow entläßt Bürgermeister Dr. Hans Vierling und beruft den Sozialdemokraten Dr. Erich Zeigner ins Amt (16. 7.).
■ Wiederaufnahme eines beschränkten Postendienstes im Stadtgebiet (20. 7.).
■ Die Wohnbevölkerung Leipzigs wächst auf 564 670 Einwohner (Juli).
■ Wiederaufnahme des Eisenbahnverkehrs auf der Strecke Leipzig–Chemnitz (28. 7.).
■ Erste Leipziger Nachkriegsopernpremiere mit Beethovens „Fidelio" im „Dreilinden"-Varieté (29. 7.).
■ Wiederzulassung der Kommunistischen Partei Deutschlands (KPD) und der Sozialdemokratischen Partei Deutschlands (SPD) (1. 8.).

Lindenau, Ecke Merseburger-/Reuterstraße am 18. April 1945; Beflaggung der Häuser mit weißen Tüchern vor dem Einmarsch der amerikanischen Truppen

■ Durchführung der Bodenreform im Stadtgebiet mit der Enteignung von 1950 ha landwirtschaftlichen Grundbesitzes, u. a. von Rudolf Sack (127 ha), der Westend-Baugesellschaft (254 ha) und den Rittergütern Großzschocher, Abtnaundorf, Schönefeld und Paunsdorf (Sept. bis Juni 1945).
■ Oberbürgermeister Erich Zeigner und Vertreter der Wirtschaftskammer Leipzig unterzeichnen eine Verordnung „Zur Wiederbelebung der Leipziger Messe" (6. 8.).
■ Auf der Rennbahn am Scheibenholz findet der erste deutsche Nachkriegs-Pferderenntag statt (12. 8.).
■ Zulassung der Liberal-Demokratischen Partei (LDP) und der Christlich-Demokratischen Union (CDU) (22. 8.).
■ Eröffnung der Stadtsparkasse Leipzig (23. 8.).
■ Wiederaufnahme des Sendebetriebs des Leipziger Rundfunks (15. 9.).
■ Wiederbeginn des Schulunterrichts in 76 Schulgebäuden der Stadt (1.10.).
■ Die Stadt Leipzig führt auf dem Gelände der Technischen Messe eine Musterschau Leipziger Erzeugnisse durch (18.-23. 10.).

Plakat zu der fünf Monate nach Kriegsende durchgeführten „Musterschau Leipziger Erzeugnisse"

■ Wiedereröffnung der Deutschen Bücherei (24. 11.).
■ Als erstes Museum der Stadt wird das von Kriegsschäden kaum betroffene Naturkundemuseum wiedereröffnet (Nov.).
■ Die Tanzpädagogin Mary Wigman baut ein neues Tanzstudio auf.
■ Gründung des Umsiedleramtes Leipzig, das die Hilfe für die etwa rd. 50 000 Flüchtlinge koordiniert (15. 12.).
■ Der sowjetische Militärkommandant hebt die Sperrzeit in der Stadt auf (18. 12.).
■ Eröffnung des Schauspielhauses in der Bosestraße – errichtet aus den Ruinen des Centraltheaters – mit einer Aufführung von Shakespeares „Sommernachtstraum" (19. 12.).

Zeigner, Erich
Politiker
geboren 17.2.1886 Erfurt
gestorben 5.4.1949 Leipzig
Studierte 1905-1913 an der Universität Leipzig Rechtswissenschaften und Volkswirtschaft und arbeitete dann bis 1919 als Assessor der Leipziger Staatsanwaltschaft und bis 1921 als Richter beim Landgericht Leipzig. 1920 Mitglied der SPD. 1921-1923 Justizminister in der sozialdemokratisch geführten Regierung Sachsens. 1923 wurde er zum Ministerpräsidenten der Landesregierung gewählt, die aber nach nur sieben Monaten aufgelöst wurde. War danach als Lehrer an der Bundesschule des Arbeiter-Turn- und Sportbundes in Leipzig, Mitarbeiter sozialdemokratischer Presseorgane und Leiter einer juristischen Auskunftsstelle der SPD Sachsens in Leipzig tätig. Nach der Machtergreifung der Faschisten wurde ihm die weitere berufliche Tätigkeit verweigert. Wurde mehrmals verhaftet und 1944 in das KZ Buchenwald verschleppt. 1945 Leiter des Kulturamtes Leipzig, ab 16.7.1945 Oberbürgermeister Leipzigs. Zu seinen Verdiensten gehören die Beseitigung der ärgsten Kriegsschäden und die Wiedererweckung der Leipziger Messe.

1946 ■ Der Philosoph Hans-Georg Gadamer wird Rektor der Universität (21. 1.).
■ Die Universität nimmt mit 767 Studenten wieder ihre Tätigkeit auf (5. 2.).
■ Neukonstituierung der Industrie- und Handelskammer Leipzig (9. 2.).
■ Das ehemalige Kriegsgefangenen- und Zwangsarbeiterlager der Firma Gebr. Brehmer in der Diezmannstraße in Kleinzschocher wird als Umsiedlerlager und Behelfskrankenhaus eröffnet (13. 2.).
■ Beginn der Demontage Leipziger Betriebe, u. a. der Landmaschinenfabrik Rudolf Sack, der Leipziger Baumwollspinnerei, der Pittler-Werkzeugmaschinenfabrik und der Köllmann-Werke (März).
■ Bildung Sowjetischer Aktiengesellschaften (SAG-Betriebe), mit der die Sowjetunion die gleiche Wirkung wie mit Demontagen erzielt (u. a. Unruh & Liebig, Bleichert, Pumpen-Jäger).

Blick vom Neuen Rathaus auf den Wilhelm-Leuschner-Platz (vormals Königsplatz) 1946

■ Erstmals nach dem Krieg finden Bach-Festwochen mit 22 Chor-, Orchester- und Solistenaufführungen statt (23. 3.-19. 4 .).
■ Gleichzeitige Tagung von Konferenzen der SPD im „Felsenkeller“ und der KPD im „Elstertal“, um über den Zusammenschluß beider Parteien zu beraten (30. 3.).
■ Auf Stadtebene vereinigen sich die Kommunistische Partei Deutschlands (KPD) und die Sozialdemokratische Partei Deutschlands (SPD) zur Sozialistischen Einheitspartei Deutschlands (SED) (31. 3.).
■ Erste Nachkriegsmesse mit 2771 Ausstellern aus allen Besatzungszonen und dem Ausland (8.-12. 5.).
■ Programmbeginn für die neue Sendeanstalt „Mitteldeutscher Rundfunk, Sender Leipzig“ im neu eingerichteten Funkhaus in der Springerstraße (4. 6.).
■ Erstmaliges Erscheinen der „Leipziger Zeitung“, die nicht von einer Partei oder Massenorganisation herausgegeben wird (7. 5.), aber am 16. 1. 1948 ihr Erscheinen einstellen muß.
■ Erstmaliges Erscheinen der „Leipziger Volkszeitung“ als Organ der Bezirksleitung Leipzig-Westsachsen der SED (19. 5.)
■ Gründung des Rundfunksinfonieorchesters des Mitteldeutschen Rundfunks unter Leitung von Gerhard Wiesenhütter (6. 6.).
■ Gründung der Leipziger Kommissions- und Großbuchhandel GmbH (LKG) (14. 6.)
■ Beginn des ersten Nachkriegssemesters der von Herbert Schaller geleiteten Volkshoch-

schule mit 147 Kursen und 4835 Hörern (16. 6.).

■ Eröffnung der 1. Leipziger Kunstausstellung in den Räumen des Naturkundemuseums (18. 8.).

■ Einweihung der instandgesetzten und umgebauten Kongreßhalle des Zoologischen Gartens (19. 8.).

■ Wiedergründung der Konsumgenossenschaft Leipzig-Plagwitz (13. 8.).

■ Bei den Wahlen zum Leipziger Stadtparlament erhalten die SED 177 837 (46,26%), die LPDP 114 100 (29,68%), die CDU 82 660 (21,56%), der Frauenausschuß 2717 und der Kulturbund 6943 Stimmen. Damit entsteht im Stadtparlament eine bürgerliche Mehrheit (1. 9.).

Erste Maikundgebung nach dem Zweiten Weltkrieg am 1. 5. 1946 auf dem Karl-Marx-Platz (heute Augustusplatz)

■ Die ersten Umsiedlertransporte aus Schlesien treffen in Leipzig ein (14./15. 9.).

■ Erste Sitzung der neu gewählten Stadtverordnetenversammlung Leipzig im „weißen Saal" der Kongreßhalle des Zoologischen Gartens (30. 9.).

■ Die Leipziger Staatliche Hochschule für Musik nimmt unter dem Namen „Mendelssohn-Bartholdy-Akademie" nach zweijähriger Unterbrechung ihre Tätigkeit wieder auf (1. 10.).

■ Im „Weißen Saal" der Kongreßhalle wird das Theater der Jungen Welt als erstes Kindertheater Deutschlands seiner Bestimmung übergeben. Als erstes Stück wird „Emil und die Detektive" von Erich Kästner aufgeführt (7. 11.).

■ Berufung von Günter Ramin zum Thomaskantor auf Lebenszeit (24. 2.). 1947

■ Wiedereröffnung der ehemaligen Akademie für graphische Künste und Buchgewerbe als Hochschule für Grafik und Buchkunst.

■ Wegen der katastrophalen Brennstoffversorgung im Winter 1946/47 beschließt der Rat der Stadt, das Braunkohlenkleinstvorkommen bei Polenz für die Selbstversorgung der Stadt zu erschließen (2. 7.).

■ Nach ihrer baulichen Wiederinstandsetzung wird die Deutsche Bücherei – verbunden mit einer Buchausstellung – für die allgemeine Benutzung geöffnet (21. 9.).

■ Gründung der Ingenieurschulen für Bauwesen (15. 12.) und Maschinenbau und Elektrotechnik (16. 12.).

Die 1947 in Leipzig-Markkleeberg durchgeführte Gartenbau-Ausstellung stand am Anfang der sich dann herausbildenden Landwirtschaftsaustellung (agra).

■ Konstituierung des „Volkshauskreises“ durch eine Fraktion der Sozialdemokraten innerhalb der SED unter Leitung von Erich Schilling, die den Leninismus für die deutschen Verhältnisse ablehnt (15. 12.).

■ Die Einwohnerzahl steigt auf 64 852 an davon sind rund 13 % (83 000) Umsiedler.

Ramin, Günther

Organist und Chorleiter
geboren 15.10.1898 Karlsruhe
gestorben 27.2.1956 Leipzig
Studierte nach dem Besuch der Thomasschule Leipzig 1914-1917 am Konservatorium Leipzig (u. a. Orgelunterricht bei Sträube) und wirkte ab 1918 als Thomasorganist. 1920 übernahm er am Konservatorium Leipzig den Orgelunterricht und leitete seitdem auch den Leipziger Lehrerchor. 1932 Professor. 1940-1956 Thomaskantor in Leipzig. Ihm gelang es in der ersten Hälfte der 1950er Jahre, das internationale Ansehen des Thomanerchores wieder zu festigen. Ohne sein Hauptanliegen, die vorbildliche Interpretation Bachscher Werke, zu vernachlässigen, erweiterte er das Repertoire des Chores mit neuen Chorwerken. Als geschätzter Cembalist und Organist hatte er zahlreiche internationale Gastverpflichtungen. Ehrendoktor der Universität Leipzig (1950).

1948 ■ Abschluß des Wiederaufbaus des Alten Rathauses.

■ Im Verlag Hofmeister erscheint erstmals seit Kriegsende wieder die „Deutsche Musikbibliographie“ (März).

■ Eröffnung der Fachschule für Buchhändler (Mai).

■ Der Thomanerchor unternimmt seine erste Konzerttournee nach dem Krieg und tritt auf der fünfwöchigen Konzertreise u. a. in Eisenach, Marburg, Heidelberg, Baden-Baden und in der Schweiz auf (10. 4.-14. 5.).

■ Gründung der National-Demokratischen Partei Deutschlands (NDPD) in Leipzig (16. 6.).

■ Gründung des Kinderchores des Mitteldeutschen Rundfunks, der dann von Hans Sandig geleitet wird (21. 6.).

■ Eröffnung eines Tuberkuloseheimes in der ehemaligen Sackschen Villa in Kleinzschocher (Robert-Koch-Park) unter Leitung von Gerd Meusel (9. 7.).

■ Beginn der Belieferung der Leipziger Bevölkerung mit Braunkohle aus dem Tagebau Pohlenz (Ende Juli).

■ Auf Initiative des Neurologen Richard Arwed Pfeifer kommt es zur Gründung der Neurochirurgischen Klinik der Universität (23. 10.).

■ Wiedereröffnung der Kammerspiele in der Gottschedstraße (8. 11.).

■ Eröffnung des ersten Leipziger Kaufhauses der Handelsorganisation (HO) im früheren Kaufhaus Althoff in der Petersstraße (24. 11 .).

■ Wiederaufnahme der Arbeit der Sächsischen Akademie der Wissenschaften unter der Präsidentschaft von Prof. Theodor Frings (8. 12.).

■ Gründung des Fachbuchverlages Leipzig (12. 1.). **1949**

■ Der Gynäkologe Robert Schröder initiiert das Krebsmeldewesen.

■ Wiedereröffnung des Hotels „Astoria“.

■ Sprengung der Ruine der Johanniskirche (19. 2.).

■ Der ehemalige „Fürstenhof“ wird als erstes HO-Hotel mit dem Namen „International“ eröffnet (19. 2.).

■ Auf zentrale Anweisung werden die stadteigenen Kraftwerke Nord und Süd sowie das früher ebenfalls stadteigene Straßenbahnkraftwerk Lindenau zum „VEB Kraftwerke Leipzig“ vereinigt (1. 4.).

■ Bildung eines Kommunalen Wirtschaftsunternehmens (KWU) (bis 1951).

■ Die 1943 durch Bombenangriffe zerstörte Matthäikirche wird abgetragen.

■ Die Gebeine Johann Sebastian Bachs werden aus der zerstörten Johanniskirche in die Thomaskirche überführt (28.7.).

■ Auf dem Flughafen Mockau landet eine Maschine der tschechoslowakischen Fluglinie ČSA als erstes Verkehrsflugzeug der Nachkriegszeit (29. 8.).

■ Gründung des Buchhauses Leipzig als zentrale Einrichtung des DDR-Versandbuchhandels (21.10.).
■ Gründung der Taxigenossenschaft Leipzig (2. 11.).
■ Übergabe der bisher von der Sowjetischen Militäradministration (SMAD) wahrgenommenen Verwaltungsaufgaben an den Rat der Stadt (14. 11.).

Die Petersstraße 1949

1950 ■ Die Sowjetische Kontrollkommision in Deutschland (SKK) verfügt die Übergabe des Flughafens Mockau an die DDR-Behörden (3. 2.).
■ Einführung der Schulspeisung, an der 61 000 Leipziger Schulkinder teilnehmen (2. 5.).
■ Aufnahme der Arbeit der Mitteldeutschen Wetterdienststelle (2. 5.).
■ Gründung des Rundfunkblasorchesters Leipzig unter Leitung von Musikdirektor Werner Krumbein (1. 6.).
■ Einweihung der Trinitatiskirche in Anger-Crottendorf als Notkirche mit den Ziegelsteinen der zerstörten Johanniskirche (4. 6.).
■ Das Deutsche Buch- und Schriftmuseum wird der Deutschen Bücherei angeschlossen.
■ Beginn des Wohnungsbaus in der Jahnallee.
■ Als Teil der deutschen Bach-Ehrung organisiert Rudolf Fischer als Rektor der Musikhochschule Leipzig den I. Internationalen Bach-Wettbewerb.
■ Aus Anlaß des 200. Todestages von Johann Sebastian Bach findet in Leipzig das 30. Deutsche Bachfest – das erste nach dem Kriege – statt (23.-29. 7.).

Anläßlich seines 200. Todestages fand Johann Sebastian Bach in der Thomaskirche seine letzte Ruhestätte, Grabplatte im Chorraum.

■ Durchführung der ersten Gartenbauausstellung, der späteren „agra“, in Markkleeberg (13.-24. 9.).
■ Durchführung des ersten Stadtparkrennens für Rennwagen und Motorräder, das von 200 000 Besuchern verfolgt wird (8.-9. 7.).
■ Gründung der Ingenieurschule für Polygrafie (Aug.).
■ Übergabe des „Messehofes“ (Petersstraße/Neumarkt) – erster Messeneubau im Stadtzentrum nach dem Krieg.
■ Eröffnung und Aufnahme des Lehrbetriebes an der Deutschen Hochschule für Körperkultur (DHfK) (22. 10.).

■ Gründung des Geophysikalischen Dienstes mit Sitz in der Bautzner Straße, aus dem sich später der „VEB Geophysik“ und das Kombinat Geophysik entwickeln (1. 1.). 1951
■ Einweihung des neu errichteten Gebäudes der Chemischen Institute der Universität (8. 1.).
■ Ernst Landwehr (Pater Gordian) wird zum Pfarrer der ersten neu erbauten Kirche der Dominikaner in Deutschland, der Kirche Sankt Albert in Wahren, berufen (17. 4.).
■ Beginn des Messeflugverkehrs vom Flughafen Mockau.

■ Gründung des St.-Benno-Verlages, des einzigen katholischen Verlages in der DDR (25. 4.).
■ Fusion der Stadtsparkasse und der Kreissparkasse zur „Stadt- und Kreissparkasse Leipzig".
■ Einweihung eines Mahnmals für die jüdischen Opfer des Faschismus auf dem Neuen Israelitischen Friedhof (8. 5.).
■ Dem Physiker Harry Pfeifer gelingt erstmalig in Mitteleuropa der experimentelle Nachweis kernmagnetischer Resonanzen.
■ Übergabe der wieder aufgebauten Westhalle des Leipziger Hauptbahnhofes (15. 8.).
■ Auf dem Gelände des ehemaligen Herfurthschen Parkes in Markkleeberg findet die erste größere Gartenbau- und Landwirtschaftsausstellung statt (später agra).
■ Beginn der Überwölbung des Pleißenmühlgrabens im Stadtgebiet.
■ Eröffnung der Landwirtschaftlich-Gärtnerischen Fakultät an der Universität (3. 9.).
■ Einweihung der Radrennbahn in Leipzig-Großzschocher als „Alfred-Rosch-Kampfbahn" (15. 9.).
■ Diakon Herbert Dost und die Schauspielerin Ruth Langhammer initiieren die Leipziger Spielgemeinde. In der Lindenauer Nathanaelgemeinde findet die erste Premiere statt (5. 11.).
■ Aufnahme des Studienbetriebes an der Ingenieurschule für Pharmazie zur Ausbildung von Apothekerassistenten als einzige ihrer Art in der DDR (26. 11.).
■ Der DDR-Ministerrat faßt den Beschluß, aus Kostengründen jährlich nur noch eine Messe (Herbstmesse) in Leipzig durchzuführen, was bis 1954 erfolgt (13. 12.).

1952 ■ Die Musikverlage Breitkopf & Härtel und Friedrich Hofmeister werden enteignet und verstaatlicht.
■ Die neue Städtische Frauenklinik in der Eitingonstraße (ehemaliges Israelitisches Krankenhaus) wird ihrer Bestimmung übergeben (8. 3.).
■ Einweihung des Schwimmstadions an der Friedrich-Ebert-Straße (24. 5.).

Das am 24. 5. 1952 eingeweihte Schwimmstadion im Bereich des Sportforums

■ Das Museum der bildenden Künste zieht mit seiner umfangreichen Sammlung in das Reichsgerichtsgebäude ein (28. 5.).
■ Eröffnung der Landwirtschafts- und Gartenbauausstellung der DDR (agra) auf einer Fläche von über 100 Hektar in Freiland und Hallen in Markkleeberg (27. 6.).
■ Mit der konstituierenden Sitzung des Bezirkstages Leipzig in der Kongreßhalle wird Leipzig Bezirksstadt (5. 8.).
■ Die Stadtverordnetenversammlung beschließt eine neue Verwaltungsstruktur für die Stadt; an die Stelle der bisherigen 33 Verwaltungsbezirke treten 14 Stadtbezirke (16. 8.).
■ Eröffnung der Sonderschule für Körperbehinderte (Sept.).

1953 ■ Offizielle Beendigung der Periode der Stromabschaltungen (19. 3.); in der Folge kommt es aber noch zu Spannungsabsenkungen.
■ Grundsteinlegung für den Neubaukomplex der Deutschen Hochschule für Körperkultur (27. 3.).
■ Einweihung der katholischen Dominikaner- und Pfarrkirche St. Albert in Wahren.
■ Gründung des VEB Stadtpelz als des größten Pelzkonfektionsbetriebes der DDR (7. 4.).
■ Arbeitererhebung gegen die Deformationen im Gesellschaftssystem der DDR. In Leipzig beteiligen sich 30 000 Arbeiter und

Angestellte an Streiks, Meetings und Demonstrationen. Der sowjetische Militärkommandant verhängt den Ausnahmezustand. Die Demonstranten werden auseinandergetrieben, es gibt Tote und Verletzte. In der Nacht setzt eine Verhaftungswelle ein (17. 6.)

■ Beendigung des Ausnahmezustandes (11. 7.); in den Monaten danach verurteilen die Gerichte im Bezirk Leipzig 1 487 Personen zum Teil zu langjährigen Haftstrafen, zwei erhalten die Todesstrafe.

■ Wiederaufnahme von Ausgrabungen zur Stadtkernforschung auf dem Matthäikirchhof auf Initiative des Archäologen Herbert Küas (6. 7.).

■ Das Stadtkrankenhaus St. Jacob wird vollständig in die Medizinische Fakultät der Universität Leipzig integriert.

■ Gründung der Theaterhochschule Leipzig (1. 10.).

■ Erste Durchführung von Herzoperationen auf dem Gebiet der DDR an der Chirurgischen Universitätsklinik.

■ Gründung der Ingenieurschule für Post- und Fernmeldewesen (11. 9.) (ab 1991 Fachhochschule Leipzig der Telekom).

■ Übertragung der ersten Fernsehsendungen in Leipzig zur Herbstmesse (28. 8.).

■ In einem Terrorprozeß vor dem Bezirksgericht Leipzig werden mehrere Mitglieder der Liberaldemokratischen Partei, u. a. Werner Heilmann, die 1953 aus Gewissensgründen Verbindung mit dem Referat Wiedervereinigung (Ostbüro) der FDP aufgenommen und eine Widerstandsgruppe gebildet hatten, zu hohen Freiheitsstrafen verurteilt (3. 4.).

■ Die Deutsche Zentralbücherei für Blinde bekommt in der Gustav-Adolf-Straße ein eigenes Domizil (23. 4.).

■ Wiedereröffnung des Buch- und Schriftmuseums der Deutschen Bücherei (4. 5.).

■ Der 6. Deutsche Evangelische Kirchentag, der unter dem Motto „Seid fröhlich in Hoffnung" steht, wird auf dem Wilhelm-Leuschner-Platz eröffnet (7. 7.) und mit einer Hauptversammlung mit weit über 300 000 Teilnehmern auf der Rosentalwiese beendet (11. 7.).

■ Lang anhaltende Niederschläge führen zum „Jahrhunderthochwasser", das das gesamte Auengebiet und angrenzende Stadtteile überschwemmt (10. 7.).

■ I. Deutsches Turn- und Sportfest in Leipzig (16.-22. 7.).

■ Wiedereröffnung des Musikinstrumentenmuseums (28. 9.).

■ Wiedereröffnung des Museums für Völkerkunde (13. 11.).

1954 ■ Übergabe der letzten SAG-Betriebe in Leipzig durch die Sowjetunion, u. a. Bleichert Transportanlagen, Kirow (Unruh & Liebig), Schumann & Co. und G. J. Jäger Pumpenbau (1. 1.).

■ Gründung des Staatsarchives Leipzig (heute Sächsisches Staatsarchiv Leipzig) (1. 1.).

■ Gründung des Kabaretts „Leipziger Pfeffermühle" mit seiner ersten Spielstätte im Weißen Saal der Kongreßhalle des Zoos (22. 3.).

■ Nobelpreisträger Gustav Hertz übernimmt die Leitung des Physikalischen Instituts der Universität.

■ Die Völkerkundlerin Eva Lips wird mit der Übernahme der Professur für Ethnologie und Vergleichende Rechtssoziologie die erste weibliche Lehrstuhlinhaberin der Universität Leipzig.

■ Eröffnung des Zentralen Kulturparkes „Clara Zetkin", der den König-Albert-Park, den Johannapark und den Palmgarten westlich des Elsterflutbeckens zusammenfaßt (30. 4.). **1955**

■ Herstellung der weltweit ersten Rollenoffsetdruckmaschine in den Druckmaschinenwerken Leipzig.

■ Gründung des Instituts für Buchkunst auf Initiative des Buchgestalters Albert Kapr.

■ Fertigstellung der Ringbebauung am Roßplatz.

■ Das Schillerhaus wird nach erfolgter Rekonstruktion wieder eröffnet (24. 6.).

■ Eröffnung der Robert-Koch-Klinik als Bezirkskrankenhaus für Lungenkrankheiten.

■ Gründung des Instituts für Literatur „Johannes R .Becher" (30. 9.).

■ Einweihung der neuen Feierhalle auf dem Neuen Israelitischen Friedhof (9. 11.).
■ Erstmalige Durchführung einer Kultur- und Dokumentarfilmwoche (11. 11.).

Die 1953–1955 errichteten Ringbauten am Roßplatz (Foto von 1964)

1956 ■ Gründung des Verlages Enzyklopädie als des größten Fremdsprachenverlages der DDR.
■ Horst Förster gründet an der Universität ein Collegium musicum (ab 1957 Akademisches Orchester).
■ Die DDR-Lufthansa eröffnet zur Frühjahrsmesse ihren eigenen Messesonderverkehr.
■ Einweihung des Zentralstadions (1. 8.) anläßlich des II. Deutschen Turn- und Sportfestes (1.-5. 8.).

Das Zentralstadion im Aufbau, April 1955; am 1. 8. 1956 eingeweiht

■ Gründung des Instituts für Ausländerstudium der Universität (ab 1961 „Herder-Institut").
■ Eröffnung des Neubaus des Anatomischen Instituts am alten Standort Ecke Nürnberger Straße/Liebigstraße.

II. Deutsches Turn- und Sportfest 1956; Titelseite des Programms und Spendenmarke

■ Gründung des Tanzarchivs Leipzig als In- 1957
stitut für Volkskunstforschung durch Kurt Petermann.
■ Nach Abschluß aller Ausbaumaßnahmen wird Mockau als ständiger Flughafen für die Messestadt mit der offiziellen Eröffnung von sieben Inlandfluglinien in Betrieb genommen (16. 6.).
■ Der Literaturhistoriker Hermann August Korff beendet sein fünfbändiges Standardwerk „Geist der Goethezeit".
■ Wiederaufnahme des Flugverkehrs auf dem Flugplatz Leipzig-Mockau (16. 6.).
■ In Leipzig entstehen die ersten Produktionsgenossenschaften des Handwerks als sogenannte „sozialistische Genossenschaften", in denen sich Handwerker gleicher oder verschiedener Berufe zusammenschließen (1958 = 70; 1961 = 169).

■ Gründung der Fachschule für Buchhändler.
■ Der Schriftsteller Erich Loest wird wegen „konterrevolutionärer Gruppenbildung“ zu über sieben Jahren Zuchthaus verurteilt.
■ Erstmalige Durchführung der Internationalen Dokumentarfilmwoche unter dem Motto „Filme der Welt – für den Frieden der Welt“.
■ Erstes öffentliches Auftreten der von Hans Grüß gegründeten Capella Fidicinia im Rahmen eines von Friedrich Rabenschlag geleiteten Konzerts des Leipziger Universitätschores (30. 10.).
■ Der Pfarrer der evangelischen Studentengemeinde, Siegfried Schmutzler, wird – zusammen mit einigen Studenten – in einem stalinistischen Schauprozeß wegen „Boykotthetze“ zu fünf Jahren Zuchthaus verurteilt (28. 11.).
■ Eröffnung der Ingenieur-Fachschule für Gießereitechnik in Großzschocher.

1958 ■ Leipzig hat 593 902 Einwohner.
■ Umwandlung der Abteilung Kinderchirurgie in die erste Hochschulklinik und Ambulanz für Kinderchirurgie in der DDR unter Leitung von Albrecht Peiper.
■ Eröffnung der Klinik für Herz-und Gefäßchirurgie der Universität.
■ Wiederaufnahme des elektrischen Eisenbahnbetriebes zwischen Leipzig und Bitterfeld (9. 6.).
■ Gründung des Instituts für geologische Erkundung (seit 1965: und Geologie) der Universität unter Leitung von Robert Lauterbach.
■ Gründung des Außenhandelsunternehmens „Deutsche Rauchwaren-Export und Import GmbH“ (später Interpelz) mit dem staatlichen Auftrag, die traditionellen Rauchwarenauktionen wiederzubeleben .
■ Einweihung des Mahnmals Abtnaundorf an der Stelle des ehemaligen Konzentrationslagers (Sept.).

1959 ■ Erstmalige Verleihung des Gutenberg-Preises der Stadt Leipzig für buchkünstlerische Leistungen an den Leipziger Buchkünstler Horst Erich Wolter (ab 1994 erfolgt die Preisvergabe im Wechsel mit Mainz).
■ Gründung des „Verbandes der Kleingärtner, Siedler und Kleintierzüchter“ in Leipzig.
■ Der Auewald zwischen Markkleeberg und Schkeuditz – größtes zusammenhängendes Auewaldgebiet Mitteldeutschlands – wird unter Landschaftsschutz gestellt.
■ Der Orthopäde Peter-Friedrich Matzen veröffentlicht sein „Lehrbuch der Orthopädie“.

Mit dem „Lehrbuch der Orthopädie“ legte Peter-Friedrich Matzen (1909–1986) ein international anerkanntes Standardwerk vor.

■ Fertigstellung des Zentralinstituts für Isotopen- und Strahlenforschung der Akademie der Wissenschaften der DDR an der Permoserstraße .
■ Professor Werner Granz beginnt an der Universität mit tropenmedizinischen Vorlesungen.
■ Beendigung des Braunkohlenabbaus im Stadtgebiet: der Dölitzer Braunkohlenschacht wird wegen Unrentabilität geschlossen (13. 6.).
■ Mit Beiträgen von Künstlern und Verlegern aus 34 Ländern findet die I. Internationale Buchkunst-Ausstellung nach dem Zweiten Weltkrieg statt.
■ III. Turn- und Sportfest der DDR (13.-16. 8.).

■ Gründung des Verlages Edition Leipzig als 1960
Exportverlag (1. 1.).
■ Gründung des staatlichen Dienstleistungskombinates Leipzig (1. 1.).
■ Eröffnung der ersten Leipziger Kaufhalle in Portitz.

■ Durchführung der ersten Rauchwarenauktion nach dem Zweiten Weltkrieg in Regie des Außenhandelsunternehmens Interpelz (April).
■ Umbildung der Konsumgenossenschaft Leipzig-Plagwitz zur Konsumgenossenschaft Leipzig-Stadt.
■ Mit der Übernahme des Rundfunksinfonieorchesters (RSO) durch Herbert Kegel entwickelt sich dieses zu einem deutschen Spitzenorchester (bis 1977).
■ Gründung des Instituts für tropische Landwirtschaft und Veterinärmedizin an der Universität (Sept.).
■ Eröffnung des neuen Opernhauses Leipzig (8. 10.).
■ Die Offizin Andersen Nexö beginnt mit der Herstellung von Minibüchern .
■ An der Universität wird unter Leitung von Walter Markov ein Afrika-Institut gegründet (Okt.).

Der Dirigent Herbert Kegel (1920–1990)

1961 ■ Leipzig hat 585 258 Einwohner.
■ Gründung des Instituts für Biophysik an der Medizinischen Fakultät der Universität (1. 1.).
■ Der Elster-Pleiße-Auewald (67,4 ha) und die Burgaue (43,2 ha) werden unter Naturschutz gestellt (30. 3.).
■ Erhard Mauersberger wird zum Thomaskantor berufen.
■ Gründung der Klinik für Herz- und Gefäßchirurgie an der Universität durch Martin Herbst.
■ Der Philosoph Ernst Bloch kehrt angesichts der Nachricht vom Bau der Mauer während eines Bayreuth-Besuches nicht wieder nach Leipzig zurück (Aug.).

Beräumung der im Zweiten Weltkrieg völlig zerstörten Windmühlenstraße. Fundamentierungsarbeiten 1961

1962 ■ Leipzig hat 587 226 Einwohner.
■ Gründung des Bachorchesters Leipzig, dessen Leitung Gerhard Bosse übernimmt.
■ Mit dem „Consortium Instrumentale" gründet der Kantor der Nikolaikirche, Wolfgang Hofmann, den ersten Klangkörper Leipzigs, der auf historischen Instrumenten spielt.
■ Lene Voigt stirbt in Leipzig (16. 7.).
■ Gründung des Johann-Sebastian-Bach-Komitees der DDR mit dem Thomaskantor Erhard Mauersberger als Präsident.

Der Thomanerchor unter Leitung von Erhard Mauersberger anläßlich der 750-Jahr-Feier des Chores, 1962

■ Eröffnung der „Schauburg“ in der Antonienstraße in Kleinzschocher nach Umbau als erstes 70-mm-Panorama-Kino der DDR (24. 6.).
■ Gründung des Leipziger Synagogalchores durch Werner Sander (19. 11.).
■ Beendigung des Wiederaufbaus der Alten Handelsbörse am Naschmarkt in der ursprünglichen Gestalt.

Voigt, Lene
Sächsische Mundartdichterin
geboren 3.5.1891 Leipzig
gestorben 16.7.1962 Leipzig
Erlernte den Beruf einer Kindergärtnerin und dann einer Buchhändlerin. 1914 begann sie zu schreiben und erreichte in den letzten Jahren der Weimarer Republik eine große Popularität. Ihre „Säkschen Balladen“ (1925) und „Säkschen Glassiger“ (1926) wurden große Bucherfolge. Für die Zeitschrift „Der gemütliche Sachse“ verfaßte sie bis 1932 humorvolle sächsische Beiträge. 1929 zog sie nach Bremen, ließ aber die Verbindung nach Leipzig nicht abreißen. Mit der Machtergreifung der Faschisten wurden ihre Bücher verboten und beschlagnahmt (Schriftsächsisch war verboten, weil es angeblich „Volkstum im Zerrspiegel“ darstellte). Ab 1936 erhielt sie Veröffentlichungsverbot und wurde isoliert. Kehrte 1940 nach Leipzig zurück und arbeitete als Fakturistin in einem Verlag. Nach 1945 arbeitete sie in der Lebensmittelkartenstelle des Landkreises Leipzig, ab 1955 in der Buchhaltung des Krankenhauses Dösen.

1963 ■ Gründung des Sportclubs Leipzig (3. 3.).
■ Der Literaturwissenschaftler Hans Mayer, seit 1948 Ordinarius für deutsche Literaturgeschichte und Geschichte der Weltliteratur an der Universität Leipzig, bleibt nach einem Besuch in Westdeutschland, nachdem er mit der offiziellen DDR-Politik in Konflikt geraten war.
■ Einweihung einer Werft des Wirtschaftsfluges in Mockau (29. 6.).
■ IV. Turn- und Sportfest, an dem über 30 000 Sportlerinnen und Sportler teilnehmen (1.-4. 8.).
■ Beendigung des Braunkohlenabbaus im Tagebau Kulwitz an der Westgrenze der Stadt.
■ Das Messehaus am Markt wird als Buchmessehaus seiner Bestimmung übergeben (1. 9.).
■ Zur Buchmesse wird erstmals die Ausstellung „Schönste Bücher der Welt“ veranstaltet.

Mayer, Hans
Literaturwissenschaftler
geboren 19.3.1907 Köln
Wirkte 1948-1963 als Professor für deutsche Literaturgeschichte und Geschichte der Weltliteratur an der Universität Leipzig. Nachdem er mit der offiziellen DDR-Politik in Konflikt geraten war, blieb er nach einem Besuch 1963 in Westdeutschland. Wirkte danach als Professor in Hannover und den USA. Führte Untersuchungen zur allgemeinen und vergleichenden Literaturwissenschaft unter soziologisch-historischem Aspekt durch, besonders zu Georg Büchner. Verfaßte u. a. „Georg Büchner und seine Zeit“ (1947), „Schiller und die Nation“ (1953), „Bertolt Brecht und die Tradition“ (1961) und „Goethe“ (1973). Ehrendoktor der Universität Leipzig (1992).

■ Die BSG Chemie Leipzig wird unter ihrem Trainer Alfred Kunze DDR-Fußballmeister (10. 5.). **1964**
■ Der tschechische Dirigent Vačlav Neumann wird Gewandhauskapellmeister und gleichzeitig Musikalischer Oberleiter der Leipziger Oper (8. 6.).
■ Der Verkehrsknotenpunkt Friedrich-Engels-Platz (heute Goerdelerring) wird als größtes Verkehrsprojekt der Stadt seit 1930 fertiggestellt.
■ Übergabe des Sportmedizinischen Instituts der Deutschen Hochschule für Körperkultur (DHfK).
■ Die Fachschule für angewandte Kunst (ehemalige Kunstgewerbeschule) beendet ihre Tätigkeit (Aug.).
■ Eröffnung des Hauptgebäudes der Hauptpost am Georgiring Ecke Augustusplatz (Ende Aug.).

Bau am größten Verkehrsprojekt der Stadt Leipzig am Friedrich-Engels-Platz (heute Goerdelerring), das 1964 fertiggestellt wurde.

1965 ■ Leipzig hat 595 660 Einwohner.
■ Übergabe des Neubaus des Leipziger Messeamtes am Markt (27. 1.).
■ Eröffnung des Interhotels „Stadt Leipzig“ gegenüber dem Hauptbahnhof (1994–1995 abgerissen) (8. 2.).

Der Leipziger Hauptbahnhof nach Abschluß des endgültigen Wiederaufbaus im Dezember 1965 (Foto von 1966)

■ Eröffnung des Interhotels „Deutschland“ (jetzt Hotel „Mercure“) am Augustusplatz (20. 2.).
■ Erscheinen der „Azet“ (Abendzeitung), der ersten Boulevardzeitung im Raum Leipzig/Halle (1. 3.).
■ Die 1963 begonnene Überwölbung des Elstermühlgrabens wird abgeschlossen.
■ Leipzig feiert sein 800jähriges Stadtjubiläum (25. 9.-7. 10.); Höhepunkt ist ein sechs Kilometer langer Festumzug, der von 17 000 Teilnehmern gestaltet wird (3. 10.).
■ In der Leipziger Innenstadt demonstrieren rd. 2500 Jugendliche gegen das Verbot von Tanzkapellen und der Beatmusik (sog. „Beat-Demo“) (31. 10.).
■ Abschluß des Wiederaufbaus des Hauptbahnhofes (4. 12.).

■ Konstituierung des SC Leipzig zum 1. Fußballklub Lokomotive Leipzig (20. 1.). **1966**
■ Gründung des Kabaretts „die academixer“ als Amateurkabarett der Universität unter Leitung von Jürgen Hart.
■ Im Rechenzentrum Windmühlenstraße wird die erste EDV-Anlage für den Binnenhandel der DDR in Betrieb genommen (17. 6.).
■ Inbetriebnahme der ersten Taxi-Funkzentrale in der Stadt (Johannisplatz) mit 18 Taxen (Herbstmesse).
■ Einweihung eines Gedenksteins am Standort der ehemaligen Synagoge an der Gottschedstraße für die in der Zeit des Nationalsozialismus ermordeten 14 000 jüdischen Bürger Leipzigs (18. 11.).
■ Die 1954 in Köthen gegründete Fachschule für Museologen nimmt ihren Sitz in Leipzig (Käthe-Kollwitz-Str. 70).
■ Der letzte Leipziger Gosenausschank im „Hotel Fröhlich“ in der Wintergartenstraße wird eingestellt (das Haus wurde 1968 gesprengt).

■ In der Lene-Voigt-Straße 2-8 in Probstheida wird der mit 336 m Länge längste Wohnblock Deutschlands mit rund 800 Wohnungseinheiten fertiggestellt. **1967**
■ Eröffnung des rekonstruierten Centrum-Warenhauses in der Petersstraße (28.8.).

■ Leipzig hat 589 064 Einwohner. **1968**
■ Beginn des Wohnungsbaus in der Straße des 18. Oktober (Febr.).
■ Einrichtung einer ersten S-Bahn-Verbindung zwischen dem Hauptbahnhof und dem (alten) Messegelände (März).

■ Beginn des Ausbaus des Rosentales zum Naherholungsgebiet.
■ Entgegen vieler Proteste wird die Universitätskirche St. Pauli am Augustusplatz gesprengt (20. 6.).
■ Das „konsument"-Warenhaus am Brühl wird als größtes und modernstes Warenhaus der DDR eröffnet (27. 8.).
■ Die beiden Leichtathleten des SC DHfK Leipzig Christoph Höhne und Margitta Gummel werden bei den XIX. Olympischen Spielen in Mexiko-City Olympiasieger im 50 km-Gehen bzw. im Kugelstoßen.
■ Der im Zweiten Weltkrieg stark beschädigte Spätrenaissancebau Deutrichs Hof in der Reichsstraße/Ecke Nikolaistraße wird abgerissen.
■ Der tschechische Dirigent Vačlav Neumann tritt aus Protest gegen die Besetzung der Tschechoslowakei durch die Truppen des Warschauer Vertrages als Gewandhauskapellmeister zurück (Okt.).
■ Inbetriebnahme des Containerbahnhofes Stötteritz (2. 12.).

1969 ■ Im Zuge der 3. DDR-Hochschulreform werden gegen den Widerstand von Hochschullehrern und Studenten mehrere Ausbildungseinrichtungen an der Universität aufgelöst, u. a. Pharmazie, Geophysik, klassische Archäologie, Mineralogie und das Institut für Geographie (28. 1.).
■ Eröffnung des Polnischen Informations- und Kulturzentrums in Leipzig (2. 2.).
■ Eröffnung des Kellertheaters in den unteren Räumen des Opernhauses (13. 4.).
■ Die Druckmaschinenwerke Leipzig erfinden das „Fadensiegeln".
■ Gründung der Abteilung Tanz- und Unterhaltungsmusik an der Hochschule für Musik „Felix Mendelssohn Bartholdy".
■ Eröffnung der ersten vier Kaufhallen der Leipziger Konsumgenossenschaft.
■ An der Kleiststraße in Eutritzsch wird die erste Volksschwimmhalle eröffnet (1. 5.).
■ Eröffnung des Fahrbetriebes der Leipziger Stadtschnellbahn (S-Bahn) (13. 7.).
■ Neugründung der staatlichen Handelshochschule Leipzig mit dem Hauptsitz in der Markgrafenstraße 2 (1. 8.).
■ Eröffnung des Informationszentrums auf dem Sachsenplatz (5. 10.).

■ Offizielle Inbetriebnahme des Agrarflug-Stützpunktes Leipzig in Mockau (1. 1.). **1970**
■ Eröffnung des Internationalen Campingplatzes am Auensee auf einem 7,5 ha großen Gelände.
■ Die Stadtverordnetenversammlung beschließt den „Generalbebauungsplan, Generalverkehrsplan und den Generalplan der technischen Infrastruktur" (Juni).
■ Bildung des Kombinates VEB Polygraph Leipzig mit den Buchbindereimaschinenwerken, den Druckmaschinenwerken und dem Institut für polygraphische Maschinen.
■ Berufung von Kurt Masur zum Gewandhauskapellmeister (24. 8.).
■ Die Gruppe Neue Musik Hanns Eisler tritt unter Leitung von Burkhard Glaetzner mit dem Ziel der Pflege avantgardistischer Musik erstmals an die Öffentlichkeit (17. 12.).
■ Der Neue Johannisfriedhof wird für die Öffentlichkeit geschlossen (31. 12.).

■ Leipzig hat 580 711 Einwohner. **1971**
■ Eröffnung der Kinder- und Jugendsportschule Leipzig in der Marschnerstraße (jetzt Sportgymnasium Leipzig).
■ Uraufführung der Kleist-Oper „Der zerbrochene Krug" von Fritz Geißler in der Regie von Günter Lohse.
■ Der Sender Leipzig sendet erstmals eine „Messewelle".
■ Fertigstellung der 74,3 km langen Autobahn Leipzig–Dresden (5. 10.).

■ Start des letzten Passagierflugzeuges vom Flughafen Leipzig-Mockau, womit dieser seine Aufgabe als Verkehrsflughafen beendet (6. 3.). **1972**
■ Offzielle Inbetriebnahme des Flughafens Leipzig-Schkeuditz als ständiger Verkehrs-

flughafen der Messestadt (9. 5.).

■ Die letzten größeren privaten Betriebe und die industriell arbeitenden Produktionsgenossenschaften des Handwerks (PGHs) werden verstaatlicht (bis 18. 5.).

■ Der Verband Jüdischer Gemeinden der DDR beruft den Opernsänger Helmut Klotz zum künstlerischen Leiter des Synagogalchores Leipzig.

Der Leipziger Synagogalchor, seit 1972 unter Leitung von Kammersänger Helmut Klotz

■ Erstmalige Durchführung der Leipziger Grafikbörse in der Alten Handelsbörse unter Beteiligung von über 60 Künstlern (Nov.).

■ Durchführung der Karikaturausstellung „Mit spitzer Feder", aus der sich in den Folgejahren die „Karicartoon" entwickelt.

1973 ■ Eröffnung der Galerie am Sachsenplatz als Verkaufsausstellung durch Prof. Bernhard Heisig (1. 3.).

■ Gründung des Gewandhaus-Kinderchores.

■ Offizielle Eröffnung des Naherholungsgebietes Kulkwitzer See (Mai).

■ Übergabe des Universitätshochhauses und weiterer Teilobjekte des Universitäts-Neubaukomplexes (Hörsaalgebäude, Mensa) (31. 8.).

■ Anläßlich des 250. Jahrestages der Berufung Johann Sebastian Bachs zum Thomaskantor wird im Bosehaus eine Bach-Gedenkstätte eröffnet (4. 5.).

■ Dem Zoologischen Garten wird die Führung des Internationalen Tigerzuchtbuches übertragen.

■ Die Messestädte der Tschechoslowakei und Polens, Brünn (Brno) und Krakau (Krakow), werden Partnerstädte Leipzigs.

Heisig, Bernhard
Maler und Grafiker
geboren 31.3.1925 Breslau
War nach dem Besuch der Handwerksschule in Breslau Soldat des Zweiten Weltkrieges. Arbeitete nach der Kriegsgefangenschaft in Breslau und siedelte 1947 nach Zeitz über. 1948-1951 Studium an der Akademie für graphische Künste Leipzig (Schüler von W. Münze und M. Schwimmer). 1954-1968 Lehrer, 1961-1964 Rektor der Hochschule für Grafik und Buchkunst Leipzig. Nach freiberuflicher Tätigkeit 1976-1987 erneut Rektor der Hochschule. Pflegt einen dynamisch-expressiven Malstil und wurde zu einem Hauptvertreter der sogenannten „Leipziger Schule". Ab 1968 trat er mit dem sogenannten Simultanbild an die Öffentlichkeit. Stellt dabei unterschiedliche Bezüge zwischen historischen Stoffen und dem Gegenwärtigen dar. Verzog Ende 1992 in das Havelland. Ehrendoktor der Universität Leipzig (1987).

Bau des 1973 übergebenen Universitätshochhauses

■ Leipzig hat 570 972 Einwohner. **1974**

■ Grundsteinlegung für das Neubaugebiet Leipzig-Schönefeld.

■ Einweihung der S-Bahn-Strecke Leipzig-Hauptbahnhof–Wurzen (26. 5.).
■ Einrichtung eines Lehrstuhls für Urologie an der Universität, auf den Ferdinand Dietrich berufen wird (Juli).
■ Übergabe des mit 95,5 m höchsten Wohnhauses in Ostdeutschland mit 26 Wohngeschossen in der Wintergartenstraße.

Das 1974 bezogene höchste Wohnhochhaus Ostdeutschlands an der Wintergartenstraße

■ Am Opernhaus beginnt Joachim Herz mit der Inszenierung und Neudeutung von Richard Wagners „Der Ring der Nibelungen“.
■ Gründung der Medizinischen Fachschule am St.-Georg-Krankenhaus (5. 9.).

1975 ■ Leipzig hat 566 630 Einwohner.
■ Dem Schriftsteller Bruno Apitz wird die Ehrenbürgerschaft der Stadt Leipzig verliehen (7. 5.).
■ Mit der Einstellung der letzten LVB-Obuslinie Lindenau–Markranstädt endet in der Stadt der Verkehr mit Oberleitungsomnibussen (31. 5.).
■ Einstellung der Boulevardzeitung „Azet“.
■ Die bedeutendste Leipziger Rockmusikgruppe, die Klaus Renft-Combo, erhält Auftrittsverbot und löst sich danach auf.
■ Beginn der Erschließung des Erholungs- und Freizeitparkes Lößnig und der Anlage des „Silbersees“.
■ Durchführung der 1. Leipziger Jazztage auf Initiative des Studentenclubs Moritzbastei und der Grafikbörse.

Dem Schriftsteller Bruno Apitz (1900–1979) gelang mit dem KZ-Roman „Nackt unter Wölfen“ ein großer Bucherfolg.

■ Gründung der Schnellen Medizinischen Hilfe (SMH) zur Versorgung medizinischer Notfälle (3. 5.). 1976
■ Wiedereröffnung des Ägyptischen Museums der Leipziger Universität (12. 5.).
■ Die gesamte Altstadt innerhalb des Promenadenringes wird als Stadtdenkmal in die Zentrale Denkmalliste der DDR aufgenommen, womit etwa 135 Gebäude (rund 60 Prozent der Gebäude des Stadtzentrums) unter Schutz gestellt werden.
■ Grundsteinlegung für das Neubaugebiet Leipzig-Grünau am Internat Gärtnerstraße 179, dessen Neubauten auf den Feldfluren der Leipziger Vororte Kleinzschocher und Schönau und der Landkreisgemeinden Lausen und Miltitz entstehen (1. 6.).
■ Im Zuge des Ausbaus des Rosentals zum zentrumsnahen Erholungsgebiet wird das Zoo-Schaufenster übergeben.
■ Der Maler Bernhard Heisig wird erneut (nach 1961–1964) Rektor der Hochschule für Grafik und Buchkunst (bis 1987).
■ Durchführung der 2. Leipziger Jazztage – erstmals mit internationaler Beteiligung – unter Federführung des „Freundeskreises Jazz“ im Kulturbund.

■ Das Neubaugebiet Leipzig-Schönefeld wird mit 4281 Wohnungen für rd. 11 000 Bürger abgeschlossen.

Errichtung von Plattenbauten in Leipzig-Schönefeld 1975–1976

1977 ■ Gründung der Technischen Hochschule Leipzig (17. 1.).
■ Die Fernwasserleitung von Mockritz nach Leipzig geht in Betrieb, wodurch die Stadt täglich 25 000 cbm Trinkwasser erhält (31. 3.).
■ Einrichtung eines Lehrstuhls für Humangenetik an der Universität.
■ Mit dem Anschluß an das spätere Gasverbundnetz und der Stillegung des Gaswerkes II in Connewitz (Kokerei und drei Gasometer) endet die Eigenproduktion von Stadtgas in Leipzig.
■ VI. Turn- und Sportfest der DDR (25.-31. 7.).
■ Eröffnung des Sportmuseums Leipzig im Gelände des Zentralstadions (23. 7.).
■ Abschluß der achtjährigen Restaurierungsarbeiten im Innern der Nikolaikirche.
■ Eröffnung des ersten Teilstücks der S-Bahn-Strecke nach Leipzig-Grünau (25. 9.).
■ Grundsteinlegung für das Neue Gewandhaus (8. 11.).
■ Der Verlag Kiepenheuer nimmt in Leipzig seinen Hauptsitz und bildet mit der Dieterich'schen Verlagsbuchhandlung, dem Insel- und dem List-Verlag eine Verlagsgruppe.
■ Eröffnung der neuen Messehalle 7 auf dem Messegelände.
■ Übergabe der ersten Wohnung im Neubaugebiet Leipzig-Grünau (30. 11.).

1978 ■ Der neu gebildete VEB Denkmalpflege nimmt seine Tätigkeit auf (1. 1.).
■ Sprengung der Markuskirche in Leipzig-Reudnitz (4. 3.).
■ In der Grünauer Allee 38 im Wohnkomplex 1 wird die erste Kaufhalle Grünaus eröffnet (9. 3.).
■ Ende der Dampflokomotivtraktion auf dem Hauptbahnhof Leipzig (30. 9.).
■ Auf Vorschlag des Vorsitzenden der Israelitischen Gemeinde Leipzig, Eugen Gollomb, kommt es zum ersten gemeinsamen Gedenkgottesdienst der Israelitischen und der Thomas-Matthäi-Gemeinde in der Thomaskirche (9. 11.).
■ Abschluß der Arbeiten im Wohnungsneubaugebiet Thekla (seit 1976).

1979 ■ Der Elsterstausee bei Knauthain wird um die Hälfte verkleinert, um die dort lagernde Braunkohle fördern zu können.
■ Gründung der Nationalen Forschungs- und Gedenkstätten Johann Sebastian Bach (15. 6.).
■ Gründung des Neuen Bachischen Collegium Musicums durch Max Pommer.
■ Erstmalige Durchführung des Leipziger Buchmarktes vor dem Alten Rathaus, der 120 000 Besucher anlockt (6. 10.).
■ Gründung des Veteranen-Kollegs der Universität durch Prof. Werner Ries.
■ Übergabe des 42 ha großen Wildparkes Connewitz.
■ Fertigstellung des Wohnkomplexes I in Leipzig-Grünau.
■ Zwecks Wahrung der verwaltungsmäßigen Einheit des Wohngebietes Leipzig-Grünau werden Fluren des Landkreises Leipzig (u. a. 70,83 ha von der Flur Lausen) nach Leipzig eingemeindet (Dez.).
■ Inbetriebnahme der Fernwärmetrasse vom Heizkraftwerk Kulkwitz zum Wohnkomplex Grünau (15. 12.).

1980 ■ Mit dem erneuten Olympiasieg im Vierer ohne Steuermann bei den XXII. Olympischen Spielen in Moskau avanciert der Ruderer Siegfried Brietzke zum erfolgreichsten

Ruderer der internationalen Sportgeschichte.
■ Eröffnung der Freiluftgalerie Stötteritz auf Initiative des Bildhauers Günter Huniat (20. 8.).
■ Der Sender Leipzig strahlt als erster Regionalsender der DDR sein Programm komplett in Stereo aus.

1981 ■ Übergabe des Freizeitparkes Rabet in der Ostvorstadt (10. 4.).
■ Feierliche Eröffnung des Neuen Gewandhauses als Spielstätte des Gewandhausorchesters am Augustusplatz (8. 10.).
■ Das von einer japanischen Firma projektierte und erbaute Hotel Merkur wird eröffnet (13. 3.).

Das von einer japanischen Firma projektierte und gebaute Hotel Merkur wurde am 13. 3. 1981 eröffnet (heute „Inter Continental").

1982 ■ Die Studenten der Universität übernehmen die Moritzbastei offiziell als ihren Klub (5. 2.).
■ Mit dem Arbeitskreis Homosexualität in der Evangelischen Studentengemeinde bildet sich in der Stadt die erste Organisation von Schwulen und Lesben in der DDR (25. 4.).
■ In der Weißdornstraße wird die 20 000. Wohnung im Neubaugebiet Grünau übergeben (28. 5.).
■ Eröffnung des Menschenaffenhauses im Zoologischen Garten (23. 6.).
■ Einweihung des wieder aufgebauten Mendebrunnens vor dem Neuen Gewandhaus auf dem Karl-Marx-Platz (heute Augustusplatz) (28. 6.).
■ Der Schriftsteller Helmut Richter begründet in der Tradition des „Leipziger Kalenders" das Journal „Leipziger Blätter".
■ Beginn der wöchentlichen Friedensgebete in der Nikolaikirche, veranlaßt durch die Raketenstationierung in Mitteleuropa (13. 9.).
■ Einweihung der katholischen Propsteikirche St. Trinitatis am Rosental (21.11.).
■ Einweihung des neuen Magazinturmes der Deutschen Bücherei (9. 12.).

■ Eröffnung der „Neuen Szene" als Spielstätte des Leipziger Schauspielhauses (21. 1.). **1983**
■ Übergabe des umgestalteten Geländes des ehemaligen Neuen Johannisfriedhofes als „Friedenspark" (20. 7.).
■ VII. Turn- und Sportfest der DDR (25.-31. 7.).
■ Einweihung der Pauluskirche, des evangelischen Gemeindezentrums an der Alten Salzstraße in Leipzig-Grünau (29. 10.).
■ Eröffnung des Neubaus der Albert-Schweitzer-Oberschule für Körperbehinderte in Leipzig-Marienbrunn (31. 8.).

Das Evangelische Gemeindezentrum in Grünau nach seiner Einweihung am 29. 10. 1983

Spielburg auf dem Rodelberg im „Friedenspark", der am 20. 7. 1983 auf dem Gelände des ehemaligen Neuen Johannisfriedhofes übergeben wurde.

1984 ■ Beginn der Montage der ersten Wohnbauten im Umgestaltungsgebiet Innere Westvorstadt/Kolonnadenstraße (2. 1.).
■ Das 1903–1905 erbaute Jugendstil-Kaufhaus am Thomaskirchhof 22 (heute Commerzbank AG) wird nach Rekonstruktion als „Modehaus Topas" wieder eröffnet (3. 3.).
■ Gründung des Internationalen Verbandes für Fußball-Geschichte und Fußball-Statistik (IFFHS) durch Alfred Pöge in Leipzig (27. 3.).
■ Übergabe des neuen Flughafengebäudes in Leipzig-Schkeuditz.
■ Inbetriebnahme des Heizwerkes Connewitz (1. 4.).
■ Eröffnung der Direktverbindung der S-Bahn vom Hauptbahnhof in das Neubaugebiet Grünau (3. 6.).
■ Gründung des Leipziger Schulmuseums (1. 9.).
■ Die Papitzer Lehmlachen (39 ha) und das Verschlossene Holz (16,9 ha) werden zu Naturschutzgebieten erklärt (20. 9.).
■ Beginn des durchgehenden elektrischen Zugbetriebes Leipzig–Berlin (30. 9.).
■ Gründung des Instituts für Klinische Chemie und Laboratoriumsdiagnostik der Universität durch Wolfgang Rotzsch, der auch Direktor wird.
■ Einweihung des auf dem Areal der kriegszerstörten alten Medizinischen Klinik erbauten neuen Bettenhauses des Universitätsklinikums in der Liebigstraße 22.
■ Leipziger Maler organisieren einen „Herbstsalon", den fast 10 000 Interessierte besuchen, der aber später von offizieller Seite als „konterrevolutionär" bezeichnet wird (Nov.).

1985 ■ Einweihung der katholischen St. Martinskirche an der Kiewer Straße in Leipzig-Grünau (27. 1.).
■ Das Bosehaus am Thomaskirchhof wird nach umfassender Sanierung an das Bacharchiv übergeben (19. 3.).
■ Nach vierjähriger Bauzeit wird das „Haus Auensee" als Jugend-Tanz- und Freizeitzentrum wieder eröffnet (5. 10.).
■ Gerd Harry Lybke gründet in Connewitz die Galerie „EIGEN + ART", die zu einer wichtigen Adresse für die nichtoffizielle, innovative Kunst in der DDR wird (25. 10.).
■ Übergabe der 3,4 km langen Straßenbahnstrecke Grünau–Lausen (30. 11.).
■ Gründung des Herzzentrums der Universität (10. 12.).

■ Übergabe der 35 000. Wohnung im Neubaugebiet Grünau in der Königsteinstraße 43 (12. 4.). 1986
■ Übergabe des Blindenparks im Rosental (April).
■ Wiedereröffnung der Gosenschenke „Ohne Bedenken" in der Menckestraße (14. 5.).
■ Wiedereröffnung des rekonstruierten Sommerbades Schönefeld (15. 5.).
■ Einweihung des Versammlungsgebäudes der Kirche Jesu Christi der Heiligen der letzten Tage (Mormonen) in Leipzig-Schleußig (21. 5.).
■ Das Fregehaus in der Katharinenstraße wird nach langjähriger Restaurierung übergeben.
■ An einem Wohnungsneubau in der Grimmaischen Straße 17 Ecke Nikolaistraße wird die Kopie eines der beiden Runderker des im Zweiten Weltkrieg zerstörten Fürstenhauses angebracht.
■ Beginn der Abholzung der Lauer und Abbruch des ehemaligen Gutes zur weiteren Erschließung des Braunkohlentagebaus Cospuden (Verlust von ca. 200 ha Auenwald).
■ Am Universitätsklinikum werden erstmals zwei Herztransplantationen durchgeführt (Dez.).

■ Beginn der Umgestaltung des Dorotheenplatzes als Mittelpunkt des Rekonstruktionsgebietes Innere Westvorstadt. 1987
■ VIII. Turn- und Sportfest der DDR (27. 7.-2. 8.).
■ Grundsteinlegung für das Neubaugebiet Leipzig-Paunsdorf (27. 8.).
■ Der Leipziger Maler Werner Tübke vollendet das Monumentalbild für die Bauernkriegs-Gedenkstätte in Bad Frankenhausen (11. 9.).

■ Abschluß der Städtepartnerschaft Leipzig–Hannover (23. 11.).
■ Inbetriebnahme des Heizwerkes Süd-Ost an der Richard-Lehmann-Straße in Connewitz auf dem Gelände des ehemaligen Gaswerkes, das zur Stabilisierung der Fernwärmeversorgung besonders im Südosten der Stadt entstand.

1988 ■ Die Unzufriedenheit über das Leben in der DDR führt zu Ausreiseanträgen und schließlich zu Kundgebungen. Der Pfarrer Christian Führer spricht vor etwa 900 Ausreiseantragstellern in der Nikolaikirche über „Leben und Bleiben in der DDR“ (19. 2.).

Die in großen Teilen über Jahrzehnte hinweg dem Verfall preisgegebene Ostvorstadt, Wohnhaus Dornberger Straße 19, 1987

Beginn der Umgestaltung in der Ortsvorstadt. Abriß maroder Häuser und Errichtung von Plattenbauten (Kohlgarten-/Ecke Reclamstraße) 1987

Tübke, Werner
Maler und Grafiker
geboren 30.7.1929 Schönebeck/Elbe
Nach dem Studium an der Hochschule für Grafik und Buchkunst Leipzig und an der Universität Greifswald wirkte er in Leipzig freischaffend. Wurde 1965 Dozent und 1972 Professor, 1973-1976 Rektor an der Hochschule für Grafik und Buchkunst Leipzig. Entwickelte sich an der Bildsprache kunstgeschichtlicher Traditionen (bes. der Renaissance und des Barock) in Porträts, vielfigurigen Szenen der Zeitgeschichte und des Lebens mit einer detail- und sinnbildreichen Auffassung von hoher Malkultur. Wagte den Versuch, Geschichte in ihrer Vielschichtigkeit und Widersprüchlichkeit zu deuten und in höchster Perfektion darzustellen. Führender Vertreter der sogenannten „Leipziger Schule“. 1976-1987 schuf er das 1800 m² große Panoramabildnis für die Bauernkriegsgedenkstätte in Bad Frankenhausen, 1993 den Bühnenvorhang und Landschaftsprospekte für die „Freischütz“-Aufführung in Bonn, 1994-1997 den Flügelaltar für die Erlöserkirche in Clausthal-Zellerfeld. Goldmedaille der 3. Grafikbiennale Florenz (1972), Ehrendoktor der Universität Leipzig (1985).

■ Durchführung des 1. Pleißegedenkmarsches mit über 200 Teilnehmern (5. 6.).
■ Gründung des aus dem Gewandhausorchester hervorgegangenen Leipziger Streichquartetts.
■ Grundsteinlegung für das innerstädtische Umgestaltungsgebiet Leipzig-Volkmarsdorf (6. 7.).
■ Die Leipziger Schwimmerin Kristin Otto wird mit dem Gewinn von sechs Goldmedaillen die erfolgreichste Sportlerin der XXIV. Olympischen Spiele in Seoul. Martina Hellmann vom SC DHfK Leipzig wird Olympiasiegerin im Diskuswerfen (Sept.).

■ Rund 500 Leipziger folgen dem „Aufruf an alle Bürger Leipzigs“ und finden sich auf dem Markt zusammen und versuchen anläßlich des Gedenktages der Ermordung von Rosa Luxemburg und Karl Liebknecht, für De- **1989**

Führer, Christian
Pfarrer
geboren 1943 Leipzig
Nach dem Studium der Theologie an der Universität Leipzig wirkte er als Pfarrer in Sachsen. 1980 erfolgte seine Berufung zum Pfarrer der Nikolaikirche Leipzig. Entwickelte zusammen mit anderen Christen das Konzept der offenen Stadtkirche, 1982 kamen die ökumenischen Montagsgebete hinzu. Gehörte zu den Initiatoren der Friedensgebete, die sich zum Ausgangspunkt der Montagsdemonstrationen in Leipzig entwickelten. Nach der Wende setzte er sich für Erwerbslose und Sozialhilfebedürftige seelsorgerisch ein, u. a. in wöchentlichen „Öffentlichen Treffs" innerhalb der von ihm begründeten Kirchlichen Erwerbsloseninitiative. Theodor-Heuß-Medaille (1991), Verdienstorden der Bundesrepublik Deutschland (1995).

mokratie und Freiheit Andersdenkender zu demonstrieren. Der Marsch wird von Sicherheitskräften aufgelöst; 53 Demonstranten werden vorläufig festgenommen (15. 1.).

■ Der Pfarrer der Nikolaikirche Christian Führer gestaltet das Friedensgebet gemeinsam mit dem Ausreisegesprächskreis „Hoffnung", was staatliche Stellen zum Anlaß nehmen, die Absetzung der Friedensgebete zu fordern (27. 2.).

■ Die Anwesenheit vieler, auch westlicher Journalisten zur Frühjahrsmesse in der Stadt nutzen Ausreisewillige, um nach dem Friedensgebet von der Nikolaistraße über den Markt zur Thomaskirche und zurück zu demonstrieren (13. 3.).

■ Bei den Kommunalwahlen überwachen Mitglieder verschiedener Bürgerbewegungs-Initiativen die Auszählung der Stimmen in über 160 Wahllokalen und können durch „Nachzählungen" erstmals in der DDR einen Wahlbetrug nachweisen (7. 5.).

■ Mit der Veranstaltung „Pleißepilgerweg 1989 – Eine Hoffnung lernt gehen" wird auf die katastrophale Umweltsituation der Stadt und auf eine notwendige Öffnung des Pleißemühlgrabens aufmerksam gemacht (4. 6.).

■ Während des durch maßgebliche Initiative von Jochen Läßig organisierten 1. Leipziger Straßenmusikfestivals, das trotz Verbotes durchgeführt wird, kommt es zu Verhaftungen (10. 6.).

■ Basisgruppen organisieren im Rahmen des in einer Atmosphäre zunehmender Spannungen stattfinden Kirchentages der Evangelisch-Lutherischen Landeskirche Sachsen aus Protest gegen die Zugeständnisse des offiziellen Kirchenprogramms einen Statt-Kirchentag in der Lukaskirche Volkmarsdorf (6.-9. 7.).

■ In der Nikolaikirche finden sich über 1000 Menschen zum Friedensgebet ein.

■ Superintendent Friedrich Magirius kritisiert, daß seitens der Partei- und Staatsführung nicht ernsthaft nach den Ursachen für die sich immer stärker ausbreitende Fluchtwelle gesucht werde. Nach dem Gebet formiert sich ein Demonstrationszug, aus dem heraus Versammlungs- und Reisefreiheit und andere notwendige Veränderungen angemahnt werden (28. 8.).

■ Ausreiseantragsteller bekunden während der Herbstmesse vor der Nikolaikirche ihren Willen „Wir wollen raus!". Es ist dies erstmalig eine Demonstration von Leipziger Basisgruppenmitgliedern (4. 9.).

■ An diesem Montag marschieren 20 000 über den Promenadenring. Als zum Schluß 2000 Leute in die Innenstadt zurückkehren wollen, greifen Sicherheitskräfte mit bis dahin unbekannter Brutalität ein (2. 10.).

■ Eröffnung der Handwerkerpassage am Markt.

■ Nach Friedensgebeten in fünf Leipziger Kirchen nehmen rund 100 000 an der Demonstration durch die Innenstadt teil und fordern mit dem Ruf „Wir sind das Volk" eine demokratische Wende. Die Innenstadt ist von Armee, Polizei und Kampfgruppen abgeriegelt.

■ Sechs Leipziger Persönlichkeiten, u. a. Kurt Masur und Friedrich Magirius, verhindern mit ihrem Aufruf „Keine Gewalt" den militärischen Einsatz gegen die Demonstranten (9. 10.).

■ Beginn der „Gespräche am Karl-Marx-Platz" im Neuen Gewandhaus mit den Unterzeichnern des Aufrufs „Keine Gewalt" (22. 10.).

■ Auf der Montagsdemonstration mit 300 000 Teilnehmern sprechen erstmals Vertreter der Bürgerbewegung „Neues Forum“ (30. 10.).
■ Rücktritt des Oberbürgermeisters Bernd Seidel (3. 11.).
■ Gründung des Leipziger Kreisverbandes der SPD (damals noch SDP) in der Evangelisch-Reformierten Kirche am Tröndlinring (7. 11.).
■ Auf dem Dimitroffplatz vor dem ehemaligen Reichsgericht findet die erste genehmigte Kundgebung des Neuen Forums statt, an der 10 000 Leipziger teilnehmen. Redner fordern weiterreichende Reformen, einige die Kontrolle bzw. Auflösung der Staatssicherheit (18. 11.).
■ Gründung des „Ökolöwe Umweltbundes Leipzig“ als lokale, sich für ein naturverträgliches Leben in der Stadt einsetzende Bürgerorganisation (23. 11.).
■ Gründung der Initiativgruppe zur Bildung des „Runden Tisches“ (1. 12.).
■ Vertreter des Neuen Forums besetzen gewaltlos die Bezirksverwaltung der Staatssicherheit der DDR am Dittrichring („Runde Ecke“) und nehmen das Objekt „unter Kontrolle“; die Aktenvernichtung wird gestoppt. Am gleichen Abend werden die Stasi-Objekte in Leutzsch, in der Gustav-Mahler-Straße 1 und die Untersuchungshaftanstalt in der Beethovenstraße 2 besetzt (5. 12.).
■ Konstituierung eines Bürgerkomitees zur Sicherung der Stabilität und Rechtssicherheit im Verlaufe des Prozesses der Umgestaltung auf Initiative des Neuen Forums in Leipzig (5. 12.).
■ Die Grüne Partei bildet sich für Leipzig auf einem Treffen in der Trinitatiskirche in Anger-Crottendorf (14. 12.).
■ 150 000 Leipziger beteiligen sich am Abschluß der 89er-Demonstrationen und gedenken mit brennenden Kerzen und Fackeln in einer schweigenden Menschenkette den Opfern der Gewalt und Unterdrückung (18. 12.).

1990 Die 1. Leipziger Volksbaukonferenz rechnet schonungslos mit der bisherigen Baupolitik ab (6.-7. 1.).

Masur, Kurt
Dirigent
geboren 18.7.1927 Brieg/Schlesien
Nach Dirigierunterricht am Leipziger Konservatorium wirkte er als Kapellmeister in Halle, Erfurt und Leipzig, als Generalmusikdirektor in Schwerin (1958-1960) und Chefdirigent der Komischen Oper Berlin (1960-1964) und der Dresdner Philharmonie (1967-1972). Von 1970 bis 1997 wirkte er dann als Gewandhauskapellmeister in Leipzig und führte das Gewandhausorchester zu internationalem Ansehen. Wurde als Konzert- und Operndirigent international bekannt. 1989 gehörte er in Leipzig zu denen, die mit dem Aufruf „Keine Gewalt!“ hervortraten und die politische Wende einleiteten. 1990 Gründungsmitglied der Kulturstiftung Leipzig und 1990-1995 deren Präsident. 1997-2000 Chefdirigent der New York Philharmonie, ab 2001 des London Philharmonie Orchestra. Ehrendoktor der Universität Leipzig (1984), Ehrenbürger der Stadt Leipzig (1989), Ehrensenator der Hochschule für Musik und Theater „Felix Mendelssohn Bartholdy“ Leipzig (1989), „Europäer des Jahres 1990“.

■ Weiterführung der Montagsdemonstrationen mit mehr als 100 000 Teilnehmern unter den Forderungen „Nieder mit der SED“ und „Deutschland einig Vaterland“ (15. 1.).
■ Gesprächsleiter Friedrich Magirius und Vertreter von 30 politischen Parteien und Gruppen versammeln sich zum „Runden Tisch“ in Leipzig (17. 1.).
■ Gründung der Kulturstiftung Leipzig im „Kaffeebaum“ (26. 1.).
■ Mit „Wir in Leipzig“ erscheint die erste unabhängige, private Tageszeitung in Leipzig (26. 1.).
■ Die Stadtverordnetenversammlung beschließt mit einer Gegenstimme ihre Selbstauflösung (26. 1.).
■ Der „Runde Tisch“ mit Superintendent Friedrich Magirius als Gesprächsleiter führt die Amtsgeschäfte weiter.
■ Die Präsidentin des Deutschen Bundestages, Rita Süßmuth, entwirft in der Veranstaltung „Abend der Begegnung“ in der Evange-

lisch Reformierten Kirche ihre Vorstellung eines geeinten Deutschlands, das sie als „friedlich, demokratisch sowie wirtschaftlich auch Europa und der Dritten Welt dienende Kraft" charakterisiert (1. 2.).

■ Konstituierung des SPD-Kreisverbandes auf dem 1. Kreisparteitag der SPD (4. 2.).

■ Wahl des Stadtvorstandes der Partei des Demokratischen Sozialismus (PDS) (14. 2.).

■ 1. Parteitag der Deutschen Sozialen Union (DSU) unter dem Motto „Freiheit statt Sozialismus" im Opernhaus Leipzig (18. 2.).

■ Udo Zimmermann wird Intendant des Leipziger Opernhauses (1. 3.) und eröffnet dann seine erste Spielzeit mit der Jazz-Oper „Jonny spielt auf" von Ernst Krenek.

■ Neugründung der Industrie- und Handelskammer zu Leipzig (8. 3.).

■ Letzte Leipziger Montagsdemonstration mit 70 000 Teilnehmern (12. 3.).

■ Auf einer Wahlkundgebung der „Allianz für Deutschland" (CDU, DSU, Demokratischer Aufbruch) spricht Bundeskanzler Helmut Kohl vor über 300 000 Teilnehmern auf dem Augustusplatz und erklärt: „Das Ziel der Einheit Deutschlands zu vollenden ist zum Greifen nahe. Die Leipziger haben es erstritten." (14.3.).

■ Bei den ersten freien Wahlen in der DDR für die Volkskammer erreichen in Leipzig die CDU 28, 7 %, die SPD 26 %, die PDS 16,5 % und die DSU 12,5 % der Wählerstimmen (18. 3.).

■ Abschluß der Arbeit des „Runden Tisches" (2. 5.).

■ Bei den Kommunalwahlen siegt in Leipzig die SPD (35,13 %) vor der CDU (26,79 %) und der PDS (13,02 %) (6. 5.).

■ Anbindung Leipzigs an das schnellfahrende Bahnnetz der Deutschen Bahn. Der erste deutsch-deutsche Intercityzug fährt von Frankfurt/Main nach Leipzig (5 Std.). Parallel zu dieser Verbindung starten Interregiozüge auf den Strecken Leipzig–München und Leipzig–Nürnberg (27. 5.).

■ Konstituierende Sitzung der Stadtverordneten und Wahl des Stadtpräsidenten. Mit 115 von 123 möglichen Stimmen wird Friedrich Magirius zum Stadtpräsidenten gewählt (30. 5.).

■ Wahl von Hinrich Lehmann-Grube (SPD) aus Hannover zum Oberbürgermeister Leipzigs (6. 6.).

■ Eröffnung des Museums an der „Runden Ecke" mit der Ausstellung „Stasi – Macht und Banalität" (31. 8.).

■ Gründung des Neuen Leipziger Kunstvereins (17. 9.).

■ Die Stadtverordneten stimmen für eine Rückbenennung des Karl-Marx-Platzes in Augustusplatz (2. 10.).

■ Die Deutsche Bücherei Leipzig wird mit der Deutschen Bibliothek Frankfurt/Main unter dem übergreifenden Namen „Die Deutsche Bibliothek" vereinigt (Okt.).

■ Bei den Landtagswahlen erringen in Leipzig die CDU 51, 5 %, die SPD 19, 5 %, die Linke Liste/PDS 12, 5 %, das Neue Forum 6, 3 %, die FDP 5,0 % und die DSU 3,6 % der Wählerstimmen (14. 10.).

■ Viel beachtete Fluß-Markierungs-Aktion „Pleiße ans Licht" (NEUE UFER) durch das STADT-KULTUR-PROJEKT Leipzig mit dem Ziel der Revitalisierung von Pleiße- und Elstermühlgraben (Nov.).

■ Gründung der Leipziger Wohnungs- und Baugesellschaft (LWB) (10. 12.).

Titel der 1990–1991 herausgegebenen ersten unabhänigen, privaten Tageszeitung „Wir in Leipzig"

■ Durchführung der ersten Leipziger Modemesse (24.–27. 2.). **1991**

■ Die Karstadt-Gruppe kauft das bisherige Centrum-Warenhaus in der Petersstraße (7. 3.).

■ Der Chemiker Prof. Cornelius Weiss wird

Zimmermann, Udo
Komponist und Opernintendant
geboren 6.10.1943 Dresden
War Mitglied des Dresdner Kreuzchores und studierte 1961-1968 an der Hochschule für Musik „Carl Maria von Weber“ Dresden Komposition, Dirigieren und Gesang. Meisterschüler (Komposition) an der Akademie der Künste der DDR bei Kochan. Nach einer Tätigkeit als Dramaturg an der Staatsoper Dresden wurde er 1976 Professor für Komposition an der Musikhochschule Dresden. 1985 gründete er in Bonn eine Werkstatt für zeitgenössisches Musiktheater und wurde 1986 Direktor des Zentrums für zeitgenössische Musik Dresden. 1990-2001 Intendant der Oper Leipzig. In dieser Eigenschaft setzte er auf das Ensembletheater und warb für ein europäisches Konzept der Oper Leipzig. 1992 Wahl zum Präsidenten der Freien Akademie der Künste zu Leipzig. Seine Opernwerke (u. a. „Die Weiße Rose“/1967, „Levins Mühle“/1973, „Die wundersame Schusterfrau“/1979) zählen zu den meistaufgeführten Stücken des musikalischen Gegenwartsrepertoires. Bundesverdienstkreuz (1993).

Rektor der Universität Leipzig (11. 3.).

■ Die Frühjahrsmesse wird zum letzten Mal als Universalmesse durchgeführt.

■ Die Treuhandanstalt verkauft die „Leipziger Volkszeitung“ an die Verlage Springer und Madsack (16. 4.).

■ Thomaskantor Hans-Joachim Rotzsch wird wegen Mitarbeit für die ehemalige Staatssicherheit der DDR aus seinem Amt entlassen (11. 5.).

■ Erstmaliges Erscheinen der Leipziger Illustrierten „Kreuzer“.

■ Erstmaliges Erscheinen des „Leipziger Amtsblattes“ als auflagenstärkstes Amtsblatt Deutschlands (12. 6.).

■ Eröffnung des Generalkonsulates der USA (7. 6.).

■ Durchführung der 1. Lachmesse (Europäisches Humor- und Satirefestival) unter Beteiligung von Künstlern aus elf Ländern (28. 6.-14. 7.).

■ Neueröffnung des Kaufhauses am Brühl nach Investitionen von 13 Millionen DM für den Um- und Ausbau als Horten-Kaufhaus (4. 10.).

■ Die von Gewandhauskapellmeister Kurt Masur gegründete Mendelssohn Stiftung e. V. konstituiert sich als internationale Stiftung (12. 10.).

■ Offizielle Gründung des Olympiastützpunktes Leipzig e. V. (Okt.).

■ Die Tageszeitung „Wir in Leipzig“ stellt aus finanziellen Gründen ihr Erscheinen ein.

■ Die Stadtverordnetenversammlung entscheidet sich für einen neuen Messeplatz zwischen Mockau, Seehausen und Wiederitzsch (10. 10.).

■ Konstituierung des Kreisverbandes Leipzig der Partei Bündnis 90/Grüne durch den Zusammenschluß von Neuem Forum, Demokratie Jetzt und den Grünen (28. 10.).

■ Inbetriebnahme eines Erdgas-Heizwerkes (265 MW) in Kulkwitz zur Fernwärmeversorgung der Stadt (4. 12.).

■ Die Stadtverordnetenversammlung beschließt eine neue Satzung der Leipziger Messe GmbH (18. 12.).

1992

■ Leipzig hat 496 647 Einwohner.

■ Der Mitteldeutsche Rundfunk (mdr) nimmt mit dem Glockenläuten der Nikolaikirche seinen Sendebetrieb auf (1. 1.).

■ Das Umweltforschungszentrum Leipzig-Halle (UFZ) nimmt seine Arbeit auf (2. 1.).

■ Gründung der Landesbank Sachsen Girozentrale (Sachsen LB) als erste eigenständige Landesbank in den neuen Bundesländern mit Hauptsitz in Leipzig (7. 1.).

■ Eröffnung des Linienflugverkehrs vom Flughafen Leipzig-Halle nach London (29. 3.) und Paris (30. 3.).

■ Die Sächsische Akademie der Wissenschaften zu Leipzig erfährt ihre verfassungsrechtliche Verankerung (Artikel 121 der Verfassung des Freistaates Sachsen) (27. 5.).

■ Gründung des Instituts für Länderkunde Leipzig (10. 6.).

■ Die Radio Philharmonie Leipzig (1945 als Großes Rundfunkorchester Leipzig gegründet), das Rundfunk-Blasorchester (1950 gegründet) und das Rundfunk-Tanzorchester/Radio Big Band (1947 gegründet) geben vor ihrer Auflösung letzte Konzerte (14. 6.).

■ Die weltweit erste Anlage von drahtlosen Anschlußleitungen für Telefone (DAL) wird in Leipzig in Betrieb genommen (Juni).

■ Beginn des Aufbaus des Gewerbegebietes Paunsdorf (16. 6.).

■ Gründung der Freien Akademie der Künste zu Leipzig, zu deren Präsident Operndirektor Prof. Udo Zimmermann gewählt wird (17. 6.).

■ Eröffnung des neuen Aquariums im Zoologischen Garten (25. 6.).

■ Nach fast 50 Jahren wird wieder ein Generalkonsulat der Vereinigten Staaten von Amerika in Leipzig eröffnet (30. 6.).

■ Gründung des Instituts für Wirtschaftspolitik an der Universität.

■ Die neu gegründete Stadtwerke Leipzig GmbH übernimmt die Fernwärme- und Gasversorgung der Stadt (1. 7.).

■ Die Private Sächsische Rundfunk GmbH (PSR) nimmt den Sendebetrieb auf (1. 7.).

■ Gründung der Fachschule für Technik, Wirtschaft und Kultur unter dem Rektorat von Prof. Rolf Thiele (15. 7.).

■ Wiedereröffnung des Kirchenmusikalischen Instituts unter Leitung von Christoph Krummacher (Herbst).

■ Königin Elizabeth II. von Großbritannien weilt während ihres Deutschland-Besuches in Leipzig (22. 10.).

■ Birmingham, zweitgrößte Stadt Großbritanniens, wird Partnerstadt Leipzigs.

■ Vereinigung der Musikhochschule und der Theaterhochschule zur Hochschule für Musik und Theater „Felix Mendelssohn Bartholdy“ unter der Leitung von Prof. Siegfried Thiele (7. 10.).

■ Gründung der Medienstadt Leipzig GmbH (12. 10.).

■ In Leipzig beginnt die Umstellung von Stadtgas auf Erdgas (19. 10.).

■ Gründung der Ephraim Carlebach Stiftung Leipzig, die die Verdienste Leipziger Juden stärker in das Blickfeld rücken will (8. 11.).

■ Georg Christoph Biller tritt das Amt des Thomaskantors an (29. 11.).

■ Einrichtung der „Leipziger Universitätsmusik“ und Gründung des Pauliner-Kammerorchesters durch Wolfgang Unger (Dez.).

1993

■ Start der Kampagne „Leipzig kommt!“ (1. 1.).

■ Die Gemeinde Hartmannsdorf (600 Ew.) wird nach Leipzig eingemeindet (1. 1.).

■ Die traditionsreiche Ballettschule wird in den Verbund der Leipziger Oper integriert (4. 1.).

■ Die Leipziger Wollkämmerei wird von der französischen Textilgruppe Chargeurs, dem weltgrößten Produzenten von Wollkammzügen, erworben (4. 1.).

■ Wiedereröffnung des 1952 aufgelösten Landgerichts Leipzig (15. 1.).

■ Die Treuhandanstalt übergibt die Leipziger Verkehrsbetriebe (LVB), das zweitgrößte Straßenbahnunternehmen Deutschlands, der Stadt Leipzig (26. 1.).

■ Beginn der Sanierung des Karl-Heine-Kanals (9. 2.).

■ Der Leipziger Hauptbahnhof wird privatisiert und von der Frankfurter Bahnhof-Management- und Entwicklungsgesellschaft vermarktet (3. 3.).

■ Enthüllung eines neuen Mendelssohn-Denkmals vor dem neuen Gewandhaus am Vorabend des 250jährigen Jubiläums des Gewandhausorchesters (10. 3.).

■ Eröffnung des Mockau-Centers (LMC) (18. 3.).

■ Wiedererrichtung der Juristenfakultät an der Universität, nachdem diese 1969 zu einer Sektion Rechtswissenschaft mit Konzentration auf die wirtschaftsrechtliche Richtung eingeengt worden war (26. 4.).

■ Eröffnung der Offsetdruckerei der „Leipziger Volkszeitung“ in Stahmeln mit einer täglichen Auflage von rund 900 000 Zeitungen (4. 5.).

■ Die Grünen und Bündnis 90 vereinigen sich auf dem ersten gemeinsamen Parteitag und verabschieden die „Leipziger Erklärung“ (14. 5.).

■ Unterzeichnung des Städtepartnerschaftsvertrages Houston/Texas und Leipzig in Houston/USA (14. 7.).

■ Grundsteinlegung für das neue Messegelände – das modernste Europas – am Nordrand der Stadt (25. 8.).
■ Grundsteinlegung für den ersten städtischen Gewerbehof in Paunsdorf (31. 8.).
■ Gründung des Leipziger Oratorienchores (Sept.).
■ Wiedereröffnung der Mädlerpassage nach umfassender Rekonstruktion (13. 10.).
■ Neugründung der Wirtschaftswissenschaftlichen Fakultät an der Universität (26. 10.).
■ Gründung des Instituts für Kommunikations- und Medienwissenschaft an der Universität (2. 12.).
■ Gründung der aus der Deutschen Hochschule für Körperkultur (DHfK) hervorgegangenen Fakultät Sportwissenschaft der Universität (8. 12.).

1994 ■ Übernahme der Fachschule für Tanz durch die Stadt Leipzig als „Ballettschule der Oper Leipzig" (3. 1.).
■ Das neu gestaltete städtische Naturkundemuseum wird eröffnet (8. 1.).
■ Mit der Gründung der Erziehungswissenschaftlichen Fakultät schließt die Universität ihren an historischen Strukturen orientierten Umbau ab (2. 2.).
■ Beendigung der Renaturierung des Karl-Heine-Kanals zwischen Lützner und Saalfelder Straße (17. 2.).
■ Eröffnung des Stadtteilzentrums „Südwest-Zentrum" in Großzschocher (17. 3.).

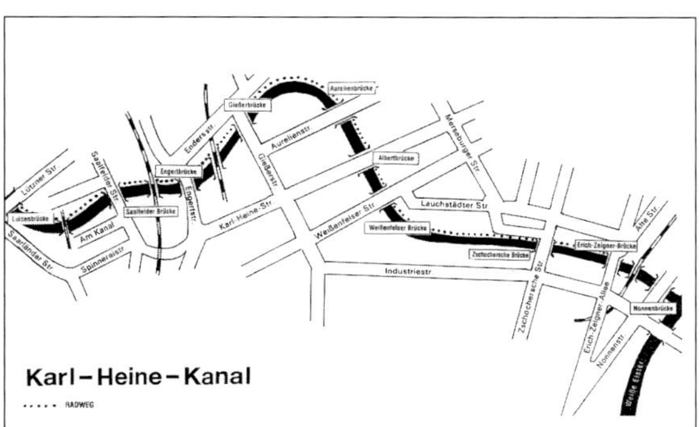

Der bis 1994 renaturierte Karl-Heine-Kanal mit dem an seiner Nordseite angelegten Radweg

■ Erstmalige Verleihung des „Leipziger Buchpreises zur europäischen Verständigung" auf der Buchmesse (18. 3.).
■ Eröffnung der „Axis"-Passage mit Ladenstraße auf ehemaligem Eisenbahngelände in der Georg-Schumann-Straße 171-175 (28. 4.).
■ Eröffnung des ersten kommunalen Gewerbehofes Leipzigs am Lehdenweg in Paunsdorf (8. 6.).
■ Bei den Kommunalwahlen (Stadtratswahl) erringt die SPD 29,93 % (21 Sitze), die CDU 23,36 % (17 Sitze), die PDS 22,93 % (16 Sitze), Bündnis 90/Grüne 13,78 % (10 Sitze), die DSU 3,58 % (2 Sitze), die FDP 3,44 % (2 Sitze) und das Neue Forum 2.90 % (2 Sitze) der Wählerstimmen (13. 6.).
■ Die Stichwahl für den Posten des Oberbürgermeisters gewinnt Hinrich Lehmann-Grube (SPD) mit deutlicher Mehrheit (26. 6.).
■ Abzug der letzten russischen Streitkräfte aus Leipzig (13. 7.).
■ Errichtung eines Lehrstuhls für Buchwirtschaft und Buchwissenschaft an der Universität (26. 7.).
■ Bei den Landtagswahlen in Sachsen erringen in Leipzig die Kandidaten der CDU alle sechs Direktmandate. Bei den Zweitstimmen erzielen die CDU 48.54 %, die PDS 22,04 %, die SPD 19,64 %, Bündnis 90/Grüne 6,39 %, die FDP 1,07 %, das Neue Forum 0,78 %, die Republikaner 0,77 %, die SPO 0,42 % und die DSU 0,34 % (11. 9.).
■ Das von der Rhön-Klinikum AG Bad Neustadt/Saale mit einem Investitionsaufwand von 150 Millionen Mark errichtete Herz-Zentrum mit privatuniversitärem Status in Leipzig-Probstheida wird seiner Bestimmung übergeben (16. 9.).
■ Als erster Kaufhaus-Neubau in einer Innenstadt der neuen Bundesländer wird in der Petersstraße 17–23 das Bekleidungskaufhaus Peek & Cloppenburg eröffnet (28. 9.).
■ Bei den Bundestagswahlen gewinnt die CDU die beiden Leipziger Direktmandate. Bei den Zweitstimmen erringt die CDU 35,22 %, die SPD 31,00 %, die PDS 21,37 %, das Bündnis 90/Grüne 6,65 % und die FDP 3,74 % der Stimmen (16. 10.).

■ Wiedereröffnung des Antikenmuseums der Universität im Gebäude der Alten Nikolaischule (21. 10.).
■ Offizielle Eröffnung des Einkaufszentrums Paunsdorf Center (26. 10.).

Die alte Nikolaischule nach der 1994 abgeschlossenen Rekonstruktion (Antikensammlung der Universität; ab 1996 auch Automatikmuseum)

■ Mit der Denkmalmesse („Denkmal '94") wird die erste Messe in Europa durchgeführt,

Das am 26. 10. 1996 eröffnete Einkaufszentrum „Paunsdorf Center"

die Denkmalpflege und Stadterneuerung in ihrer gesamten Komplexität erfaßt (26.-29. 10.).
■ Die Universität gründet ein Zentrum für Innere Medizin (ZIM) unter Leitung von Professor Joachim Schauer, das vier Kliniken verknüpft (16. 12.).

Die Renaturierung des Karl-Heine-Kanals in Plagwitz; Blick von der Saalfelder Brücke, Oktober 1994

■ Eröffnung des Paketzentrums im Güter verkehrszentrum (GVZ) Leipzig-Radefeld (2. 2.). **1995**
■ Feierliche Eröffnung des Quelle-Versandzentrums Leipzig als des weltgrößten seiner Art (18. 5.).
■ Übergabe der neuen Telekom-Zentrale am Grimmaischen Steinweg Ecke Querstraße, des teuersten Neubauprogramms der Telekom für die neuen Bundesländer (320 Mio. DM) (7. 6.).

Der 1995 eingeweihte Neubau der Telekom-Zentrale Leipzig

■ Mit dem Abschluß der Erdgasumstellung endet in Leipzig nach 157 Jahren die Stadtgas-Ära; in Stötteritz wird die letzte Stadtgasflamme gelöscht (14. 6.).
■ Eröffnung des Renaissance-Hotels im Brockhaus Center in der Querstraße (15. 6.).

■ Eröffnung des Stadtteilzentrums „Gohlis Arkaden“ (15. 6.).
■ Einweihung der Leipziger Niederlassung der Postbank in der Rohrteichstraße am Mariannenpark („Forum am Mariannenpark“) (21. 6.).
■ Nach einer seit 1992 durchgeführten Sanierung wird die denkmalgeschützte Parkanlage des Alten Johannisfriedhofes wieder eröffnet (21. 6.).
■ Offizielle Eröffnung des Gewerbehofes Nordost an der Heiterblickstraße (27. 7.).
■ Das Gewandhausorchester gibt anläßlich des 25jährigen Dienstjubiläums von Kurt Masur als Gewandhauskapellmeister auf dem Markt sein erstes open-air-Konzert (27. 8.).
■ Das Parthendorf Plaußig (4,7 qkm, 535 Ew.) wird als Ortsteil „Plaußig-Portitz“ in die Stadt Leipzig eingemeindet (1. 9.).
■ Offizielle Eröffnung des Max-Planck-Instituts für neuropsychologische Forschung (12. 9.).
■ Wiedereröffnung von Specks Hof nach umfassender Rekonstruktion und Umgestaltung (27. 9.).
■ Das Stadtteilzentrum Lindenau in der Lützner Straße 145-151 wird offiziell als „Lindenauer Kolonnaden“ eröffnet (29. 9.).
■ Eröffnung der Obst- und Gemüsehalle des Mitteldeutschen Frischezentrums Leipzig in Radefeld (70 000 qm) an Stelle der bisherigen Großmarkthalle in der Zwickauer Straße (30. 10.).
■ Das Leipziger Literaturinstitut wird als Deutsches Literaturinstitut unter Leitung von Bernd Jentzsch offiziell neu gegründet (21. 11.).
■ Eröffnung des Einkaufscenters „Pfiffige Einkaufs-Passage –PEP“ in Grünau (23. 11.).

1996 ■ Die wieder gegründete Handelshochschule Leipzig – erste private wirtschaftswissenschaftliche Hochschule im östlichen Teil Deutschlands – nimmt ihren Lehrbetrieb auf (1. 2.).
■ Dem Schriftsteller Erich Loest wird für seinen unermüdlichen Einsatz für eine vorurteilsfreie Aussöhnung zwischen den Deutschen und den östlichen Nachbarn die Ehrenbürgerschaft der Stadt verliehen (22. 2.).
■ Eröffnung des ersten „Novotels“ in den neuen Bundesländern mit 200 Zimmern auf acht Etagen in der Goethestraße 11 (29. 2.).
■ Das innerhalb von 25 Monaten erbaute Flughafenterminal B beginnt mit dem Passagierflugverkehr (3. 3.).

Ab 1996 erfolgte der Passagierflugverkehr auf dem neu erbauten Terminal B des Flughafens Leipzig-Halle.

■ Im Gewerbegebiet Nordost weiht die Ernst Klett AG Stuttgart ihr neues Verlagshaus ein und stärkt damit den Medienstandort Leipzig (7. 3.).
■ Nach umfassender Rekonstruktion wird das Hotel Fürstenhof als Kempinski-Hotel wieder eröffnet (11. 3.).
■ Auf dem 50 ha großen Messegelände am Völkerschlachtdenkmal wird mit der „Cadeux 96“ die letzte Fachmesse durchgeführt. Seit der Eröffnung im Jahre 1920 fanden hier rund 360 Messen statt (10.-13. 3.).
■ Auf Initiative des Börsenvereins des Deutschen Buchhandels wird an der Universität eine Professur für Buchwissenschaft und Buchwirtschaft eingerichtet (13. 3.).
■ Eröffnung des Straßenbahn-Linienverkehrs auf einer neuen, 7,5 km langen Stadtbahnstrecke zum neuen Messegelände (16. 3.).
■ Die Deutsche Bahn AG nimmt den Bahnhof Neuwiederitzsch-Leipziger Messe in Betrieb und bindet das Messegelände an das Bahnnetz an (16. 3.).
■ Das neue „Haus des Buches“ am Gerichtsweg/Ecke Prager Straße wird der Öffentlichkeit übergeben (20. 3.).
■ Eröffnung der Neuen Messe Leipzig durch Bundespräsident Roman Herzog. Für den Neubau mit seinen fünf Hallen mit je 20 000 qm

und 30 000 qm Freigelände sowie dem Tagungs- und Kongreßzentrum wurden rund 1,335 Mrd. DM investiert (12. 4.).

Die am 12. 4. 1996 eröffnete Neue Messe Leipzig

■ Eröffnung des Briefzentrums im Güterverkehrszentrum (GVZ) Leipzig-Radefeld (17. 4.).
■ Das mit Braunkohle betriebene Heizkraftwerk Süd-Ost in Connewitz wird stillgelegt (April).
■ Offizielle Eröffnung des Plagwitzer Einkaufs- und Dienstleistungszentrums „Elster Passage" an der Zschocherschen Straße (18. 4.).
■ Grundsteinlegung für den Umbau und die Modernisierung des Hauptbahnhofes (29. 4.).
■ Einweihung des Seemann-Karrees in der Prager Straße mit dem integrierten alten Seemann-Verlagsgebäude, das völlig restauriert wurde (8. 5.).
■ Eröffnung des „Medienhofes Leipzig" in der Melscher Straße in Stötteritz als Gewerbehof mit Druckereien, Werbefirmen, Vermessungsbüros und außeruniversitären Forschungseinrichtungen (10. 5.).
■ Gründung des Fördervereins NEUE UFER Leipzig e. V., der die Freilegung und Rekultivierung von Pleiße- und Elstermühlgraben ideell und materiell unterstützt (21. 5.).
■ Das neue Verwaltungsgebäude des Regierungspräsidiums Leipzig (Braustraße 2) wird durch Ministerpräsident Kurt Biedenkopf offiziell seiner Bestimmung übergeben (5. 6.).
■ Eröffnung des „Deutschen Museums der Kleingärtnerbewegung" im Vereinshaus des Kleingärtnervereins „Dr. Schreber" in der Aachener Straße (23. 8.).
■ Eröffnung der Einkaufsmeile „Allee Center" an der Stuttgarter Allee in Grünau mit 115 Geschäften, Dienstleistungseinrichtungen, Cafés und dem Kino „Bofimax" mit seinen acht Sälen (5. 9.).
■ Eröffnung eines Instituts für Probleme der Mathematik in den Naturwissenschaften als Max-Planck-Institut (2. 10.).
■ Einweihung des SPD-Traditionshauses in der Rosa-Luxemburg-Straße 19–21 als „Richard-Lipinski-Haus" nach umfassender Sanierung (6. 11.).
■ Installierung der ersten Leipziger Windenergieanlage in Knautkleeberg (21. 11.).
■ Das traditionsreiche Hotel „Astoria" am Hauptbahnhof wird geschlossen (30. 12.).
■ Die Bevölkerungszahl sinkt durch Umzüge in das nähere Umland auf 457 173 Menschen.

Nach zweijährigen Umbauten wurde am 12. 11. 1997 das neu geschaffene mehrgeschossige Einkaufs- und Dienstleistungszentrum „Promenaden" im Hauptbahnhof Leipzig eröffnet

Der 1995–1996 erbaute „Dorotheenhof" am Dorotheenplatz

Loest, Erich
Schriftsteller
geboren 24.2.1926 Mittweida
Nach Arbeit in der Landwirtschaft und in den Leuna-Werken war er als Volontär der „Sächsischen Volkszeitung“ in Rochlitz und ab 1948 als Hilfsredakteur der „Leipziger Volkszeitung“ in Leipzig tätig. Seit 1950 freischaffend arbeitend, wurde er 1952 Bezirksvorsitzender des Schriftstellerverbandes und studierte 1955-1956 am Institut für Literatur Leipzig. Wurde 1956/57 wegen „konterrevolutionärer Gruppenbildung“ zu sieben Jahren und 6 Monaten Gefängnis verurteilt und bis 1964 im Zuchthaus Bautzen II inhaftiert. 1974 verzichtete er freiwillig auf seine Mitgliedschaft im Schriftstellerverband. Ohnmächtig gegenüber der Zensur in der DDR, erzwang er im März 1981 seine Ausreise in die BRD. In vielen seiner Bücher fragt er – in immer neuen Zusammenhängen – ‚wie es um die moralische Haltung der Menschen in der Welt von heute bestellt ist („Durch die Erde ein Riß“, 1981; „Völkerschlachtdenkmal“, 1984; „Fallhöhe“, 1989, „Nikolaikirche“). Ab 1994 setzte er sich entschieden für eine „Polen-Initiative“ ein, die dem Literatur- und Autorenaustausch dienen soll. Marburger Literaturpreis (1984), Literaturpreis „Stadtschreiber von Mainz“ (1998), Ehrenbürger der Städte Mittweida (1992) und Leipzig (1996), Bundesverdienstkreuz I. Klasse (1992).

1997 ■ Wiedereröffnung der Traditionsgaststätte „Barthels Hof“ nach 15jähriger Schließung (18. 1.).

■ Die Telekom schließt die Umrüstung des Leipziger Telefonnetzes auf digitale Technik ab (25. 1.).

■ Eröffnung des „Eutritzscher Zentrums“ an der Delitzscher Straße als Nahversorgungscenter (6. 2.).

■ In „Löhr's Carre“ wird der höchste Bankneubau Ostdeutschlands – ein gemeinsames Bankgebäude der Sachsen LB und der Sparkasse Leipzig – offiziell eingeweiht (23. 5.).

■ Der historische „Strohsack“ zwischen Ritter- und Nikolaistraße wird nach umfassender Rekonstruktion und Neugestaltung wieder eröffnet (29. 5.).

■ Offizielle Eröffnung der neuen Unternehmenszentrale der Verbundnetz AG im Gewerbepark Nordost (17. 6.).

■ Der 27. Deutsche Evangelische Kirchentag, der unter dem Motto „Auf dem Weg der Gerechtigkeit ist Leben“ steht, wird mit einem Gottesdienst auf dem Markt eröffnet und endet mit einem Abschlußgottesdienst im Beisein von 90 000 Menschen im Zentralstadion; im Mittelpunkt des Kirchentages steht der Dialog von Ost- und Westdeutschen (18.-22. 6.).

■ Einweihung des zum Gebäudekomplex Specks Hof gehörenden Hansa-Hauses (Grimmaische Str. 13-15), das mit seinem Innenhof detailgetreu wieder aufgebaut wurde (25. 6.).

■ Mit dem Gustav-Hertz-Gymnasium in Paunsdorf wird der erste Schulneubau Leipzigs nach der deutschen Wiedervereinigung eröffnet (28. 8.).

■ Die Sächsische Staatsregierung bestätigt die Entwürfe des Innenministeriums für ein Leipziger Stadt-Umland-Gesetz, demzufolge alle Gemeinden außer Taucha, die direkt an Leipzig grenzen, zur Stadt Leipzig kommen sollen (2. 9.)

■ Eröffnung des Instituts für Völkerrecht, Europarecht und ausländisches öffentliches Recht an der Juristischen Fakultät der Universität (30. 10.).

■ Wiedereröffnung des rekonstruierten Mendelssohn-Hauses in der Goldschmidtstraße 12 anläßlich des 150. Todestages des Komponisten Felix Mendelssohn Bartholdy im Beisein von Kurt Masur, dem Vorsitzenden der Internationalen Mendelssohn-Stiftung (31. 10.).

■ Nach zweijährigen Umbauarbeiten wird der Hauptbahnhof mit den neu geschaffenen mehrgeschossigen „Promenaden“, einem 140 Geschäfte des Einzelhandels und der Gastronomie umfassenden Einkaufs- und Dienstleistungszentrum, eröffnet (12. 11.).

■ Der Mediziner Volker Bigl wird neuer Rektor der Universität Leipzig (1. 12.).

■ Wiedereröffnung des neuen Krystallpalast-Varietés in der Magazingasse, das an die internationalen Traditionen des legendären, im

Dezember 1943 zerbombten Krystallpalastes anknüpft (17. 11.).

■ An der Braustraße wird der erste, 140 m lange freigelegte Abschnitt des Pleißemühlgrabens geflutet (15. 12.).

■ Die Einwohnerzahl Leipzigs ist mit 436 254 durch – Abwanderungen besonders in das Umland – weiter rückläufig (31. 12.).

1998 ■ Eröffnung des Erlebnisbades „Sachsen-Therme“ in Paunsdorf (15. 2).

■ Erste USA-Tournee des Thomanerchores (1.-18. 2.)

■ Erstmalige Durchführung der von den Handwerkskammern Sachsens, Sachsen-Anhalts und Thüringens unterstützten „Mitteldeutschen Handwerksmesse“ auf dem Messegelände (21.-25. 2.).

■ Erstmalige Verleihung des von der Stadt vergebenen Caroline-Neuber-Preises, der an Frauen vergeben wird, die sich im deutschsprachigen Raum um die Pflege der Theaterkunst verdient gemacht haben (erste Preisträgerin: Jutta Hoffmann) (8. 3.).

■ Im Zentrum für Bucherhaltung (ZFB) im Gewerbehof Heiterblick wird die weltweit erste Einrichtung zur maschinellen Restaurierung wertvoller Buchbestände eröffnet (17. 3.).

■ Beginn der Flutung des Tagebaurestloches Cospuden – das sich zu einem größeren Teil im Stadtgebiet erstreckt – zu einem 420 ha großen Badesee über eine 24 km lange Rohrleitung mit Brauchwasser aus noch aktiven Tagebauen (23. 3.).

■ Die Leipziger Buchmesse findet zum ersten Mal auf dem Gelände der Neuen Messe statt (26. 3.).

■ Die Stadt Leipzig und die Leipziger Verkehrsbetriebe unterzeichnen den Gesellschaftsvertrag für den Mitteldeutschen Verkehrsverbund (MDV) (27. 3.).

■ Einweihung des Konvent-Neubaus St. Albert in Wahren für den katholischen Predigerorden der Dominikaner und Dominikanerinnen, des ersten Klosterbaus in den neuen Bundesländern nach der Wiedervereinigung (18. 4.).

■ Am Völkerschlachtdenkmal treffen sich zur größten Kundgebung von Rechtsextremen nach dem Zweiten Weltkrieg rund 6000 Anhänger der Nationaldemokratischen Partei Deutschlands (NPD), was schwere Krawalle und Straßenschlachten zwischen der Polizei und linksradikalen Demonstranten auslöst (1. 5.).

■ Mit der „Geobit“ findet auf dem Messegelände die weltweit erste Fachmesse für raumbezogene geographische Informationssysteme statt (7. 5.).

■ Eröffnung der Galerie für Zeitgenössische Kunst in der ehemaligen Herfurthschen Villa in der Karl-Tauchnitz-Straße (16. 5.).

■ Die Leipziger Verkehrsbetriebe (LVB) eröffnen im Straßenbahnhof Möckern den „Historischen Straßenbahnhof Leipzig-Möckern“ mit 30 Original-Fahrzeugen aus den Jahren 1896 bis 1969 (17. 5.).

■ Am Herzzentrum Leipzig führt ein Team unter Leitung von Professor Friedrich-Wilhelm Mohr die weltweit erste Bypassoperation mit Hilfe eines Roboters durch (25. 5.).

■ Unterzeichnung des Gemeindevertrages zwischen Leipzig und Wiederitzsch, womit Wiederitzsch dem Eingemeindungswunsch der Stadt freiwillig folgt (10. 6.).

■ Eingemeindung von Seehausen mit den Ortsteilen Gottscheina, Göbschelwitz, Hohenheida und dem Gelände der Neuen Messe (18 qkm, 1 850 Ew.) (1. 7.).

■ Das sanierte und teilweise neu aufgebaute Gut Mölkau – zu den „ökologischen Stadtgütern“ gehörend – wird eingeweiht (9. 7.).

■ Eröffnung des Landwirtschaftsmuseums Markkleeberg, das die 40jährige Geschichte der DDR-Landwirtschaft dokumentiert (17. 7.).

■ Übergabe des Neubaus des St. Elisabeth-Krankenhauses zur Nutzung (28. 8.).

■ Der schwedische Dirigent Herbert Blomstedt tritt das Amt des Gewandhauskapellmeisters an (30. 8.).

■ Eröffnung eines ökologischen Freibades in Lindenthal, dem ersten seiner Art in Deutschland (Herbst).

■ Nach umfangreichen denkmalpflegerischen Restaurierungsarbeiten werden das barocke Gohliser Schlößchen (1755/56) und das Schillerhaus in der Menckestraße (1717) wieder eröffnet (28. 10.).

■ Das weltweit älteste Kaffeehaus, der „Coffe Baum“, öffnet nach umfassender Rekonstruktion wieder seine Pforten (2. 11.).
■ Mit der Übergabe der Nordseite wird die Neugestaltung des Augustusplatzes abgeschlossen (16. 12.).
■ Übergabe des ersten Abschnittes des freigelegten Pleißemühlgrabens auf einer Länge von 235 Metern entlang der Wundtstraße (16. 12.).
■ Das Sächsische Verfassungsgericht weist die Klage des Landkreises Leipziger Land gegen das Stadt-Umland-Gesetz mit den weitgehenden Eingemeindungen in die Stadt Leipzig zurück (Dez.).

1999 ■ Mit Inkrafttreten des vom Sächsischen Landtag im Juli 1998 verabschiedeten Stadt-Umland-Gesetzes und einigen freiwillig geschlossenen Eingliederungsverträgen wird die Eingemeindung von Böhlitz-Ehrenberg, Lützschena-Stahmeln, Miltitz, Wiederitzsch, Lindenthal sowie Kulkwitz mit seinen Gemarkungen Bösdorf, Knautnaundorf und Rehbach zu Leipzig mit insgesamt 125 km² und 55 000 Einwohnern vollzogen (1. 1.).
■ Zum gleichen Zeitpunkt stehen auch Liebertwolkwitz, Holzhausen, Mölkau und Engelsdorf (mit Sommerfeld, Althen, Baalsdorf und Kleinpösna/Hirschfeld) unter Leipziger Verwaltung, die aber noch hoffen, per Gerichtsbeschluß in die Selbständigkeit zurückkehren zu dürfen.
■ Einweihung des weltweit ersten Roboter-Operationstraktes im Herzzentrum Leipzig, wo seitdem Herzoperationen mit Roboterhilfe durchgeführt werden (22. 2.).
■ Ballettmeister Uwe Scholz wird mit dem Deutschen Theaterpreis ausgezeichnet (6. 3.).
■ Eröffnung des Museums „Forum 1813“ in der ehemaligen Bauhütte des Völkerschlachtdenkmals (16. 5.).
■ Bei den mit sehr geringer Wahlbeteiligung (42 %) durchgeführten Stadtratswahlen erringt die CDU 32 % der Stimmen und wird mit 23 Sitzen stärkste Kraft im Stadtrat, gefolgt von der SPD (26,2 %, 19 Sitze), der PDS (25,7 %, 19 Sitze), den Grünen (7,5 %, 5 Sitze), der FDP (2,6 %, 1 Sitz), dem Neuen Forum (1,7 %, 1 Sitz) und der DSU (1,4 %, 1 Sitz) (13. 6.).
■ Offizielle Einweihung des sanierten und völlig umgebauten LVZ-Gebäudes am Peterssteinweg 19 (16. 6.).
■ Das Sächsische Verfassungsgericht entscheidet, daß die geplante Eingemeindung von Markkleeberg verfassungswidrig ist, bestätigt jedoch die Eingemeindung von Engelsdorf, Mölkau, Holzhausen und Liebertwolkwitz nach Leipzig (18. 6.).
■ Eröffnung des Simon-Dubnow-Instituts für jüdische Geschichte und Kultur (1. 7.).
■ In Würdigung seiner Verdienste als ehemaliger Oberbürgermeister (1990-1998) um die soziale, wirtschaftliche und kulturelle Entwicklung der Stadt wird Hinrich Lehmann-Grube die Ehrenbürgerschaft Leipzigs verliehen (14. 7.).
■ Übergabe des Neubaus der Fakultät für Chemie und Mineralogie der Universität in der Johannisstraße (2. 9.).
■ Eröffnung des Zeitgeschichtlichen Forums, einem Ausstellungs-, Dokumentations- und Informationszentrums, dessen Schwerpunkt die Geschichte der Diktatur, des Widerstandes und der Opposition in sowjetischer Besatzungszone und DDR vor dem Hintergrund der deutschen Teilung bildet (9. 10.).
■ Auf dem Nikolaikirchhof wird ein Denkmal für den Herbst ‘89 eingeweiht, das Replikat einer der frühklassizistischen Säulen der Nikolaikirche, das in die Höhe strebt (9. 10.).
■ Übergabe des neu gestalteten Burgplatzes, auf dem die Architekten mit schwarzem Basalt die Umrisse der alten Pleißenburg nachgezeichnet haben (14. 10.).
■ Eröffnung des „Gohlis-Parkes“ an der Ecke Landsberger Straße/Max-Liebermann-Straße als Einkaufszentrum (11. 11.).
■ Das Institut für Länderkunde Leipzig legt den ersten Band des Nationalatlases der Bundesrepublik Deutschland vor (2. 12.).
■ Nach dreijähriger Bauzeit wird die Sanierung des denkmalgeschützten Häuserensembles Gartenstadt Alt-Lößnig abgeschlossen (Dez.).
■ Mit der Gründung der „LIB Leipziger Gleis-

und Straßeninstandsetzungsbetriebe GmbH" wird die Neugliederung der Leipziger Verkehrsbetriebe (LVB) zu einem Konzern mit partnerschaftlichen Einheiten abgeschlossen (23. 12.).

Lehmann-Grube, Hinrich
Kommunalpolitiker
geboren 21.12.1932 Königsberg/Ostpreußen
Nach Jurastudium in Hamburg und Praktikum in Paris wirkte er ab 1957 auf kommunalpolitischem Gebiet in Köln („Deutscher Städtetag") und 1967-1979 als Beigeordneter des Stadtrates in Köln. 1979-1990 Oberstadtdirektor Hannovers. Bei den Kommunalwahlen am 6.5.1990 errang er für die SPD in Leipzig-Nordost einen Sitz in der Stadtverordnetenversammlung Leipzigs, nachdem er zuvor im April 1990 die DDR-Staatsbürgerschaft angenommen hatte. 1990-1998 Oberbürgermeister Leipzigs. Übernahm eine Stadt mit weggebrochener produzierender Wirtschaft, einer maroden Messe, Umweltlasten und ungeklärten Eigentumsverhältnissen. In seiner Amtszeit gelang es ihm, die Verschuldung der Stadt zu bremsen und u. a. den Bau der Neuen Messe zu realisieren. Befolgte einen parteiübergreifenden Politikstil („Leipziger Modell"). Ehrenbürger der Stadt Leipzig (1999).

2000 ■ Die Ortsteile Burghausen und Rückmarsdorf, beide zur ehemaligen Gemeinde Bienitz gehörend, werden in die Stadt Leipzig eingegliedert (1. 1.).

■ Mit den neuen Eingemeindungen vergrößert sich die Fläche der Stadt Leipzig auf 297,5 qkm die Einwohnerzahl erhöht sich auf rund 494 000.

■ Auf dem Gelände des Güterverkehrszentrums erfolgt der erste Spatenstich für das neue Porsche-Werk (7. 2.).

■ Übergabe des Max-Bürger-Forschungszentrums für Medizin der Universität an der Johannisallee, in der das Institut für Virologie und

„Nikolaisäule auf dem Nikolaikirchhof". Replik einer 16 m hohen frühklassizistischen Säule des Kirchenschiffes, das Hinaustragen der neuen Ideale aus den Kirchen in den Stadtraum im Herbst 1989 symbolisierend.

das Institut für Klinische Immunologie und Transfusionsmedizin ihr Domizil finden (6. 3.).

■ Eröffnung der Leipziger Media City, die auf rund 30 000 qm mit höchstem technischem Stand alle Voraussetzungen zur Produktion von Fernseh- und Kinofilmen, TV-Shows und Serien bietet (2. 5.).

■ In der neuerbauten Siemens-Telefonfabrik im Gewerbegebiet Torgauer Straße beginnt die Produktion von digitalen Telefonapparaten für öffentliche und private ISDN-Netze (Juni).

■ Nach einer Komplett-Sanierung (23 Mio. DM) wird nach dreijähriger Bauzeit die Thomaskirche wieder eingeweiht; gleichzeitig erfolgt die Weihe der neuen Bach-Orgel (11. 6.).

■ Einweihung der neuen Sendezentrale des Mitteldeutschen Rundfunks (mdr) auf dem Gelände des ehemaligen Schlachthofes in der Altenburger Straße (13. 7.).

■ Gründung des Lateinamerikazentrums an der Universität Leipzig, das alle Lateinamerika-Aktivitäten der Universität und der Region zusammenfaßt (25. 10.).

■ Mit der neuen, 175 m langen Berliner Brücke, die die Stadtteile Mockau und Eutritzsch verbindet, wird das größte Brückenbauwerk der Stadt freigegeben (19. 12.).

■ Übergabe eines Knochenmark-Transplantationszentrums zur Behandlung Leukämie-

Kranker im Universitätsklinikum in der Johannisallee (20. 12.).

Das Projekt „Plagwitz auf dem Weg ins 21. Jahrhundert – Ein Beispiel für nachhaltigen Stadtumbau", gehörte zu den EXPO 2000-Objekten: „Leipzig. Den Wandel zeigen"
- Umbau und Rekonstruktion des 1872 erbauten Fabrikgebäudes der ehem. Wollgarnfabrik Tittel & Krüger
- Integration von Neubauten mit Loft-Wohnungen in die historische Fabrikarchitektur an der Weißen Elster

■ Im Zoologischen Garten wird das 2000 m² große Gelände der Löwensavanne eingeweiht (8. 2.). 2001

■ Als erster Kulturneubau Sachsens nach der Wende wird an der Hochschule für Musik und Theater „Felix Mendelssohn Bartholdy" ein eigener Proben- und Aufführungssaal übergeben (2. 4.).

■ Im Zoologischen Garten wird die weltweit größte Primatenanlage „Pongoland" eröffnet (2. 4.).

■ Eröffnung des sechsgeschossigen „Petersbogens" mit Einkaufsbereichen und dem Filmcenter „CineStar", der eine historische Verbindung zwischen Petersstraße und Schloßgasse wiederherstellt (26. 4.).

Die Löwensavanne im Zoo Leipzig, 2001

Literaturverzeichnis

Architekturführer Leipzig
Berlin 1976

Becker: Ärzte der Leipziger Medizinischen Fakultät
Leipzig 1995

Berger: Stadtführer durch Vergangenheit und Gegenwart
Leipzig 1995

Böhm/Staps: 250 Jahre Leipziger Stadt- und Gewandhausorchester
Leipzig 1993

Chronik der Stadt Leipzig 1945-1946, 1947-1949, 1950-1955
Leipzig 1967, 1971, 1974

Czok: Das alte Leipzig
Leipzig 1978

Denkmale der Leipziger City
Leipzig 1996

Fellmann: Leipziger Pitaval
Berlin 1982

Fellmann: Der Leipziger Brühl
Leipzig 1989

Florstedt (Hrsg.): LEIPZIG musikalisch
München 2000

Forner (Hrsg.): Die Gewandhauskonzerte zu Leipzig 1781-1981
Leipzig 1981

Frey/Weinkauf: Leipzig als ein Pleißathen – Eine geistesgeschichtliche Ortsbestimmung
Leipzig 1995

Gretschel: Leipzig und seine Umgebungen
Leipzig 1836

Gretzschel/Mai: Kirchen in Leipzig
Leipzig 1998

Hasse: Geschichte der Leipziger Messen
Leipzig 1885

Heise: Zu Gast im alten Leipzig
München 1996

Hauschild (Hrsg.): Die großen Leipziger
Frankfurt/Main–Leipzig 1996

Hempel: Musikstadt Leipzig
Leipzig 1979

Hennenberg: Das Leipziger Gewandhausorchester
Leipzig 1980

Hennenberg: 300 Jahre Leipziger Oper
München 1993

Hocquel: Leipzig
Leipzig 1983

Hocquel: Leipzig – Baumeister und Bauten Berlin–
Leipzig 1990

Jahrbuch zur Geschichte der Stadt Leipzig
6 Bände, Leipzig 1975-1980

Judaica Lipsiensia – Zur Geschichte der Juden in Leipzig
Leipzig 1994

Kämmerer/Pilz (Hrsg.):
Leipziger Frauengeschichten – Ein historischer Stadtrundgang
Leipzig 1995

Keller (Hrsg.):
FESTE UND FEIERN – Zum Wandel der städtischen Festkultur in Leipzig
Leipzig 1994

Knopf/Titel: Der Leipziger GUTENBERGWEG – Geschichte und Topographie der Buchstadt
Beucha 2001

Küas: Das alte Leipzig in archäologischer Sicht
Berlin 1976

Kühling/Mundus: Leipzigs regierende Bürgermeister vom 13. Jahrhundert bis zur Gegenwart
Beucha 2000

Kühne/Stölzel: Sachsenflug und Messecharter
Leipzig 1999

Lange: Jüdische Spuren in Leipzig
Leipzig 1993

Leipzig – Ein geographischer Führer durch Stadt und Umland
Leipzig 1996

Leipzig. Aus Vergangenheit und Gegenwart. Beiträge zur Stadtgeschichte
6 Bände, Leipzig 1981-1989

Leipziger Blätter, Nr. 1 – 37
Leipzig 1982 – 2000

Leipziger Verkehrsbetriebe(Hrsg:): Vom Zweispänner zur Stadtbahn
Leipzig 1996

Leipziger Denkmale
Beucha 1998

Leipziger Kalender. Illustriertes Jahrbuch und Chronik, 1.-12. Jahrgang
Leipzig 1904-1914, 1925

Lexikon Leipziger Straßennamen
Leipzig 1995

Löffler/Schöpa/Prinz: Der Leipziger Südfriedhof
Leipzig 2000

Lülfing: Leipziger Frühdrucker
Leipzig 1959

Marx: LEIPZIG – Literarische Spaziergänge Frankfurt/Main –
Leipzig 2001

Mayr/Schmidt: Geographie in Leipzig – Traditionen und Neubeginn
Leipzig 1998

Metscher/Fellmann:
Lipsia und Merkur – Leipzig und seine Messen
Leipzig 1990

Münch: Marksteine und Denkmale der Völkerschlacht in und um Leipzig Panitzsch b.Leipzig 1995

Pevsner: Leipziger Barock
Dresden 1928

Piazza u. a.(Hrsg.): Berühmte Leipziger Studenten
Leipzig-Jena-Berlin 1984

PRO LEIPZIG e. V.: Historische und städtebauliche Studien zu den einzelnen Ortsteilen Leipzigs
Leipzig 1994-2000

Rathmann (Hrsg.): Alma mater Lipsiensis
Leipzig 1984

Riha: Streifzüge durch Leipzigs Medizin- und Wissenschaftsgeschichte
Beucha 1997

Rodekamp (Hrsg.): LEIPZIG – Stadt der wa(h)ren Wunder, Ausstellungskatalog
Leipzig 1997

Schneider: Leipzig – Dokumente und Bilder zur Kunstgeschichte
Leipzig-Weimar 1990

Sahle (Hrsg.): Wörterbuch zur Geschichte der Sozialen Arbeit in Leipzig
Leipzig 1999

Schulze: Aus Leipzigs Kulturgeschichte
Leipzig 1956

Sohl (Hrsg:): Neues Leipzigisches Geschicht-Buch
Leipzig 1990

Stadtwerke Leipzig: 100 Jahre Strom für Leipzig
Leipzig 1995

Titel: „Das Wort erwuchs zur Tat". Aus der Frühgeschichte des Börsenvereins der deutschen Buchhändler
Beucha 1995

Ullmann (Hrsg.):
„... die ganze Welt im kleinen.." Kunst und Kunstgeschichte in Leipzig
Leipzig 1989

Verein Deutscher Gießereifachleute (Hrsg.): 150 Jahre Leipziger Gießereigeschichte
Leipzig 1999

Weidinger: Leipzig – Ein Führer durch die Stadt und ihre Umgebungen
Leipzig 1860

Witkowski: Geschichte des literarischen Lebens in Leipzig
Leipzig 1909

Wustmann: Bilderbuch aus der Geschichte Leipzigs für Alt und Jung
Leipzig 1897

Zimmermann: Sachsens Markgrafen, Kurfürsten und Könige
Berlin 1990

Neue Deutsche Biographie, Band 1-16 Duncker & Humblot
Berlin 1953-1990

Deutsche Biographische Enzyklopädie, Bd. 1-10 K.G. Säur
München – 1999

Ständige Auswertung:
„Leipziger Volkszeitung", „Leipziger Amts-Blatt", „Universität Leipzig"
„GewandhausMAGAZIN" u. a. periodische Publikationen

Personenregister

Personenregister Zu den im Fettdruck hervorgehobenen Namen gibt es im Text eine Kurzbiographie, die unter der hervorgehobenen Jahreszahl zu finden ist.